W0068496

Marion Lee Wasserman

Glück aus zweiter Hand

Aus dem Amerikanischen
von Ingrid Hake

BASTEI-LÜBBE-TASCHENBUCH
Band 61156

1. Auflage 1989
2. + 3. Auflage 1990
4. + 5. Auflage 1991
6. Auflage 1992
7. Auflage 1993
8. Auflage 1994
9. Auflage 1995
10. Auflage 1998

Deutsche Erstveröffentlichung
© 1988 by Marion Lee Wasserman
Titel der Originalausgabe: SEARCHING FOR THE STORK
© für die deutsche Ausgabe by Gustav Lübbe Verlag GmbH,
Bergisch Gladbach
Printed in Germany
Einbandgestaltung: Manfred Peters
Titelfoto: Zefa
Satz: Fotosatz Prechtl, Passau
Druck und Bindung: Ebner Ulm
ISBN 3-404-61156-X

Für Dean
In Liebe und Dankbarkeit

Dank

Meinen ersten Lesern Elaine de Mers, Allan Keiler, Lynn Klamkin, Howard Norman und Jane Shore möchte ich für ihre Freundschaft, ihre Unterstützung und ihre guten Ratschläge danken. Auch meiner Lektorin Alexia Dorszynski und meinem Agenten Meredith Bernstein bin ich zutiefst dankbar.

Und schließlich möchte ich Dean danken. Neben allen anderen Rollen, die er in meinem Leben spielt, war seine Unterstützung von unschätzbarem Wert für dieses Buch. Von Anfang an hat er mir mit seinem scharfen Verstand zur Seite gestanden. Niemals hat er mir seine Zeit oder sein Urteil verwehrt. Und immer wenn mein eigenes Vertrauen in dieses Projekt nachließ, hat mir das seine neuen Auftrieb gegeben.

Inhalt

Ich habe in dieser Geschichte einige unwichtige Details verändert und die Namen vieler Personen, die hier vorkommen, ausgetauscht. Aber abgesehen davon ist es eine wahre Geschichte.

Was könnte bewegender, bedeutender oder wahrer sein: alle Kräfte und alle verborgenen Möglichkeiten im Universum haben sich so kombiniert, daß eine bestimmte Sache so war, wie sie war.

— James Agee   Let Us Now Praise Famous Men

Ein Brief

Liebe Amelia,

für mich hast Du existiert. Du warst da. Sollte ich sagen, Du hast gelebt? Du hast es, und du hast es auch wieder nicht.
Ich habe gesehen, wie Du Dich bewegtest. Du warst da! Ich konnte das zweidimensionale Computerbild von Dir sehen — auf einem Bildschirm, als wärest Du ein Astronaut, der irgendwo Tausende von Meilen entfernt schwebt. Wie seltsam es war, in düsterer Umgebung auf dem Untersuchungstisch zu liegen und in Deine Welt zu sehen, mein Inneres. Deine kleinste Bewegung — so selbständig! — schien der Anfang jeden Anfangs zu sein, ein grundlegendes Experiment. Als ich Dich das erste Mal sah, nahmst Du Deine kurze, dicke Hand zum Mund. Du schienst zu erwarten, daß da ein Daumen war, an dem Du lutschen konntest. An einem anderen Tag hast Du plötzlich Deine hasenähnlichen Beine ausgestreckt, als müßtest Du irgendwo hingehen und könntest durch Räume schweben. Du warst niemals austauschbar, niemals zu ersetzen. Und doch weiß ich so wenig über Dich.
Ich habe die ganze Zeit über an Dich gedacht. Meine Mahlzei-

ten habe ich immer mit Rücksicht auf Dich ausgesucht. Ich habe darauf geachtet, nicht zu fallen oder gestoßen zu werden, damit Du nicht verletzt wirst. Ich habe die Hände gegen meinen Bauch gepreßt, mehr konnte ich Dich nicht ertasten . . . bis zum Schluß. Du warst für mich noch kostbarer, weil du versteckt und geheimnisvoll warst. Deine Geburt würde ein Wunder sein, ein Erblühen. Und ich hatte allen Grund zu hoffen, daß es mein Leben lang und darüber hinaus wirken würde.

Ich muß mich doch fragen, ob Du Dich auf irgendeine Art selbst gekannt hast. Warum sollte ich es leugnen? Du schienst so friedlich in Deiner dunklen, weichen Welt, strampelnd und schwebend. Ich frage mich immer wieder, ob Du Frieden gekannt hast? Hast Du Schmerzen und Angst gekannt so wie ich, als Du viel zu früh diese Welt verlassen solltest? Hast Du Liebe gekannt, sie irgendwie durch unsere Verbindung, unser gemeinsames Wesen gespürt?

Bald ist er erste Jahrestag Deines Todes. Tod? Was für ein seltsames Wort für jemanden, der niemals außerhalb des Schoßes gelebt hat, niemals die aggressiven Einflüsse der Welt gespürt hat. Wie schnell die Monate vergangen sind, wie automatisch Du in die Vergangenheit gepurzelt bist!

Zum erstenmal seit Deinem Tod frage ich mich, ob Dean und ich nicht besser Deine Asche an einem ruhigen Ort verstreut hätten, wo wir hingehen könnten, um Dir nahe zu sein. Vielleicht. Aber ich tröste mich mit dem Gedanken, daß ich einen Platz habe, an dem ich nach Deiner Gegenwart suchen kann: das Heim all deiner Tage und Nächte, so beständig, stark und verläßlich wie jedes Schneckenhaus. Meine Süße, meine Zarte, welcher Ort könnte mehr der Deine sein als dieser leere Raum, den Du zurückgelassen hast?

KAPITEL 1

Phantasie

1

Im Alter von dreiundzwanzig, dreizehn Jahre bevor ich diesen Brief an Amelia schrieb, ging ich zum erstenmal in meinem Leben zu einer Beerdigung — der Beerdigung eines kleinen vierjährigen Jungen. Ich war damals verheiratet, aber noch nicht mit Dean. Mein Mann sang die Totenmesse mit, und hinter ihm stand auf einer erhöhten Plattform vor den Trauernden ein hellblauer Sarg. Seine Farbe und seine Kleinheit verliehen ihm eine unheimliche Faszination.

»Wir sind froh, daß Andrew geboren wurde. Wenigstens hatten wir diese vier Jahre mit ihm.« Immer wieder hörte ich in Gedanken die Worte, die meine Freundin gesagt hatte, als sie anrief, um mir mitzuteilen, daß ihr Sohn gestorben war. Ich war wie ein ungläubiger Fremder, der durch ein Kirchenfenster die Liturgie der Gläubigen beobachtet. Meine Freundin zeigte eine Liebe, die mich beschämte und verwirrte. Damals fragte ich mich nur, ob Elternschaft tatsächlich soviel wert sein konnte, daß man selbst diesen unerträglichen Schmerz auf sich nahm. Ich konnte es nicht begreifen. Ich war froh, keine Kinder zu haben.

Meine erste Ehe hielt achteinhalb Jahre, und mein Mann und ich hatten nicht einmal versucht, ein Kind zu bekommen. Jedesmal wenn einer von uns meinte, daß jetzt doch vielleicht ein guter Zeitpunkt wäre, wies der andere auf die Gründe hin, die gegen ein Kind sprachen. Und der ohnehin nur halbherzige Versuch wurde wieder aufgegeben.

Nach unserer Scheidung überlegte ich, ob ich meine einzige Chance, jemals Mutter zu werden, vertan hatte. Und doch war ich dankbar, nicht die Verantwortung einer Mutter zu tragen und nicht um Sorgerecht und Besuchsregelungen kämpfen zu müssen. Letzten Endes war ich froh, daß mein Mann und ich so gezögert und wohl die ganze Zeit über gespürt hatten, daß es nicht gut wäre, ein Kind in die Welt zu setzen. Die Wahrheit ist, daß ich nie wirklich den Wunsch hatte, einen Menschen zu schaffen, der halb ich und halb er war. Im geheimen hatte ich immer Angst davor gehabt, ein Abbild des mutlosen kleinen Jungen, der mir von den Kinderfotos meines Mannes entgegenblickte, auf die Welt zu bringen.

Und doch fragte ich mich immer, ob mit mir etwas nicht stimmte. Warum verspürte ich nicht den Drang, Mutter zu werden wie so viele meiner Freundinnen, deren Kinderwunsch so übermächtig und bedenkenlos war? Warum waren mir meine anderen Ziele wichtiger? Ich wollte lernen, arbeiten, allein sein? War ich unweiblich? Würde ich mich jemals ändern? Warum machten mir die emotionalen Verstrickungen, die wohl eine Mutterschaft mit sich brachte, und die körperlichen Risiken von Schwangerschaft und Geburt solche Angst? Ich bemerkte doch, daß die meisten meiner Freundinnen, die Kinder hatten, keine besseren Voraussetzungen hatten oder besser geeignet waren als ich. Manche lebten sogar in noch schwierigeren Ehen.

Wenn in dieser Zeit eine Freundin ein Baby bekam, gehörte ich immer zu den ersten Besuchern, angelockt von dem Anblick der Neugeborenen. Jedes Krankenhaus hatte dasselbe große Fenster, und auf der anderen Seite der Scheibe schlief oder schrie eine ganze Reihe von Säuglingen in durchsichtigen Plastikbettchen, die die Form von Spülschüsseln hatten. Ich kann mich an den Besuch bei einer Freundin erinnern, die ihr kleines Töchterchen bei sich im Zimmer hatte und es gerade stillte. Solange das Baby im Zimmer war, durfte ich nicht hineingehen, also stand ich eine Zeitlang in der Tür und sah zu. Das Gesicht des Babys war rot, es kämpfte darum, genügend Nahrung zu bekommen.

Ich kaufte gern Geschenke für die Babys meiner Freundinnen. Ein Teil der Freude über eine Geburt lag in der Rechtfertigung, mir meinen Weg durch die Regale mit Lätzchen, Rasseln, weichem Spielzeug, winzigen Hemdchen, Höschen und Kleidern zu bahnen. Für die neugeborene Tochter einer Freundin kaufte ich ein besticktes Kleid mit Schürze, aus dem sie in einigen Monaten herausgewachsen sein würde.

Ich war sechsundzwanzig und fast sechs Jahre verheiratet, als mir plötzlich etwas bewußt wurde. Es war mir so vertraut wie mein eigenes Atmen: ein Phantasiekind, eine Tochter, die mein Ebenbild war. Ein wißbegieriges kleines Mädchen; hübsch, mit welligem dunkelbraunen Haar und erwartungsvollen grünen Augen. Ich hatte dieses Kind so viele Jahre lang in den rätselhaften und schönen Dingen des Lebens unterrichtet, daß ich nicht sagen konnte, wann es geboren worden war. Ich sprach mit ihm, wenn ich etwas entdeckte oder wenn ich nachdachte. Alles, was es glücklich machen konnte, war erwähnenswert, wie trivial es auch sein mochte. Es hörte allem, was ich ihm erzählte, aufmerksam zu, besonders, wenn es aus meinen Fehlern lernen konnte.

Als ich zum erstenmal das koboldhafte Auftauchen meiner Tochter bemerkte, war ich überrascht. Genau dasselbe Gefühl hatte ich schon einmal empfunden, als ich eine Beschreibung darüber gelesen hatte, wie Staub von einem Sonnenstrahl angezogen wird. Wie war es möglich, daß ich als Kind, wenn ich morgens im Bett lag, solches Vergnügen an diesen tanzenden, funkelnden Stäubchen gehabt hatte, und doch nie mein Wissen bemerkt hatte? Wie der mit winzigen Teilchen angereicherte Strahl war die Tochter bei meinen inneren Zwiegesprächen so elementar, daß ich nie einen Gedanken daran verschwendet hatte.

Jetzt dachte ich mehr und mehr darüber nach, was diese Erscheinung bedeutete: Ich hatte doch den Wunsch, Mutter zu sein. Es war ein fundamentaler Wunsch, leicht zu ignorieren und leicht zu leugnen — selbst dann noch, als er meine Tagträume beeinflußte.

Ungefähr zu dieser Zeit erzählte mir mein Mann von einer Frau, mit der er sich auf einer Konferenz unterhalten hatte. Sie war Ende Vierzig, verheiratet, kinderlos und hatte ihm erzählt, daß sie nie ein Kind hatte haben wollen — und als sie sich dann doch danach sehnte, war es zu spät. Diese Frau machte ihm Angst und mir auch.

Aus Furcht, nicht aus einem echten Bedürfnis heraus, schlug ich meinem Mann vor, jetzt doch eine echte Familie zu gründen. Er verwarf den Gedanken, und ungefähr zwei Jahre später wurden wir geschieden. Das Schreckgespenst der kinderlosen Vierzigjährigen stand mir mit neuer Deutlichkeit vor Augen.

Ich war vierunddreißig, als ich Amelia empfing. Ich hatte nie zuvor ein Kind empfangen. Es war der 12. Januar 1983. Ich bin mir des Datums sicher — so sicher, wie man es nur sein kann —, weil ich seit zwei Monaten die Basaltemperatur gemessen und eine Kurve gezeichnet hatte. Ich wollte wissen, ob ich einen Eisprung hatte, und fürchtete die ganze Zeit über, daß mein Körper in dieser Beziehung nicht normal funktionierte. Ich stellte mir die Sache so vor: Ich saß auf einem Karussell, und der goldene Ring flog an mir vorbei. Jedes Jahr wirbelte ich zwölfmal auf ihn zu — das hörte sich wirklich nicht nach vielen Chancen an — nicht in meinem Alter.

Um sechs Uhr morgens steckte ich mir das Thermometer in den Mund und döste wieder ein, während ich den Kopf still hielt und mein Gesicht verzog, damit das kalte Glas unter meiner Zunge nicht verrutschte. Als ich dann richtig wach wurde und es mir bequemer machen wollte, legte ich das Thermometer wieder in seine Schachtel auf meinem Nachttisch und döste danach wieder ein. Später sah ich, daß meine Temperatur 36,2° C betrug.

Ich rief Dean im Büro an. »Kannst du heute nicht früher nach Hause kommen?« Er war Anwalt und fuhr jeden Morgen von unserem Haus in der Vorstadt mit dem Pendelzug nach Boston. Dort arbeitete er bis spät abends im Corporate Department einer großen Kanzlei. Ich war damals auch als Juristin in Boston tätig. Nur ein paar Stunden täglich bearbeitete ich halbherzig alle möglichen Dinge in einer rauchigen Kanzlei in der Beacon Street in der Nähe des Parlamentsgebäudes. Ich dachte oft an den Job, den ich während meiner ersten Ehe gehabt hatte: Ich hatte Collegestudenten in der Schriftstellerei unterrichtet und vermißte diese Arbeit sehr. Manchmal hatte ich das Gefühl, daß es ein Fehler gewesen war, mich der Juristerei zugewendet zu haben. Aber dann fiel mir auch wieder ein, daß Dean und ich uns ohne sie niemals kennengelernt hätten.

»Es hört sich vielleicht albern an«, sagte ich an diesem Tag im Januar, »aber ich glaube, wir sollten vor dem Essen miteinander schlafen. Ich hatte einen Eisprung, ich bin mir fast sicher.« Er lachte. »Ich vermute, eine Stunde früher oder später macht keinen großen Unterschied. Du weißt doch, daß es nicht so genau . . .«

»Ja, mag sein, aber es ist der erste Monat, in dem die Temperatur so auffällig gesunken ist. Es ist unsere beste Chance bis jetzt, davon bin ich überzeugt.« In mir befand sich dieses mikroskopisch winzige Ei, das laut Büchern nur ungefähr vierundzwanzig Stunden existieren würde und vielleicht schon der Vernichtung nahe war.

»Also, ich werde alles versuchen, den früheren Zug zu erreichen, aber mach dir nicht so viele Gedanken. Du wirst schon schwanger — wenn nicht diesen Monat, dann nächsten.«

Nachdem wir uns geliebt hatten, malte ich einen Kreis um den Punkt auf meiner Temperaturkarte. Es gab noch andere Kreise in dieser Woche, aber das war der einzige, der so weit unten lag. Am nächsten Tag — meine Temperatur war auf 36,6° C gestiegen — sah die Kurve wie die Spitze eines Eiszapfens aus. Der tiefste Punkt markierte den vierzehnten Tag meines Zyklus. Am fünfunddreißigsten Tag lag meine Temperatur über 36,7 und stieg weiter an, und meine Periode hatte noch nicht eingesetzt.

Ich verglich meine Kurve immer wieder mit der, die ich in der Bibliothek aus einem Buch kopiert hatte. Kann es sein, dachte ich ständig? Konnten wir so viel Glück haben — nachdem wir es nur drei Monate versucht hatten? Wie würde es sein? Dieses Streben nach Fortpflanzung war so neu — ich hätte ebensogut versuchen können, unverletzt durch eine dünne Glasscheibe zu

16

gleiten oder in meinen Körper zu reisen, um dort den Mittel-
punkt der Erde zu finden. Es war ein Wunder: beunruhigend,
aufregend, zermürbend. Ich rief im Krankenhaus an, und die
Schwester bestätigte: »Ja, es hört sich an, als seien Sie schwanger.«

Es hat eine Zeit gegeben, in der ich nicht sicher war, ob Dean
wohl jemals ein Kind haben wollte. »Ich kann so etwas jetzt
noch nicht verantworten«, sagte er ein paar Tage, nachdem wir
beschlossen hatten, zu heiraten. Er stand in der Küche unserer
Wohnung und hatte sein Gewicht nach vorne auf sein rechtes
Bein verlagert — wie eine lebendig gewordene Warnung. Er
fuhr sich mit den Fingern durch sein feines, weizenblondes
Haar und strich es aus der Stirn — wie er es immer tut, wenn
seine Haare zu lang geworden sind. »Eins nach dem andern.
Diese Frage stellt sich mir jetzt noch nicht. Vielleicht möchte
ich gar keine Kinder, ich weiß es noch nicht.« Bei diesen Wor-
ten fühlte ich mich innerlich so leer, als sei mein Körper einer
dieser Kreidenumrisse, die die Polizei nach einem Mord auf
den Boden zeichnet. Ich hatte Angst, das Bewußtsein zu verlieren. Wie würde mein Leben ohne Kind aussehen — besonders
wenn ich die Entscheidung nicht selbst traf und mich nur
Deans Wünschen beugen würde? Wie würde sich unsere Ehe
entwickeln?
»Hast du kein Phantasiekind?« fragte ich Dean und setzte
mich an den Tisch, um mich zu beruhigen.
»Ein Kind, mit dem du dich in Gedanken unterhältst, weißt
du? Ein kleiner Junge, dem du etwas beibringst?« Ich sah zu
ihm auf.
Er stützte sich auf die Küchentheke und antwortete: »Nein,
habe ich nicht.«
Ich hatte angenommen, daß sich alle Menschen mit einem solchen Kind unterhielten; aber da Dean diesen geistigen Anzie-

hungspunkt für Elternschaft nicht besaß, konnte ich ihn vielleicht nie dazu bringen, Verständnis für mich zu haben.

Wieviel bedeutete er mir, wie sehr liebte ich ihn im Vergleich zu diesem Kind, von dem ich träumte?

Als ich ihn ein paar Monate später heiratete, war ich mir ganz sicher. Ich brauchte ihn mehr als das Kind in meiner Vorstellung; und ich glaubte fest daran, daß wir Wege finden würden, wenn wir uns nur genug liebten — ein naiver Glaube vielleicht, aber einfach und beruhigend und rückblickend auch klug.

Ungefähr ein Jahr lang waren Kinder gar kein Thema. Wir waren frisch verheiratet, zogen aus unserer Wohnung in ein Haus, und es gab Aufregung genug in unserem Leben, ohne daß wir über Kinder nachdachten. Aber eines Tages brach ich das Tabu, denn ich war plötzlich ziemlich verärgert. Wenn Dean dachte, er könnte jahrelang warten und sich erst dann für eine Vaterschaft entscheiden, war er nicht fair. Hatte er denn keinen dieser Artikel über die Risiken für ältere Frauen gelesen? Wie alt würde ich sein, wenn wir endlich darüber reden wollten? Fünfunddreißig? Vierzig?

»Wie wäre es mit fünfzig?« So war Dean — immer brachte er mich zum Lachen, auch wenn ich wütend war.

»Laß mich darüber nachdenken.« Auch das war eine von Deans Eigenschaften: Immer mußte er »nachdenken«, wenn ich ganz ungeduldig etwas entscheiden wollte.

Und dann sagte er eines Samstagsmorgens im Bett: »Damit halten wir uns nicht auf«, als ich nach meinem Diaphragma auf dem Nachttisch griff.

»Was?« Plötzlich war ich diejenige, die nicht bereit war, den Status quo zu ändern. »Glaubst du wirklich, wir sollen? Hast du keine Angst?«

»Natürlich habe ich Angst.«

Danach — wir umarmten uns kichernd, nervös — konnte ich genau den Raum in mir spüren: Raum, der bereit war und nur darauf wartete, daß etwas Wunderbares geschah, das dann in der Dunkelheit ganz allein, ohne Hilfe und ohne Anleitung, seinen Lauf nehmen würde. Es war so ganz anders als die Male zuvor.

3

Die Schwester vermutete genau dasselbe wie ich. Um ganz sicher zu sein, mußte ich noch einen Test machen — *den* Test. Ich wollte noch die offizielle Erklärung hören: »Marion, ich gratuliere, Sie sind schwanger.« Ich mußte mich zusammenreißen, um meinem übermütigen Wunsch, zu feiern, nicht nachzugeben.

»Wir machen üblicherweise einen Urintest«, erklärte mir die Schwester am Telefon. Ihre Stimme klang seltsam gedämpft, als hätte sie Watte im Mund. »Ein eindeutiges Testergebnis kann wahrscheinlich erst in einer Woche erzielt werden — sechs Wochen nach dem Beginn Ihrer letzten Periode.« Verdammt, dachte ich, noch eine Woche warten!

In der Nacht vor dem Test weckte ich Dean aus tiefem Schlaf. Er stöhnte und umfaßte seine Schultern. Es war drei Uhr morgens. »Ich konnte es nicht mehr zurückhalten«, flüsterte ich. »Die Urinprobe — meinst du, sie muß in den Kühlschrank?« Die Schwester hatte mir Anweisung gegeben, nach Mitternacht nichts mehr zu essen oder zu trinken und den ersten Morgenurin zu ihr zu bringen. Daraus schloß ich, daß der erste nach Mitternacht der war, den das Labor brauchte.
Dean öffnete die Augen halb und sah mich an. »Hmm?«
Ich wiederholte meine Frage.
»Kühlschrank? Ich habe noch nie davon gehört, daß man Urin in den Kühlschrank stellt.« Er schloß die Augen wieder und

drehte sich um, während er die Decke bis ans Kinn zog: »Mir ist kalt.«

Obwohl ich mich daran erinnern konnte, daß ich vor einigen Jahren den Anweisungen eines Arztes zufolge Urin in den Kühlschrank stellen mußte, ließ ich das Glas unter dem Waschbecken im Badezimmer stehen. Das war eine wissenschaftliche Angelegenheit, und dafür war Dean zuständig. Er hatte im College Chemie als Hauptfach belegt und in der High-School ein Jahr lang Physikunterricht gegeben. Er wußte beinahe immer eine Antwort auf meine Fragen — Antworten, die ich oft schnell wieder vergaß. Ich erinnerte mich immer nur an die Fragen. Weshalb bildet sich über schneebedeckten Feldern Nebel? Warum schmilzt Schnee durch Salz? Solche Dinge.

Am nächsten Morgen schickte mich die Schwester am Empfang des Labors ins Badezimmer, um meinen Urin aus dem Marmeladenglas in einen Plastikbecher zu schütten, auf den man meinen Namen und meine Behandlungsnummer geklebt hatte. Als ich mit dem Becher zu ihr zurückkam, fiel mir das Problem der vorigen Nacht wieder ein.

»Oh, meine Liebe«, tadelte sie und sah mich an. Ihre Augen waren auf einer Höhe mit der Theke und dem Becher mit der goldfarbenen Flüssigkeit. »Sie hätten ihn in den Kühlschrank stellen müssen. Es hat wirklich keinen Zweck, das hier zu untersuchen.«

Ich war so enttäuscht, daß mir die Tränen in die Augen stiegen. »Sind Sie ganz sicher? Ich war gerade auf der Toilette, deshalb kann ich Ihnen vermutlich keine neue Probe geben.«

Die Frau verschwand durch die Tür in ein angrenzendes Büro. Als sie zurückkam, gab sie mir einen frischen Plastikbecher.

»Versuchen Sie es — wir brauchen nicht viel, aber der Urin muß frisch sein.«

Als ich von der Toilette kam, hielt ich den Becher hoch, der kaum einen Teelöffel Urin enthielt. »Ich weiß nicht, ob wir mit so wenig etwas anfangen können«, seufzte die Frau. Sie verschwand wieder in dem hinteren Raum. Kurz darauf kam sie wieder heraus und stellte den Plastikbecher auf ein Metallwägelchen, auf dem bereits ordentlich aufgereiht Blut- und Urinproben standen. »Vielleicht können wir damit ein Ergebnis bekommen, vielleicht aber auch nicht. Wenn nicht, müssen Sie Montag wiederkommen. Melden Sie sich heute nachmittag nach vier bei Ihrem Arzt.«

Ich ging zu dem Telefon im Treppenhaus und rief Dean im Büro an. »Ich glaube nicht, daß wir heute etwas erfahren werden. Der Urin war nicht okay. Er hätte im Kühlschrank aufbewahrt werden müssen, wie ich mir gedacht hatte.« Ich war überrascht, wie aufgeregt und wütend ich klang.

»Hey, Frosch, nun komm schon«, beruhigte mich Dean und benutzte den Spitznamen, den er vor Jahren aus heiterem Himmel erfunden hatte. Für ihn war ich fast immer »Frosch« oder »Fröschchen«, selten Marion. »Das Wochenende ist doch nicht so lang. Und du mußt Montag gar nicht selbst hingehen. Ich werde die Probe auf dem Weg zur Arbeit abgeben. Es tut mir leid, daß ich mich geirrt habe.« Meine Gehässigkeit verschwand. Dean war also auch enttäuscht.

Um vier Uhr telefonierte ich wieder mit der Schwester in der Gynäkologie — mit der mit der Wattestimme. »Glückwunsch!« rief sie. »Sie sind schwanger!«

»Wirklich? Wirklich?«

Kurz nach dem Schwangerschaftstest spürte ich zum erstenmal die bedrückende Müdigkeit, die bis Anfang April anhalten sollte. Die Schwester versicherte mir, daß meine Beschwerden typisch für die Anfangsmonate seien.

Als wir im Februar Freunde in Vermont besuchten, verbrachte ich den größten Teil des Wochenendes auf der Couch und döste oder las. Alles drehte sich um mich. Jeder versuchte, mir meine Wünsche zu erfüllen, und machte aufgeregtes Getue um meine Schwangerschaft. Als Dean am Sonntagmorgen mit unseren Freunden und zwei anderen Gästen eine Winterwanderung machte, lag ich im Haus und fragte mich, was die Gäste, die mich nicht kannten, wohl von mir halten mußten. Auch wenn ich schwanger war, mußte ich unangenehm selbstversunken und träge wirken.

Ich stand auf, zog meine Wanderstiefel und meine Jacke an und folgte den anderen nach draußen. Meine Beine sträubten sich gegen die Bewegung, ich mußte genau auf jeden Schritt achten, den ich mit den schweren Stiefeln machte, auch wenn ich den bis zu den Knöcheln reichenden Schnee mied und nur auf dem geräumten Weg spazierte. Während ich mich mühsam die steile Straße hinaufschleppte, um zu sehen, wo die anderen hingegangen waren, sog ich die kalte Luft in mich ein wie ein Stärkungsmittel. Das Geräusch meines harten Atems begleitete mich. Von einem Punkt des ansteigenden Weges aus konnte ich sehen, wie sich Dean und die anderen hintereinander einen Zick-Zack-Weg durch die dichten, blattlosen Sträucher am Berg bahnten. Ihre Gestalten hoben sich farbenfroh gegen den weißen Abhang ab, als sie sich langsam wie Spinnen dem langen Kamm am Gipfel näherten. Ihre Anstrengung erschien mir übermenschlich. Ich legte mich in den kalten Schnee, die Arme ausgestreckt, starrte in den blauen Himmel und wunderte mich über meine Unfähigkeit, Energie aufzubringen — sonst war ich oft nicht zu bremsen. Ich redete mir ein, ich solle die Veränderung genießen. Es war fast ein kleiner Luxus, jetzt eine allgemein akzeptierte Entschuldigung für diese Mattheit zu haben. Eine Entschuldigung, die nicht mit Krankheit verbunden war, sondern beneidenswert und selbstgewählt war: Schöpfung. Ich bewegte meine Arme und Beine im Schnee, wie es Kinder tun, um den Abdruck eines Engels zu erhalten. Die Kälte sickerte durch meine Kleider, und ich lag da und spielte mit einem trockenen Grashalm, der den Schnee überlebt hatte, bis ich Deans tiefe Stimme hörte, die beruhigend die Luft über mir zerteilte: »Soll ich dir aufhelfen, Frosch?«

4

Von Anfang an achtete ich ganz genau darauf, ob sich an meinem Körper, besonders an meinem flachen Bauch oder meinen kleinen Brüsten, irgendwelche Veränderungen zeigten. Meine Brüste waren etwas voller als sonst, aber das war an den vier oder fünf Tagen der Periode auch immer der Fall. Ende Februar begann mein Bauch anzuschwellen — aber so unendlich langsam. Das leichte Spannen im Bund von meinen Röcken und Hosen sagte mir mehr als mein Spiegelbild.

Ein Freund von Dean lieh uns »A Child Is Born«, ein Buch mit Photos von entstehendem Leben. Jetzt konnte ich sehen, was in mir geschah. Der Embryo, der in einem durchsichtigen aufgebauschten Beutel schwamm, war ein Wesen aus einer anderen Welt — er war selbst durchsichtig, so daß man durch die farblose Haut die Venen und Arterien, das Herz und die Leber erkennen konnte. Der übergroße Kopf hatte Augen ohne Lider, dunkle Seen — am dunkelsten waren die Ränder — beinahe so groß wie die bereits sichtbaren Halbmonde der Ohren. »Sechs Wochen nach der Empfängnis, 1,8 cm« lautete die Überschrift. »Das Baby wächst. Mit schnellen Schlägen pumpt das Herz Blut aus seinem kleinen Kreislauf in das enorme Gefäßgeflecht in der Placenta, wo Millionen von Zotten Nahrung und Sauerstoff für den kleinen Körper aufnehmen.«

Am 16. März hörte ich es selbst — jetzt wußte ich genau, daß es da in mir war und daß es lebte. Ich hatte zwei Herzen! Die Krankenschwester benutzte ein seltsam aussehendes Stethoskop und drückte das flache, stumpfe Ende, das geformt ist wie der Kopf eines Rasierapparates, auf meinen Unterbauch, auf den sie vorher ein graues Gel geschmiert hatte — genau über der Linie meiner Schamhaare. Ich wartete gespannt darauf, daß sie das Geräusch fand. »Manchmal kann man es in der elften Woche noch nicht hören«, erklärte sie. »Das ist vollkommen normal.« Normal oder nicht — ich wußte, daß ich mir Sorgen machen würde, wenn nichts passierte. Ich dachte gar nicht daran, das Herz zu hören; ich war nur besorgt, ob alles in Ordnung ist. »Da ist es«, rief die Schwester plötzlich und steckte mir die Stöpsel in die Ohren. Der Schlag war kräftig und regelmäßig; ein voller Klang, aber rätselhaft schnell. So stellte ich mir den Herzschlag eines kleinen nervösen Geschöpfes vor — eines Hasen oder einer Maus. Ich war so verblüfft, daß ich die Schwester nicht ansehen konnte. Wenn ich ein eigenes Stethoskop gehabt hätte, hätte ich diesem Herzschlag stundenlang gelauscht.

In der elften Woche wurde mein Bauch rund — diese Form paßte eher zu anderen Frauen, nicht zu mir. Ich fragte mich, ob ich wohl je wieder eine normale Figur haben würde. Meine Taille verschwand auch, die Einbuchtungen über den Hüften wurden ausgefüllt, so daß ich mehr und mehr aussah wie ein aufrecht gehender Hund. Da ich die Reißverschlüsse der Kostümröcke, die ich zur Arbeit trug, nicht mehr hochziehen konnte und auch meine Jeans nicht mehr paßten, kaufte ich mir Umstandskleidung.

Am ersten April hatte sich mein Bauch auch höher, unterhalb der Rippen, ausgedehnt und war an den Seiten deutlich runder geworden. Ich musterte ihn von oben und legte meine Hände darauf — ein kleines Gewölbe, ein kleines Haus für mein Kind. Ich konnte meine Röcke nicht länger tragen, auch nicht, wenn ich den Reißverschluß ein Stück offen ließ; also begann ich meine Umstandskleider anzuziehen und ich genoß die öffentliche Zurschaustellung.

Ich war eine eifrige Schülerin. Bevor die Schwester zu sprechen begann, blätterte ich den Ordner mit dem Informationsmaterial durch: »Ihre Schwangerschaftsdiät«, »Schwangerschaftsgymnastik«, »Sex während der Schwangerschaft«. Auf dieser Seite waren die wissenschaftlichen Symbole für Mann und Frau ineinander verschlungen, und in dem Kreis des weiblichen Symbols schlief ein Baby in Fetuslage mit dem Kopf nach unten. Hielten sie sich wirklich so fest selbst umarmt, zogen sie sich zu einem so kompakten Bündel zusammen? Mit einem Stift zog ich die Linie von Schädel, Wirbelsäule und Po nach. In dem Ernährungskurs im Krankenhaus waren noch sechs andere Frauen, und wie ich standen sie alle ungefähr am Anfang des zweiten Drittels ihrer Schwangerschaft. Zwei von ihnen hoben die Hand, als die Schwester fragte, ob jemand von uns bereits Kinder hatte. Ich war froh, noch nicht zu wissen, was sie bereits wußten. Mir gefiel der Gedanke, »mein erstes« zu bekommen. Aber den beiden Müttern galt meine volle Bewunderung — sie waren erfahrene Meister, die sich noch ein paar Tips erhofften; ich war ein Neuling, ein Einfaltspinsel.

Die Schwester hielt eine Karte hoch, und ich zog gehorsam eine ähnliche aus meiner Mappe — Farbphotos von Nahrungsmitteln, die in verschiedenen Gruppen mit den Überschriften »Milchprodukte«, »Fleisch«, »Obst und Gemüse«, »Getreide« und »Andere« unterteilt waren. Die Schwester legte ein Lammkotelett, ein Stück Käse und verschiedene Gemüse — alles aus Plastik — vor sich auf den Tisch, als sie über Portionsgrößen und den Nahrungsbedarf von Feten und schwangeren Frauen sprach. Ich betrachtete meinen Plan und ließ meine Augen glücklich wie jeder Erstkläßler auf den Bildern ruhen: ein Stück Wassermelone, Schokoladenpudding, Thunfischsalat.

Nach dem Kurs stand ich in der Apotheke hinter einer Mutter an. Sie war immer in Bewegung, wenn ihr kleiner blonder Junge hinter einer Wand, einem Stuhl oder einer Person verschwand. »Brian!« Sie zog ihn zu sich in die Reihe, aber dann war er auch schon wieder verschwunden und trottete auf ein Objekt seiner Neugier zu — zu einem Tisch mit Zeitungen; zu einer Handtasche, die eine ahnungslose Kundin abgestellt hatte; zu einem anderen kleinen Kind, das ebenso unsicher auf seinen Beinchen stand wie er selbst. Schließlich stand seine Mutter an der Theke und schob ihr Rezept durch das Fenster. Dann war ich dran. »Schwangerschaftsvitamine.« Ein Losungswort. Ich verkündete es mit dem Stolz des Neulings, als ich das Rezept über die Theke schob. Ich erhielt knallblaue Kapseln, nicht Tabletten, wie ich erwartet hatte, und die flache weiße Flasche reichte für drei Monate. Ich mußte sie regelmäßig einnehmen, jeden Morgen oder jeden Abend, »am besten nach einer Mahlzeit« hatte mir die Schwester empfohlen. Das rüttelnde Geräusch der Kapseln in der Flasche gefiel mir ebenso wie der seltsame, schwedisch klingende Markenname: Pampren Forte.

Ich klebte meinen Essensplan zu Hause an die Innenseite eines Schrankes. Die Photos der Nahrungsmittel waren ebenso beruhigend wie die blauen Vitamine. In der nächsten Woche war ich geradezu besessen davon, die idealen Portionen und Nahrungsmittel zusammenzustellen, und zum Mittag- und Abendessen lud ich mir mehr Fleisch auf den Teller, als ich mochte. Mein Appetit verschwand, und ich ließ den größten Teil des Fleisches stehen. »Vergiß den Plan«, riet Dean. »Schmeiß ihn einfach weg. Du wirst auch gut ohne ihn zurechtkommen.« Ich war erleichtert, seinem Rat folgen zu können, trank aber weiterhin zusätzlich Milch, doppelt soviel wie sonst. Ich kaufte die Milch jetzt in Gallonen, nicht mehr in halben Gallonen. Der Gallonenbehälter im Kühlschrank war ein ungewohnter Anblick, den ich mit großen Familien in Verbindung brachte. Das war eine der seltsamen Veränderungen, die mich manchmal so gereizt sein ließen. Zusätzliche Ausgaben, weniger Platz, schwerere Last; der Unmut begann schon jetzt, Monate vor der Geburt.

Auf dem Weg zur Arbeit las ich im Zug den »Complete Guide to Breastfeeding«, einen Ratgeber für die Stillzeit — es war mir peinlich, und ich bedeckte den Titel und die Bilder immer mit den Händen. Zuhause las ich das »Jane Fonda Workout Book for Pregnancy, Birth and Recovery«, ein Übungsbuch, das mir Dean geschenkt hatte, nachdem der Schwangerschaftstest positiv ausgefallen war. Beide Bücher halfen mir zu lernen, was ich von meinem Körper zu erwarten hatte und was ich für ihn und das ungeborene Leben tun mußte.

Je mehr ich über das Stillen las, desto mehr freute ich mich darauf, mein Neugeborenes mit meiner eigenen Milch zu füttern. Wie schön würden wir zusammen aussehen! »Das stillende Paar« nannte das Buch uns, aber ich wollte nicht, daß Dean davon ausgeschlossen war. Vielleicht konnte Dean dem Baby die Zusatznahrung mit dem Fläschchen geben.

»Oh, es ist so lästig!« lautete die Antwort meiner Mutter am Telefon, als ich ihr von meinem Vorhaben zu stillen, erzählte.

»Lästig?«

»O ja. Es wird dir auf die Nerven gehen.«

»Du hast nicht gestillt, oder?«

»Nein, ich wollte es nie. Es ist sehr unangenehm, eine richtige Plage. Und außerdem beißen die Babys. Oma ist von Onkel Anselm so schlimm gebissen worden, daß sich ihre Brustwarzen entzündeten.«

»In dem Buch, das ich gerade lese, steht auch etwas darüber. Man kann es verhindern.«

»Bei manchen Babys kann man es nicht.«

»Es ist für das Kind jedenfalls gesünder, Muttermilch zu bekommen statt Fertignahrung. Es hat einen Grund, daß die Natur eine Mutter mit Milch austattet.«

»Dir und Steve hat nie etwas gefehlt, nur weil ihr Fertignahrung bekommen habt.«

»Ich habe ja gar nicht gesagt, daß Fertignahrung schlecht ist. ich meine nur, daß Muttermilch das gesündeste ist.«

»Du wirst deine Meinung auch noch ändern.« Die Stimme meiner Mutter war ohnehin hoch, aber bei dem »du« klang sie schrill.

Ich versuchte, gleichgültig zu bleiben. »Wie ist das Wetter bei euch? Ist der Schnee jetzt ganz weg?«

Das Jane-Fonda-Übungsbuch hatte nicht viel mit Jane Fonda zu tun, abgesehen von dem Titelphoto, auf dem sie in einem schwarzen Trikot mit dem Autor und zwei Frauen posierte — eine der Frauen hielt einen Säugling, die andere war schwanger —, außerdem hatte sie ein Vorwort, in dem sie ihre persönliche Verbindung zu dem Autor erklärte und über ihre Geburten erzählte, verfaßt. Im Bildteil gab es noch ein paar Schwarzweißbilder von Jane Fonda mit ihrem neugeborenen Sohn, einschließlich eines Bildes, auf dem sie ihn gerade stillte. Dean zeigte kritisches Interesse an diesem Photo, starrte es eine Weile an, gab mir das Buch zurück und wollte es dann wiederhaben: »Laß mich noch mal sehen.« Ich lachte. »Willst du dir eine Meinung über das Stillen bilden, hm?« Deans Schwärmerei für Jane Fonda waren ein alter Witz zwischen uns.

Das sogenannte »Schwangerschaftstraining« war anstrengend, und das Buch überzeugte mich von der Notwendigkeit, für die Geburt in guter körperlicher Verfassung zu sein. Ich fügte die ermüdenden Übungen meinem täglichen Yoga-Programm hinzu, das ich bereits regelmäßig absolvierte. Daß das Buch auch Übungen für die Zeit nach der Geburt beinhaltete, beruhigte mich ein wenig — es war doch möglich, daß ich nach der Geburt wieder in Form kommen und meine Figur zurückbekommen würde. Ich brauchte mich damit jetzt noch nicht zu beschäftigen, aber es war wie eine Versicherungspolice.

Einige der Empfehlungen in dem Buch warnten davor, daß die Sorge um mich selbst und die Sorge um das Baby in mir in Konflikt geraten konnten. Das Baby hatte natürlich Vorrang. Lange heiß baden war zum Beispiel gefährlich, weil dadurch die Körpertemperatur nach fünfzehn Minuten genügend anstieg, um das Nervensystem des Embryos zu schädigen. Anstrengende Übungen auf dem Rücken konnten auch problematisch werden. Das Gewicht meiner Gebärmutter drückte auf die Vene, die das Blut zu meinem Herzen pumpte und konnte meinen Kreislauf und den des Babys behindern. »Machen Sie sich keine Sorgen, üben Sie ruhig weiter«, riet die Schwester, als ich ihr davon erzählte. »Wenn Sie sehr dick werden, wird es sie stören. Sie werden wissen, wann Sie aufhören müssen, aber es wird noch eine Weile dauern.« Ich hatte furchtbare Angst, dem Baby Schaden zuzufügen.

Das Buch enthielt auch ein Kapitel über die Vorbereitung auf die Geburt. Wenn es im siebten Monat Zeit war für die Geburtskurse im Health Center, konnten Dean und ich dieses Kapitel zusammen lesen. Es hatte keinen Sinn, all diese unheimlichen Abschnitte über Wehen, Pressen und Atmen schon jetzt zu verschlingen, aber es wurde immer wieder betont, wie wichtig es war, daß wir vorbereitet waren — ich auf die körperliche Anstrengung und Dean darauf, mich zu unterstützen. Wir hatten noch viel Zeit bis dahin, obwohl die Wochen unerklärlich schnell vergingen.

Ein anderes Kapitel in dem Buch las ich erst gar nicht: wie man mit Problemen und Komplikationen umgeht. Ich konnte ja nicht wissen, daß ein kleiner Teil dieses Kapitels, drei kurze, einfühlsam formulierte Absätze bald der einzige Teil des Buches sein würden, den ich lesen wollte. Er handelte von dem Umgang mit Kummer und Leid und begann: »Es geschieht heute nur noch selten, aber manchmal überlebt ein Säugling nicht.«

Ich glaubte fest daran, daß ich etwa am 7. Oktober ein Baby zur Welt bringen und daß dieses Baby überleben würde. Ich mußte daran glauben, weil ich mir das Gefühl freudiger Erwartung gestattete und mich in vielen Dingen so benahm, als sei die normale Entwicklung meines Kindes vollkommen sicher. Ich hatte einen kleinen aus einem Strumpf gefertigten Affen mit erstauntem Gesichtsausdruck gekauft, wie ich ihn als Kind immer hatte haben wollen. Er hatte einen braunweiß gestrickten Körper, große leuchtendrote Lippen und einen langen Schwanz. Ich setzte ihn in das Zimmer, das Dean und ich für das Baby einrichten wollten. Aus den Geschäften brachte ich Freiexemplare von Babyzeitungen mit und las alle Artikel über Neugeborene. Dann legte ich sie weg, um sie mir nach der Geburt wieder ansehen zu können. Ich erzählte allen Leuten: »Dean und ich werden im Oktober Eltern.«

Als mein Bauch anschwoll, fand ich, daß er asymmetrisch aussah — rechts war er dicker als links. Ich fragte Dean nach seiner Meinung. Ja, er bemerkte es auch. Wir sagten uns, daß das absolut normal sein mußte oder daß es vielleicht an meiner Skoliose lag, denn durch diese Wirbelsäulenverkrümmung ist meine rechte Hüfte höher als die linke.

Mitte April hatte ich meinen ersten Termin bei Dr. Barrie, der Gynäkologin, die mir das Health Center empfohlen hatte. Sie sah die Asymmetrie auch, hatte aber nur zwei mögliche Erklärungen dafür: entweder trug ich Zwillinge, oder ich hatte ein Fibrom. Wahrscheinlicher war die zweite Erklärung.

Ich fühlte mich plötzlich schwach wie eine Flickenpuppe und war froh, daß ich saß. Dr. Barrie erklärte, daß der Tumor — angenommen, ich hatte einen — meine Schwangerschaft wahrscheinlich nicht beeinträchtigen würde, aber sie fügte hinzu, daß Fibrome manchmal so groß wie Wassermelonen wurden und dann mit dem Fetus in Wettstreit um die Nahrung traten. »Wenn etwas dergleichen eintritt, muß die Mutter ins Krankenhaus.« Die Ärztin fuhr ruhig fort, und wir führten ein Gespräch unter Erwachsenen. Ich bemühte mich, ihr zuzuhören, obwohl ich mich am liebsten auf dem Boden zusammengerollt hätte wie ein Kind. Sie erklärte, daß Fibrome gutartige Tumore sind, die während der Schwangerschaft von der erhöhten Blut- und Östrogenversorgung profitieren. Nach der Schwangerschaft schrumpfen sie oft wieder zusammen, und dadurch wird eine Operation dann überflüssig.

Die Dinge liefen nicht ab wie in den Büchern, die ich zu Hause hatte. Dr. Barrie zeigte mir Bilder von Fibromen und versuchte mir und Dean zu helfen, alles zu verstehen. Für mich sahen die Illustrationen abscheulich aus. Der Gedanke, daß diese runde Masse — die Ärztin meinte, sie hätte die Größe einer Apfelsine — dort in mir neben dem Baby war, ekelte mich an.

Am 10. April traf ich mich mit Dean bei einer Röntgenologin, die eine Sonographie machen sollte, um zu klären, was diese Schwellung tatsächlich bedeutete. Damals wußte ich es nicht, aber diese Sonographie sollte die erste von vielen sein — wie ein Alptraum, der sich in düsteren Variationen wiederholt.

An diesem Tag war die schlechte Nachricht wenigstens keine Überraschung: Ich hatte tatsächlich ein etwa apfelsinengroßes Fibrom. Aber es gab auch eine gute Nachricht. Dem Baby ging es gut.

Ich lag im Halbdunkeln auf dem Tisch, und mein Bauch war mit durchsichtigem Gel eingeschmiert. Die Ärztin drückte einen Sensor auf meinen Bauch, der so ähnlich aussah wie der, den die Schwester benutzt hatte, um die Herztöne zu überprüfen. Die gesprenkelten schwarzen, weißen und grauen Streifen innerhalb des keilförmigen Feldes auf dem Bildschirm bewegten sich wie Wolken, und in der Mitte des Keils erschienen und verschwanden ein Kopf im Profil, ein kleiner Arm und ein Beinchen. Die Umrisse waren enttäuschend undeutlich, aber zweifellos wirkten sie auf unheimliche Art menschlich, und dann auch wieder so wenig menschlich wie all die Bilder in dem Buch zu Hause. Ich war fasziniert und ergriffen.

Dr. Abram beugte sich über den Tisch. Sie hatte grobe Gesichtszüge, rote Haare, einen großen Busen und trug einen schwarzen Rock und einen engen schwarzen Pullover. Dean sagte später, daß sie aussah wie eine Kreuzung zwischen Mutter Erde und dem Teufel. Ich zuckte zusammen, als sie auf meinen Bauch drückte.

»Es tut weh.«

»Das dürfte aber nicht weh tun.« Sie versuchte es noch einmal und beobachtete den Bildschirm. »Der Fetus sieht gut aus. Sehen Sie das Pulsieren dort?« Sie deutete auf ein schwaches Pochen. »Dort schlägt das Herz.«

Jedesmal wenn sie ein für sie interessantes Bild fand, drückte sie auf einen Knopf, und eine Kamera in dem Apparat klickte. Sie arbeitete rasch und sie vergeudete kein Wort und keine Bewegung. Nach vier oder fünf Minuten war sie fertig. Sie überreichte mir ein Handtuch, damit ich das Gel von meinem Bauch abwischen konnte, und Dean gab sie ein Photo. Ihre Stimme war tief, zu laut für den kleinen Raum — und paßte überhaupt nicht zu dem wunderbaren Geheimnis. »Hier ist das erste Photo von Ihrem Baby.«

5

Ich glaube, es war Dean, der auf diesen Namen kam — jedenfalls klingt er ganz nach einer seiner Empfindungen: Am Anfang meiner Schwangerschaft begannen wir, von »Johnny-Judy« zu sprechen.

»Johnny-Judy hat Hunger«, sage ich beispielsweise zu Dean. »Vielleicht sollten wir etwas Hummer besorgen.«

Oder als Dean und ich über den Pendlerparkplatz liefen, um den Morgenzug zu erwischen, meinte ich: »Warte, Johnny-Judy und ich können nicht so schnell laufen.«

Wir benutzten diesen Namen niemals vor anderen, aber wir hatten das Bedürfnis, unser Kind nicht »das Baby« oder »es« zu nennen. »Johnny-Judy« gab uns die Möglichkeit, über die Gegenwart zu sprechen und gleichzeitig schon für die Zukunft zu üben. Dean scherzte am Anfang der Baseball-Saison: »Ich hoffe, Johnny-Judy mag die Red Sox lieber als du.« Ich stellte mir vor, wie Dean ein Kind durch das Drehkreuz bugsierte: »Das hoffe ich auch. Dann kann ich wenigstens ohne Schuldgefühle zu Hause bleiben.«

Wenn ich Spekulationen anstellte, wer Johnny-Judy wohl wirklich werden würde, fühlte ich mich machtlos, manchmal war ich sogar verängstigt. Meine schlimmste Befürchtung war, daß mein Kind nicht liebenswert sein könnte — böse. Es gab so wenig Einzelheiten, die in meiner oder Deans Macht lagen, daß wir über diese wenigen Dinge hitzige Debatten führten. Jeder experimentierte mit seinen eigenen Visionen, einmal fühlte man sich dem Kind nahe, dann wieder entfremdet, jetzt zufrieden, dann wieder enttäuscht.

»Wenn es ein Junge wird, muß er beschnitten werden.« Darauf bestand ich. Dean hatte das Flugblatt »The Circumcision Decision« gelesen, das in unserem Health Center verteilt wurde. Es hatte ihn davon überzeugt, daß eine Beschneidung medizinisch unnötig war. »Wenn etwas nicht kaputt ist, muß man es auch nicht reparieren«, behauptete er. Aber ich war stur. Eine Beschneidung war notwendig, um mein Kind als einen Teil meiner Welt zu kennzeichnen — die Welt meiner Religion, die Welt meiner Liebe. Wie konnte eine jüdische Mutter einen kleinen Jungen haben, der nicht beschnitten war? Würde mir ein solches Kind nicht fremd oder sogar abstoßend vorkommen? Ich hatte noch nie einen nicht beschnittenen Mann gesehen.

»Du bist furchtbar dickköpfig«, sagte Dean. »Warum willst du dem Kind für nichts und wieder nichts etwas abschneiden?«

»Du bist wütend auf mich, oder?«

»Nun, es wäre schön, wenn du die Argumente der anderen Seite wenigstens einmal überdenken würdest.«

»Vielleicht wird es ja gar kein Junge.« Damit war die Unterhaltung beendet, aber Dean und ich wußten, daß wir das Problem lösen mußten, bevor unser Baby geboren wurde. Ich verdrängte das Thema eine Zeitlang, in der Hoffnung, daß Dean einer Beschneidung zustimmen würde, wenn wir einen Jungen bekämen — und sei es nur, damit ich nicht schmollte. Wie sich herausstellte, sprachen wir nie wieder über Beschneidung. Sich darüber zu streiten war reiner Luxus gewesen.

Aber eine andere Entscheidung konnten Dean und ich nicht nur treffen, wir mußten es sogar tun: Wir mußten einen Namen finden. Wenn wir abends im Bett lagen, blätterten wir ein Buch mit Namen durch, bevor wir das Licht löschten, und unterhielten uns gegenseitig mit Vorschlägen. Deans Refrain lautete: »Ich finde immer noch, ein Junge sollte Ira Reilly heißen und ein Mädchen Delilah Reilly.«

Nach einer Woche hatten wir beinahe jeden Namen aus dem Buch verworfen, aber dann begannen wir mit einer Inbrunst, die uns selbst überraschte, jeweils ein oder zwei Favoriten zu verteidigen.

Schließlich einigten wir uns auf einen durch und durch irischen Namen für einen Jungen: Brendan Francis Reilly. Ich mochte den Klang, den Rhythmus. Ich mochte es sogar, das »R« mit einem stark irischen Dialekt auszusprechen. Was für ein Name für einen Schriftsteller! Ich mußte mich oft selbst ermahnen, daß Brendan möglicherweise gar kein Interesse am Schreiben haben würde, aber ich hoffte, daß er trotzdem seinen Namen mögen würde.

Ich fragte mich, ob Brendan Francis Reilly sich wohl an dem Namen Francis stoßen, ihn seltsam oder weibisch finden würde. Aber schließlich war ich überzeugt, daß es ihm gefallen würde, denselben zweiten Vornamen zu tragen wie Dean und sein Großvater. Er würde es zu schätzen wissen, daß sein Name zu Ehren von Deans Großvater, Frank Reilly, gewählt worden war, der kurz zuvor im Alter von fünfundneunzig gestorben war. Die jüdische Tradition, ein Kind nach einem geliebten Verstorbenen zu benennen, war meiner Meinung nach sowohl für das Kind als auch für die Eltern tröstlich.

Ich selbst hatte Frank Reilly nie kennengelernt, aber ich war bereit, mich Deans Beschreibung von einem liebenswerten Mann anzuschließen. Ich wollte glauben, daß Frank Reilly, der Vater von Alphonse Francis und Großvater von Dean Francis, genauso gutmütig wie seine Nachkommen gewesen war. Ich wollte glauben, daß Deans ausgeglichene Einstellung zum Leben eine ererbte Fähigkeit war. Brendan, dachte ich, wird wie sein Vater werden.

Dean und ich hatten mehr Schwierigkeiten, uns auf einen Namen für ein Mädchen zu einigen. Ich traf meine Wahl schnell und drängte Dean, sie zu akzeptieren. Er wollte sich nicht zwingen lassen und war nicht sofort angetan von meiner Entscheidung, deshalb bestand er darauf, daß ich noch andere Namen mit in die engere Wahl zog, Jennifer und Lisa zum Beispiel. Ich versuchte, seine Vorschläge wohlwollend in Betracht zu ziehen, konnte mich aber nicht dafür erwärmen. Ich wollte nur einen Namen für meine Tochter akzeptieren — den Namen meiner Großmutter mütterlicherseits, die ich immer als Grandma Mollie gekannt und deren richtigen Namen ich erst nach ihrem Tod auf ihrer Heiratsurkunde entdeckt hatte. Mir gefiel er besser als Mollie: Amelia. Weshalb meine Großmutter ihn geändert hatte, wußte ich nicht, aber ich würde ihn allen wieder ins Gedächtnis rufen und meine Tochter mit der Liebe meiner Großmutter verbinden — eine Liebe, die ich als unerschütterlich erfahren hatte.

Ich war überglücklich, als Dean mich eines Tages mit der Ankündigung überraschte, daß eine Tochter Amelia heißen würde. Wie real wurde meine Phantasietochter. Sie hatte einen Namen! Ich begann auf ein Mädchen zu hoffen — und ich konnte diese Hoffnung einfach nicht unterdrücken.

In der letzten Aprilwoche fuhren Dean und ich nach Florida. Das Wetter war wunderbar frühlingshaft: sonnige Tage, warm genug, um Shorts zu tragen, und klare, kühle Abende. Den ganzen Winter über hatte ich diese Reise geplant. Für mich war es eine Art Familientreffen und die Chance, Dean mit meinem Bruder und anderen Verwandten bekanntzumachen, die er noch nicht kennengelernt hatte. Meine Famile einschließlich Cousins und Cousinen — auch zweiten Grades — war ziemlich groß, und unser Treffen war so wie in meiner Kindheit, als wir in Queens lebten, und keiner weiter weg als in Brooklyn oder Long Island wohnte. Am ersten Abend saßen wir zum Essen zu zwölft um den Tisch bei Tante Louise. Dean war verlegen, hielt sich aber tapfer.

Meine Tanten und Schwägerinnen staunten, wie dick mein Bauch schon war, und es schien mir, daß mich alle mit besonderer Begeisterung begrüßten. Ich nahm meine Tanten beiseite und zeigte ihnen das Photo des Fetus.

Im Laufe der Woche amüsierten sich meine Tanten auf für mich schmeichelhafte Weise über das Ausmaß meiner Garderobe. »Wieder etwas anderes! Seht sie nur an, wie hübsch!« Wenn ich mich hinsetzte, umgaben meine Kleider mich wie eine Liebkosung: der weiche Stoff des lila Kleides, das mit winzigen weißen und blauen Blümchen übersät war; die weiße Bluse mit den Puffärmeln und der Spitzenpasse, die meine Mutter mir geschickt hatte. Die Tage vergingen, und ich füllte meine wogenden Kleider immer mehr aus. Ein Kleid hatte ich nicht mit auf die Reise genommen. Es war noch zu groß, aber ich konnte es gegen Ende der Schwangerschaft anziehen.

In Disney World schwirrten überall Kinder herum — tapsig laufende Babys, Babys in Buggys. Seht mich an, dachte ich, seht Dean an. Wir sind zu dritt! Die Kinderkarussells, die Ballons, die mit Eis verschmierten Münder, die Eltern, die ihre Kinder auf die Schulter nahmen, damit sie die Parade anschauen konnten — es war, als sähen wir einen Film über ein Land, in das wir für immer übersiedeln wollten. Die Leute sollten wissen, daß wir kommen würden.

Aber manchmal wünschte ich mir, ich wäre nicht schwanger, obwohl ich ein Kind wollte; manchmal lehnte ich mich dagegen auf, wie der Fetus in mir mein Leben kontrollierte. Die schönsten Erlebnisse in Disney World — bestimmte Fahrten, die ich liebte und zu denen ich seit Jahren keine Gelegenheit gehabt hatte — waren für Dean offen, aber nicht für mich. Am Eingang zu Space Mountain riet ein Schild schwangeren Frauen, nicht einzusteigen, und als ich mich am Thunder Mountain anstellte, kam sofort ein Sicherheitsbeamter auf mich zu und fragte gedehnt: »Entschuldigen Sie, Ma'am, sind Sie in anderen Umständen?«

Während Dean sich ohne mich vergnügte, schmollte ich wie ein krankes Kind, das nicht mitspielen darf. Ich saß auf einem Steinmäuerchen neben einem Rosenbeet, starrte wütend auf meinen Bauch, und Tränen stiegen mir in die Augen. Als Dean zurückkam, weinte ich und wollte mich zuerst überhaupt nicht trösten lassen.

Meine Schwangerschaft war ein physisches Handikap. Wenn ich am wenigsten daran dachte, machte mich jemand darauf aufmerksam, und wenn es außer mir niemand zu beachten schien, war ich ängstlich und besorgt.

Ich hatte eigentlich immer dieses Gruseln in einem Geisterhaus gemocht, aber jetzt — in dem Geisterhaus in Disney World — empfand ich die Menge, die sich durch die Dunkelheit schob, als wirkliche Bedrohung für mich und mein Kind. Ich wollte meinen Bauch schützen und griff nach Deans Hand und drückte mich gegen seinen Rücken. »Bleib vor mir.« Ich konnte beinahe fühlen, wie es war, wenn wirkliche Fledermäuse durch die Luft flogen . . . Ich brauchte mehr Platz als früher — mehr Platz zum Stehen und für die Bewegung, mehr Licht und mehr Luft.

Dean und ich kauften Andenken in Disney World — ein Mikkey-Mouse-Sweatshirt für mich und ein Mickey-Mouse-T-Shirt für Dean. Wir überlegten, was wir für Johnny-Judy kaufen sollten. Schließlich wurden es drei Kinderlöffel, deren Griffe mit Bildern verziert waren: Winnie the Pooh hing an der Leine eines grünen Ballons und schwebte gen Himmel; Donald Duck in seinem Matrosenanzug tippte sich schüchtern an die Kappe; Mickey hob seine übergroße Hand und schien gleichzeitig »Hallo« und »Stop« zu sagen.

»Die sind nicht klein genug«, urteilte Tante Louise. Ich betrachtete einen Löffel und versuchte mir einen Mund vorzustellen, der selbst dafür noch zu klein war. Meine Tante hatte drei Kinder aufgezogen. Sie verstand etwas davon. Was wußte ich? Nicht viel. »Na gut«, sagte ich, »dann heben wir sie eben für später auf.«

Am 2. Mai hatten Dean und ich unseren zweiten Termin bei Dr. Abram, diesmal wegen der Fruchtwasseruntersuchung, die ich auf Anraten unseres Health Centers wegen meines Alters durchführen lassen sollte. Ich hatte mir schon wochenlang vorgestellt, wie die Nadel durch meinen geschwollenen Bauch stieß. Dr. Barrie behauptete, der Schmerz würde kurz und schwach sein, aber ich war mir nicht sicher, ob ich das glauben konnte. Und was konnten wir alles anrichten bei dem Versuch herauszufinden, ob unser Kind gesund war? Zu meinem Glück lag die Placenta nicht »anterior«, also nicht vorne. Eine solche Lage macht manchmal eine Fruchtwasseruntersuchung unmöglich. Mein Fibrom stellte ebenfalls kein Problem dar, entgegen Dr. Barries Befürchtungen. Dr. Abram versicherte mir, sie könne es umgehen. Wie Dr. Barrie gesagt hatte, war sie eine der besten Ultraschall-Diagnostiker in unserem Staat.

Ich versuchte nicht an den Bericht zu denken, den wir erhalten würden. Wir mußten einen Monat oder länger warten, nur um die Schwangerschaft abzubrechen, falls das Ergebnis sehr schlecht war.

In dem kleinen, halb erleuchteten Raum preßte Dr. Abram den Sensor fest gegen meinen Bauch und drückte ihn ein. Die Luft in dem Raum war kühl, und das Gel auf meiner Haut fühlte sich kalt und klebrig an. Dr. Abram beobachtete die von dem Computer gebildeten Streifen, die sich auf dem Bildschirm bewegten. Sie konnte das Bild des Fetus so lange festhalten, wie sie wollte, indem sie den Sensor mit gleichbleibendem Druck gegen meinen Bauch hielt, und sogar Details vergrößern — zum Beispiel den Kopf oder den leeren Raum in der Gebärmutter neben den Beinen. Sie konnte auch eine Aufnahme des gesamten Körpers erscheinen lassen, wie er auf seiner gekrümmten Wirbelsäule in seiner engen gemütlichen Ecke ruhte. Der Bildausschnitt konnte durch Dr. Abrams ruhige Hand konstant gehalten werden, aber das Bild lebte, bewegte und veränderte sich. Dr. Abram erklärte mir die Einzelheiten auf dem Monitor, während Dr. Barrie die Nadel einführte.

Ich drehte mein Gesicht zur Wand. Dort stand Dean und hielt meine Hand. Dr. Abrams heisere Stimme gab Dr. Barrie Anweisungen, aber ich konnte die Worte nicht verstehen. Ich wollte nicht wissen, was geschah. Ich schob alles in den Raum weit weg von mir, ausgenommen Deans Hand. Als ich den Schmerz verspürte — einen durchdringenden Stich, begann ich rückwärts zu zählen, wie Dean es mir geraten hatte. Hundert, neunundneunzig, achtundneunzig . . . Ich konzentrierte mich auf die Zahlen, darauf, richtig zu zählen. Ich schwitzte, hielt Deans Hand wie eine Rettungsleine und versuchte, nicht über den heftig pochenden Schmerz nachzudenken, der sich in meinem Körper ausbreitete, als ob Dr. Barrie in eine tiefe Wunde drückte. Die Ärztinnen sprachen. Dean sagte auch etwas. Ihre Stimmen klangen verschwommen und entfernt. Nur die Zahlen, die ich murmelte, und die Notwendigkeit stillzuhalten, waren real für mich. Und dann kam der Gedanke, ich kann nicht mehr, ich kann nicht mehr. Dreiundsechzig, zweiundsechzig . . .

»Es ist vorbei, Marion. Es ist wirklich gut gegangen. Es befindet sich kein Blut im Fruchtwasser. Es ist schön klar. Wie fühlen Sie sich? Geht es Ihnen gut?« Dr. Barrie sprach mit mir. Dean strich über mein Haar.

»Ja, mir geht's gut.«

»Bleiben Sie noch eine Weile liegen«, empfahl Dr. Abram.

»Marion, ich muß mich beeilen.« Wieder wandte sich Dr. Barrie an mich und beugte sich ein wenig zu mir. »Eine meiner Patientinnen liegt im Krankenhaus in den Wehen. Sie sollten sich so lange hier ausruhen, wie Sie möchten. Alles ist sehr gut gelaufen.«

In dem Moment, als die beiden Ärztinnen hinausgegangen waren, spürte ich die Hitze überall auf meiner Haut und Schweiß drang durch meine Bluse. Ich zitterte und schluchzte. »Es hat weh getan, Deanie, es hat wirklich sehr weh getan.«

»Es hat länger gedauert als sonst. Die erste Spritze funktionierte nicht. Die Nadel war in Ordnung, aber sie mußten den oberen Teil auswechseln — den Teil, der die Flüssigkeit aufnimmt.«

»Christus, das wußte ich gar nicht.«

»Das ist auch gut so. Wichtig ist, daß es jetzt vorbei ist und es dir gutgeht.«

Dr. Abrams Assistentin kam herein und schenkte mir ein Photo von meinem Baby — das Gesicht im Profil, mit einem schwach erkennbaren Auge und löwenähnlicher Nase und Mund. Dean gab sie eine kleine Glasphiole, die zur pränatalen Diagnoseabteilung des Massachussetts Generals Hospital gebracht werden mußte. Die Phiole enthielt nicht, wie ich erwartet hatte, eine klare Flüssigkeit, sondern eine gelbe. Dean steckte die Phiole in die Innentasche seiner Anzugjacke. »Das ist der sicherste Platz«, versicherte er mir und klopfte leicht darauf.

Wir arbeiteten uns durch ein wahres Labyrinth, um zum Labor im General Hospital zu kommen: zuerst durch die unbekannten Straßen um das Krankenhaus, in denen wir verzweifelt nach einem Parkplatz suchten, dann durch die Treppen, Aufzüge und Flure im Krankenhaus selbst. Im Labor nahm eine Schwester Dean die Phiole ab und versicherte uns, daß unsere Ärztin das Ergebnis so bald wie möglich erhalten würde — in vier bis sechs Wochen. »Wir möchten das Geschlecht nicht wissen«, sagte ich.

»Sorgen Sie dafür, daß Ihre Ärztin das erfährt, und erinnern Sie sie daran, wenn sie Sie anruft. Haben Sie das hier schon?« fragte die Frau und hielt eine blaue Broschüre hoch mit dem Titel »Pränatale Diagnose.«

»Ja, danke, wir haben es bereits gelesen.«

Ich hatte das Heft sogar schon mehrere Male in der Hand gehabt. Es zeigte Krankheiten auf, die Kinder von Spätgebärenden haben könnten, und schilderte die Gefahren einer Fruchtwasseruntersuchung, die sogar nicht einmal ein brauchbares Ergebnis bringen und einen zweiten Test erforderlich machen konnte.

An der Wand hing eine Notiz über den genetischen Beratungs-
dienst des Krankenhauses. Gott sei Dank brauchen wir den
nicht, sagte ich mir. Die Leute, die ihn brauchten, taten mir
leid.

Nachts, wenn Dean eingeschlafen war, leise neben mir atmete
und sein Rücken eine schützende Wand bildete, hinter der ich
furchtlos existieren konnte, drehte ich mich auf die rechte Seite
und preßte meinen Bauch an seine warme Haut. Dort war das
Baby, in diesem Muskelraum zwischen Dean und mir. Ich
drückte mich so dicht wie möglich an Dean heran, legte einen
Arm um seine Hüfte und streichelte seinen Bauch. Manchmal
wollte ich selbst umarmt werden. Dann stand ich auf, trippelte
nackt durch das kühle Zimmer zu Deans Seite des Bettes, legte
mich hin und machte mich ganz klein, um vor Dean Platz zu
haben. Ich drückte meinen Rücken gegen seine Brust und seinen Bauch und meinen Po gegen sein Nest aus goldenem Haar,
seinen Penis und seine Hoden. Dann zog ich seinen Arm um
meine Hüfte und legte seine Hand auf die Wölbung, unter der
unser Kind lag.
Gelegentlich schien mein Bauch nicht nur unser Kind, sondern
auch mich ganz zu enthalten. Es schien, daß ich in diesem dunklen Raum zusammengekauert saß, und dieser Raum war wie
eine Seifenblase — zart und gedehnt —, die entschweben oder
platzen würde.
Meine Haut war dünn und gespannt — so stellte ich es mir vor
—, und sie war durchlässig. Ich fühlte mich oft wie ein Wesen,
das weder Außen- noch Innenseite hat und doch wieder beides
besitzt, weil es eins ist. Mein Kontakt zu dem Embryo in mir
verband es auf der anderen Seite mit der Welt außerhalb meiner Haut.
In diesem Frühling flüsterten mir die sprießenden Blätter und
knospenden Blüten zu: »Jetzt verstehst du es. Jetzt weißt du

zum erstenmal, wie wir uns entfalten, ausdehnen und das Leben neu erschaffen.«

Ich erinnere mich, daß ich einmal einen ganz gewöhnlichen Anblick mit einer ungeheuren intensiven Freude genoß — es war ein altes gelbes Haus im Sonnenlicht auf einem Rasen, der zur Straße hin abfiel. Ich fuhr vorbei und erhaschte nur einen sekundenlangen Blick. Ich hatte das Haus schon viele Male zuvor gesehen, aber jetzt schien eine neue Seele durch meine Augen das Haus zu betrachten. Die ganze Szene — das Licht auf den blaßgelben Schindeln, die herabhängenden Rispen der lila Wisterien, die die Tür einrahmten — es gehörte mir, es drang in mich, als würde das Kind in mir es fordern. Das Bild blieb mir im Gedächtnis haften, während ich weiterfuhr: ein Diamant, der sich in der Luft in einem sonnendurchfluteten Zimmer dreht. Ich teilte es — ich teilte bereits die Welt mit meinem Kind.

Ich weiß nicht mehr, wessen Idee es war — Deans oder meine —, am Muttertag abends essen zu gehen. Ich weiß noch, daß ich verlegen war, abergläubisch und ängstlich, mir zuviel anzumaßen.

»Glaubst du wirklich, daß ich schon dazugehöre?« fragte ich Dean.

»Aber ja. Natürlich, sieh dich doch an.« Er deutete auf meinen Bauch. »Was denkt Johnny-Judy?«

Ich sah nach unten und strich mit den Fingern über meinen Bauch. »Nun, Johnny-Judy, hältst du es für eine gute Idee?«

Ich rief meine Mutter an, um ihr zum Muttertag zu gratulieren und dachte, daß sie mir bestimmt raten konnte. »Du mußt es mir sagen, du bist eine Autorität. Glaubst du, ich habe ein Recht auf ein Muttertagsessen?«

Sie lachte. »Oh, absolut.«

Im Restaurant sah ich mich ständig um, um die anderen Mütter zu entdecken — die richtigen. Es schien nahezu unglaublich, aber am nächsten Muttertag würden wir uns auch um das Abendessen für einen Säugling kümmern müssen.

»Werden wir Johnny-Judy nächstes Jahr mitnehmen?« Meine Gedanken kreisten um Babysitter und die Möglichkeiten, einen zu finden, dem man vertrauen konnte. »Ist Muttertag ein Tag, an dem man einen Babysitter holt oder möchte man sein Kind dabeihaben?«

»Ich nehme an, es kommt darauf an, wie leid du dein Kind bist. Und wieviel du essen willst.« Dean machte eine Handbewegung über die Unordnung auf dem Tisch: die verspritzte Butter und die kaputten Panzer unserer beiden gekochten Hummer.

Ich lächelte.

»Du wirst genau wie alle anderen Mütter sein«, sagte Dean. Das stimmte wirklich. Ich stellte mir bereits vor, wie ich meine erste Muttertags-Glückwunschkarte öffnete und so tat, als hätte Johnny-Judy sie ausgesucht. Lächerlich! Welchen dummen Spruch würde Dean auswählen?

»Was wird auf meiner ersten Karte stehen?«

»Wie wäre es statt dessen mit einer dieser kleinen Figuren? Du weißt schon . . .« Dean malte mit den Fingern Anführungszeichen in die Luft. »Beste Mutter der Welt.«

KAPITEL 2

Das Baby ist in Gefahr

1

Es ist der vierte Sonntag im Mai, und das Baby und ich kommen in eine neue Phase. Ich habe gelernt, neue Phasen zu erwarten und mich jeden Moment zu fragen, welche Veränderung mein Körper als nächstes durchmachen wird.

»Wie geht's dir?« fragt meine Mutter, als sie um die Mittagszeit aus Poughkeepsie anruft.

Ich stehe an der Küchentheke und bereite Sandwiches vor. Zum zweitenmal spüre ich ein Stechen in meinem Bauch und eine unangenehme Verkrampfung. »Großartig, es geht mir wirklich großartig. Ich glaube aber, daß sich meine Hormone verändern oder so was. Ich fühle mich heute so verkrampft.«

»Bewegt sich das Baby schon?«

»Nein, noch nicht, aber man sagt, daß manche Babys etwas später als andere anfangen zu treten. In den nächsten Wochen sollte ich es spüren.«

»Vielleicht hat es angefangen«, meinte meine Freundin Ann, als sie mit ihrem Mann und ihren beiden kleinen Söhnen zum Abendessen kam. »Es ist nicht wie ein Tritt, sondern mehr wie ein Stechen. Beim erstenmal war ich wirklich verwirrt, weil ich nicht wußte, was ich da spüre.« Sie wiegt Matthew in ihren

Armen. Sein zwei Monate altes Mondgesicht dreht sich zur Seite, weil er versucht, seinen älteren Bruder zu sehen, der auf dem Boden herumwirbelt. »Wenn es einmal angefangen hat, wünschst du dir, daß es aufhört. Es kann dich nächtelang verrückt machen.«

»Ich weiß, das sagt auch die Frau von Deans Bruder, aber es ist mir egal. Ich möchte, daß es anfängt. Vielleicht hast du recht, vielleicht sind diese stechenden Schmerzen Tritte.«

Es gibt zwei Photos von mir, die Dean an diesem Sonntag aufgenommen hat. Ich habe sie fast nie angesehen, aber ich wäre unglücklich, wenn ich sie verlieren würde. Ich bin dankbar, daß ich nicht wie geplant eins an meine Freundin Cindy geschickt habe. Ich stand barfuß in unserem Vorgarten in der Nachmittagssonne. Kein Regen. Das Gras war zum erstenmal seit über einer Woche trocken. Um das Kopfsteinpflaster der Auffahrt blühten Schwertlilien, die sich strahlend gold- und lavendelfarben gegen den grauen Stein abhoben, und unter dem Wohnzimmerfenster standen die Pieris in voller weißer Blüte. Ich posierte in meinen neuesten Umstandskleidern: einen blauen Jeans-Trägerrock, dessen Träger mit bronzefarbenen Knöpfen an dem vorderen Latz befestigt waren — die Verkäuferin hatte gesagt, daß das ein Geschenk Gottes beim Stillen sei — und einer roten Bluse mit Konfettidruck und weißem Kragen und weißen Manschetten. Die Pieris- und Rhododendronsträucher bildeten einen verwaschenen Hintergrund. Ich blickte direkt in die Kamera, hatte die Hände unter meinem Bauch gefaltet, um meine Rundung zu zeigen. Das war nicht so gut, fand Dean, nicht natürlich genug, um es Cindy in New York zu schicken, damit sie sehen konnte, wie ich schwanger aussah. Also machten wir noch ein zweites Photo. Mein vorstehender Bauch war im Profil zu sehen, mein Gesicht ein wenig zur Kamera geneigt, und meine gefalteten Hände ruhten auf meinem

Bauch. Das war es. Ich stand mit Dean auf dem Rasen und beobachtete, wie ich langsam, einem Geist gleich, auf dem Sofortbild sichtbar wurde.

»Das erste behalte ich«, entschied ich. Ich wollte eine Erinnerung an den Tag haben, wenn mein Körper wieder dünn sein würde und ich mich nicht mehr auf das Gefühl besinnen könnte. Ich konnte schon sehen, wie ich das Bild einem kichernden, halb interessierten Kind entgegenhielt. Das Kind war verschwommen, weder Junge noch Mädchen, aber das Kichern war ganz deutlich und ebenso die Tatsache, daß andere Dinge viel wichtiger waren als ich. Das war jedoch das Ziel — die Fetzen des Himmels, die in meinem Schoß gefangen waren, würden wieder hinausfliegen und mein Kind mitnehmen.

»Ich war die ganze Nacht wach«, erzählte ich der Schwester, als ich morgens im Health Center anrief. »Ich konnte heute nicht zur Arbeit fahren.« Das Stechen hatte sich über Nacht in einen schwachen stetigen Schmerz verwandelt, ein brummender Schmerz, unterbrochen von Krämpfen. »Ich glaube, es sind Blähungen. Könnte das so weh tun?«

»Ja, es können Blähungen sein. Ihrer Beschreibung nach sehe ich keinen Grund zur Beunruhigung. Rufen Sie uns Donnerstag an, wenn Sie sich dann noch nicht besser fühlen. Wir geben Ihnen dann einen Termin.«

»Ist es ungewöhnlich, daß ich so einen komischen Druck verspüre, wenn ich zur Toilette gehe? Es ist schwer zu beschreiben. Es ist, als sei außen um die Scheide alles geschwollen. Es tut richtig weh, die Muskeln zu bewegen.«

»Das ist nicht ungewöhnlich, das kann von den Hormonen kommen. Lassen Sie uns, wie ich gesagt habe, ein paar Tage warten und sehen, wie es Ihnen dann geht. Wenn Sie Donnerstag immer noch Schmerzen haben, rufen Sie mich wieder an.«

Es regnete. Von meinem Bett aus betrachtete ich die neuen

Blätter an dem Zuckerahorn, das dicke grauweiße Licht des Himmels, den Holzapfelbaum und seine tropfend nassen Blätter. Ein paar zartrosa Blütenblätter flatterten noch in dem nassen Wind.

Ich übte den Anruf, als hätte ich ein Band davon im Kopf. Die Schwester hatte nicht die leiseste Beunruhigung gezeigt. Mein Problem waren wahrscheinlich Blähungen, vielleicht kehrten in neuer Verkleidung die Beschwerden aus dem dritten Monat wieder, als ein Liter Milch pro Tag so schlimme Blähungen verursacht hatte, daß es mir schwergefallen war zu gehen. Möglicherweise war selbst der halbe Liter, den ich jetzt trank, zuviel. Vermutlich ging es jeder schwangeren Frau so, und vielleicht gab es keine andere Therapie, als zu warten.

Kraft. Meine war zu groß, um durch diesen Schmerz erschüttert zu werden. Sie war bereits durch das Fibrom auf die Probe gestellt worden, das immer mehr wuchs und gewaltsam in den Lebensraum des Babys eindrang. Ich tat mein bestes, die runde Masse nicht zu beachten. Wenn ich mit kleinen streichelnden Kreisbewegungen meinen Bauch rieb, vermied ich die harte, knotige Stelle. Wenn ein Verwandter oder Freund auf meinen Bauch drückte, um meinen neuen Umfang zu testen, versuchte ich, meine Hand über das Fibrom zu halten. Als eine meiner Tanten es versehentlich berührte und staunte, wie hart mein Bauch war, lächelte ich zustimmend. Niemand wußte etwas von dem Fibrom außer mir und Dean und den Ärzten.

Ich lauschte dem steten Rauschen des Regens in den Bäumen und dem dumpfen Tropfen aus einer Dachrinne und wartete, daß der Schmerz langsam nachließ und ich einschlief. Kühle, feuchte Luft wehte durch die Jalousien und berührte mein Gesicht und meine Arme. Ich dachte an das Kinderzimmer, das noch gar keins war, sondern nur ein Raum voller Krimskrams, der weggeworfen oder im Keller oder einem Schrank verstaut werden mußte. Es war ein kleines Zimmer auf der Rückseite —

der Westseite — des Hauses. Dean und ich hatten direkt nach unserem Einzug versucht, darin zu schlafen, es dann aber aufgegeben, weil es zu eng war. Wir waren in das vordere Schlafzimmer umgezogen — das war ein bißchen größer und die Sonne drang im Morgengrauen durch die Vorhänge. Das einzige weitere Schlafzimmer, das direkt neben unserem lag, hatten wir in ein Büro verwandelt. Ich arbeitete gern dort. Von Zeit zu Zeit blickte ich auf den Holzapfelbaum und die Fichte und den Himmel über dem vorderen Rasen.

Dean und ich hatten festgestellt, daß das Kinderzimmer auch ein heller Raum werden konnte. Im Juli oder August wollten wir jemanden kommen lassen, der ein zusätzliches langes Fenster in die Rückwand einsetzen sollte, das dann einen Blick auf den Steingarten und die großen Pinien bieten würde. Schließlich konnte die Nachmittagssonne dann durch die Bäume in das Zimmer scheinen. Wir wollten die schäbige Tapete, die wir von unseren Vormietern übernommen hatten, herunterreißen und statt dessen etwas Lustiges aussuchen. Etwas mit vier oder fünf verschiedenen Farben. Leuchtenden Farben. Blumen vielleicht oder das ABC; vielleicht auch Streifen.

Die einzige bisherige Veränderung in dem Kinderzimmer war der wachsende Zoo aus Stofftieren: der sandfarbene Teddybär, den Deans Mutter geschickt hatte, das gelbe Huhn mit dem leuchtend orangefarbenen Schnabel von einer Nachbarin, und der Strickaffe mit den roten Lippen, den ich gekauft hatte. Ich stellte mir die Tiere auf sauberen neuen Regalen vor der neuen Tapete vor. Ein Kinderbett würde da stehen und eine Kommode und andere notwendige Dinge, von denen ich im Moment noch gar keine Ahnung hatte. Wir hatten noch so viel zu tun, und uns blieben nur noch vier Monate Zeit.

An diesem Abend arbeitete Dean lange, und als er um halb elf nach Hause kam, war er erschöpft. Ich auch, denn ich hatte den ganzen Tag nicht schlafen können. Wir waren beide gereizt und brauchen Ruhe. Ich schlug vor, getrennt zu schlafen, damit Dean durch meine Nervosität nicht gestört wurde. Nachdem er erst erfolglos versucht hatte, neben mir zu schlafen, setzten wir den Vorschlag in die Tat um. Er war zu müde, um unsere Klappcouch aufzuklappen oder den Wäschehaufen auf dem Bett im Kinderzimmer wegzuräumen. Also machte er es sich in einem Schlafsack auf dem Teppich im Wohnzimmer bequem.

Ich stehe im Flur vor dem Wohnzimmer und beobachte Dean, wie er schläft, höre auf seinen Atem und empfinde es als tröstlich.

Ich verspreche mir leise, ihn nicht zu wecken, und halte es, solange ich kann, halte mich immer verzweifelter daran, während die Nacht fortschreitet und die Schmerzen brennender und konzentrierter werden und alles andere als Blähungen zu sein scheinen.

Ich versuche zu humpeln, zu kriechen, mich zu beugen, dem Schmerz zu entgehen. Ich rolle mich im Bett von einer Seite zur anderen, presse wie eine verrückte Grille meine Knie zusammen und kralle mich an den Laken fest. Ich gehe in monotonen Kreisen ins Schlafzimmer, aus dem Schlafzimmer, ins Schlafzimmer, aus dem Schlafzimmer. Ich lese Kataloge, immer wieder dieselben Seiten, — immer wieder. Ich versuche es mit einem warmen Bad. Ich lasse mich so tief wie möglich in die Wanne sinken und schöpfe das Wasser in Wellen über meinen riesigen Bauch. Ich stehe im Flur, nackt, und bete, daß das Feuer in meiner rechten Seite verlöscht.

Blaßblaues Licht beginnt durch die Jalousien zu dringen, wird durch sie gefiltert und flutet ins Haus wie Phosphor. Der Lampenschirm im Wohnzimmer glüht im Widerschein, und alles im Zimmer schimmert. Als ich Deans Arm schüttele und flüsternd um seine Hilfe bitte, scheint es, daß er auf einem Teich schwimmend schläft — einem schwarzen, bitteren Teich, in dem ich ertrinke.

Ich wußte es damals nicht, aber Amelia starb.

2

»Was es auch ist, ich will nicht ins Krankenhaus.«
»Sie können dich zu nichts zwingen, was du nicht tun willst. Und ich bin bei dir. Alles wird gut werden.«
Dean und ich saßen im Auto und waren auf dem Weg zum Health Center.

Während ich auf dem Untersuchungstisch wimmernd und das Gesicht verziehend ständig meine Lage veränderte, sprach Dr. Lamont, den ich noch nie gesehen hatte, mit mir. »Es kann das Fibrom sein«, hörte ich ihn sagen und damit meinen Verdacht bestätigen. »Ich bin nicht sicher. Ich glaube nicht, daß es eine Blinddarmentzündung ist, aber wir müssen das definitiv ausschließen.« Er machte eine Pause, wandte sich mir zu und gab mir ein paar Sekunden, ihn anzusehen.
»Ich glaube, Sie sollten ins Krankenhaus gehen. Wir müssen diesen Schmerz genau diagnostizieren.«
Ich fing an zu weinen. Ich war noch nie im Krankenhaus gewesen, und die Vorstellung jagte mir panische Angst ein. Ich stellte mir vor, wie ich aus Versehen in einen Operationssaal gefahren wurde. Was würden sie entfernen? Eine meiner Brüste? Eins meiner Beine? Würde das Baby verletzt?
Dr. Lamont untersuchte mich vorsichtig, hatte Respekt vor mir, nahm Rücksicht auf meine Schmerzen. Aber er war so ernst, daß ich mißtrauisch wurde. Woher sollte ich wissen, daß er nicht übereifrig war? Wie viele seiner Patientinnen fing er in

seiner Falle? »Es steht Ihnen natürlich frei, nach Hause zu gehen. Ich kann Sie nicht aufhalten. Aber ich halte einen solchen Entschluß für unklug.«

Auf den Vorschlag des Arztes hin gingen Dean und ich in den Warteraum, um nachzudenken. »Vielleicht hat er recht«, gab Dean zu bedenken. »Wie willst du so nach Hause gehen?« Ich umklammerte seine Hand, trat langsam und schleppend auf einen der Stühle zu und setzte mich mühsam hin, die Beine ausgestreckt. Ich fühlte mich, als hätte ich eine geschmolzene Kugel in meinem Bauch. Es war unmöglich geworden, still zu sitzen. Ich krümmte mich, schaukelte vor und zurück wie ein zurückgebliebenes Kind; ich umfaßte mit den Händen die Sitzfläche und hob und senkte meinen Po. Nichts half. Ich bemerkte die Ruhe anderer Frauen auf anderen Stühlen. Sie waren still. Ich konnte nicht aufhören, mich zu bewegen, Krach zu machen, zu weinen, zu wimmern, zu stöhnen. Ich legte meine Hände vorsichtig auf meinen geschwollenen Leib. Ich hatte Angst.

Während Dean in seinem und meinem Büro anrief, kam Dr. Lamont zu mir. Er sah auf mich herab, und sein freundliches Gesicht wirkte seltsam groß und verzerrt, als ob ich ihn durch ein Fischauge sähe. »Wie fühlen sie sich?«

»Ich gebe auf. Ich gehe ins Krankenhaus.«

Auf dem Weg in die Klinik hatte ich das verrückte Verlangen, aus meinem Körper herauszurollen, aus dem Auto heraus, weg von den Schmerzen. »Stell dir doch die Rückenlehne zurück«, empfahl Dean. Ich drückte sie so weit ich konnte nach hinten, grub meine Fingernägel in das Polster und beobachtete die Regentropfen, die das Fenster hinuntertanzten. Ich lauschte Deans Stimme, die über mein Stöhnen und Weinen hinweg beruhigend auf mich einsprach. »Ich weiß, daß du Angst hast, Marion, aber ich bin bei dir und werde bei dir bleiben. Alles wird gut werden, ich weiß es. Du tust genau das Richtige, du hättest so nicht nach Hause gehen können.« Die Geschäfte, Häuser und Bäume entlang der Straße waren eintönig — verschwommene Vergrößerungen meiner Schmerzen. Ich war abhängig davon, daß mir Dean die Welt erklärte. Als ich mit ihm vom Parkhaus zum Krankenhaus ging, stützte ich mich auf seinen Arm und bewegte mich trotz des Regens ganz langsam und vorsichtig. Ich hatte das Gefühl, ich hätte genausogut durch einen Tunnel fahren können, so wenig wußte ich, wo in Boston ich war. Ich betrat das fremde Gewimmel in der Krankenhaushalle, ohne auch nur wahrgenommen zu haben, wie das Gebäude aussah, wie groß es war und welche Farbe es hatte.

Innerhalb von Sekunden, so schien es, hatte ich ein Plastikkennband um mein Handgelenk und saß in einem Rollstuhl. Ein junger Mann in einer ausgebeulten grünen Uniform schob mich über einen Flur aus der Hauptlobby. Ich sah ständig hinter mich, um sicher zu sein, daß Dean mir folgte. Meine Erleichterung darüber, daß ich nicht länger versuchen mußte, mich selbst fortzubewegen, überraschte und verstörte mich. Mir drängte sich der Gedanke auf, daß ich wohl ziemlich krank sein mußte.

Wir betraten einen Aufzug, der groß genug für mehrere Rollstühle war, und ich fühlte mich hilflos — verschlungen. Ich fragte mich, auf welcher Etage die Räume lagen, die Dean und ich besuchen würden, wenn wir die Entbindungsstation besichtigten. Jetzt sind wir dem Spiel voraus, sagte ich mir mit dem Versuch, mich aufzuheitern. Wir werden wissen, wie das Gebäude aussieht, und Dean wird den Weg hierher kennen; die Besichtigung wird weniger einschüchternd sein.

Eine Schwester übernahm mich von dem Pfleger und schob mich in ein Zimmer mit zwei Betten. Auf dem Bett am Fenster lag ein weißer Frotteebademantel auf einer zurückgeschlagenen weißen Zudecke, und auf einem länglichen Tisch neben dem Bett waren Papierbecher, Zeitungen und Grußkarten verstreut. Ein großer Fernseher — eine häßliche braune Kiste auf Halterungen — hing unübersehbar an der Wand gegenüber dem Bett. Eine Prediger-Talkshow war eingeschaltet. Mit Deans Hilfe hievte ich mich aus dem Rollstuhl auf die Kante des abgezogenen Bettes an der Tür und starrte auf den Bildschirm, auf dem ich zwei Männer, die mit Südstaatenakzent miteinander sprachen, erkannte. »Wenn sie mir kein Einzelzimmer geben, gehe ich. Wie zum Teufel soll ich denn hier schlafen können? Zu Hause hätte ich es besser.«

Eine Toilettenspülung rauschte und eine junge Frau — so um die fünfundzwanzig und auch mit einem dicken Bauch — kam durch die Holztür neben dem Fenster. Ich erwiderte ihren Gruß mit abweisender unfreundlicher Stimme. Ich wollte nicht, daß sie mir irgendwelche Fragen stellte. Sie saß auf einem Stuhl neben ihrem Bett und spielte mit der Fernbedienung. Mit einem klickenden Geräusch erschien eine Quizshow auf dem Bildschirm. Jingles. Applaus.

Als die Schwester hereinkam, kämpfte ich gegen meine Tränen an und murmelte Dean zu, daß ich das Krankenhaus verlassen wolle. Aber das Problem löste sich. »Ihre Ärztin hat ein Einzelzimmer für Sie verlangt, ist das richtig? Wir können Sie jetzt hinbringen, Marion. Setzen Sie sich wieder in den Rollstuhl, und wir fahren Sie. Es ist nicht weit, nur zwei Türen den Flur runter.«

Innerhalb weniger Minuten lag ich in einem Einzelzimmer im Bett und trug ein blau-weiß gestreiftes Krankenhausnachthemd. Ich war endlich zur Ruhe gekommen — wie ein Kind leise in Sicherheit gebracht worden. Ich hatte innerhalb der Klinik ebenso die Orientierung verloren wie auf dem Weg hierher. Ich hatte flüchtig Flure gesehen, die auf andere Flure führten, eine Tür folgte der nächsten, aber die Bilder waren wie lose Schnipsel. Ich hatte nicht einmal bemerkt, in welchem Stockwerk der Aufzug angehalten hatte, aber all das war auch gleichgültig. Ich lag dankbar zwischen den Laken und wartete auf Hilfe. Die Schwester brachte mir das Percodan — ein Medikament, das Dr. Lamont angeordnet hatte, und ich nahm es, obwohl ich trotz aller gegenteiligen Versicherungen immer noch fürchtete, das Mittel könne dem Baby schaden.

Dean versuchte, das Zimmer gemütlich für mich zu machen und meine Wünsche zu erraten. Er öffnete die Vorhänge, und ich freute mich, ein Fenster zu sehen, das ebenso lang war wie mein Bett. Abgesehen von der Klimaanlage, die eine Art Fensterbank bildete, füllte das Fenster die ganze Wand zu meiner Rechten aus. Die Aussicht war häßlich: die obersten Decks des Parkhauses und ein nasses Stück Krankenhausdach, unterbrochen nur von einem undeutlich sichtbaren Turm — fensterlos, wie ein Fabrikschornstein ohne Rauch. Ein Entsorgungssystem, nahm ich an. Ich war froh, daß ich etwas von der Außenwelt sehen konnte, auch wenn der Anblick düster war. Der Turm war ein Brennpunkt außerhalb meiner Schmerzen, wohlwollend gleichgültig, wie auch die Gestalten, die auf dem Dach des Parkhauses zu ihren Autos gingen.

Dean öffnete und schloß die Jalousien, dünne weiße Stäbe, die in das Doppelglasfenster eingelassen waren. »Sieh dir an, wie sie funktionieren.« Er drehte einen Knopf auf der inneren Scheibe. »Wie ist das? Zu hell für dich?« Dean kippte die Stäbe wieder, dämpfte das Licht im Zimmer, ließ mir aber meine Aussicht auf den trostlosen Tag.

»Das ist schön, sehr gut, danke.«

Der einzige Schmuck in dem Zimmer bestand in dem Stoff der Vorhänge, grauweiß mit einem abstrakten Muster in leuchtendem Rot, Grün, Blau und Gelb. Mir gefiel das sich wiederholende Muster, verschnörkelte vertikale Linien, die ich nach oben und unten verfolgen konnte. Das Bett hatte keine Tagesdecke, nur ein weiß bezogenes Plumeau. Die Wände waren vanillefarben und kahl — keine Bilder. Eine Korkpinnwand in einem Stahlrahmen hing an der Wand mir gegenüber. Dean las und entfernte die beiden gedruckten Mitteilungen an der Pinnwand und verstaute sie unter meinen Sandalen auf dem Boden des metallenen Kleiderschrankes. In einiger Entfernung von der Pinnwand, näher zum Fenster hin, befand sich eine schwer aussehende Tür aus hellem Holz. Dean öffnete sie. »Du hast dein eigenes Badezimmer. Mal schauen, ob alles funktioniert. Ich probier's mal aus.« Mir gefiel es, daß ich ihn da pinkeln hören konnte, ein vertrautes, heimisches Geräusch, ein Geräusch, durch das es ebenso Deans Zimmer wurde wie meines.

»Du hast eine Dusche«, berichtete er, als er herauskam, »und ein Waschbecken.«

Im Zimmer befand sich auch ein Waschbecken — in einem Winkel in der Wand mir gegenüber. Das Becken war diagonal in die Nische eingelassen und von einer Ablage umgeben. Dean nahm eine Zahnbürste aus einem blauen Plastikeimer auf der Ablage und hielt sie hoch, dann eine Plastikflasche mit Keri-Lotion. »Wofür ist die?« murmelte ich in das Kissen, das innen einen Plastikbezug hatte und unter meinem Kopf knisterte.

»Ich weiß es nicht.« Dean zuckte mit den Schultern, drückte etwas von der weißen Lotion in seine Hand und rieb es in meine.

»Fühlt sich schön an.« Das Sprechen fiel mir schwer, ich war wie betäubt von den brennenden Schmerzen und der langsam beginnenden Schläfrigkeit. Dean legte Zahnbürste, Lotion und ein Stück Seife auf die Waschbeckenablage und stellte den Eimer in den Schrank. »Laß den Eimer draußen. Er gefällt mir.« Ich konzentrierte meinen Blick für ein paar Sekunden auf den Eimer und schloß dann die Augen. Ich hatte das Gefühl, daß der Schlaf jetzt in Reichweite war — endlich, nach mehr als achtundvierzig Stunden. »Geh jetzt zur Arbeit«, bat ich Dean, beinahe unhörbar und dachte, wie glücklich ich war, nicht so einen Job wie Dean zu haben. Bei meinem Job war es nicht so schlimm, wenn ich ein paar Tage ausfiel.

»Bist du sicher, daß du mich nicht brauchst? Ich will nicht weggehen, wenn du es nicht möchtest.« Dean beugte sich über das Bett und küßte mich. »Soll ich dir den Kopfteil tieferstellen?«

»Ja, bitte, das ist eine gute Idee.«

Nachdem er es tiefer festgestellt hatte, legte er die Schnur so, daß der Schalter, mit dem man den Mechanismus in Gang setzte, zu erreichen war. »Drück einfach hier drauf, wenn du höher sitzen möchtest. Den Rufknopf für die Schwester klemme ich hier unter dein Kissen. Und zögere nicht, ihn zu benutzen. Ich kenne dich.«

Ich versuchte den Knopf für das Bett, hob und senkte Rücken und Kopf. »Ich wünschte, man bekäme mehr Decken.«

Dean hob seine Hand mit einer Geste, die sagte »Kein Problem« und verließ das Zimmer. Er kehrte mit zwei weiteren Decken zurück. »Da draußen liegt ein ganzer Stapel davon.«

»Gibt es irgendwelche vernünftigen Kissen? Hör dir das an.«

Ich bewegte meinen Kopf und das Kissen machte ein knisterndes Geräusch — wie Zellophan, das man zusammenknüllt.

»Sie haben alle Plastikbezüge«, berichtete Dean von der Tür. »Ich hol dein weiches aus dem Auto.«

»Mach dir jetzt keine Mühe. Bring es nach der Arbeit mit.«

Dean stimmte zu, und wir umarmten und küßten uns zum Abschied. Trotzdem war er nach einer Viertelstunde mit dem Kissen zurück, das ich für die Fahrt zum Health Center mitgenommen hatte. Er hielt das schlaffe Kissen in dem verblichenen gelben Bezug hoch und lachte. »Das nennst du ein Kissen? Sieh es dir an, es sieht aus wie tot.«

Ich lächelte. »Danke.«

»Das wird dir auch noch helfen.« Dean deutete auf ein Behelfs-

kissen — zwei Zudecken in einem Krankenhaus-Kissenbezug.
»Ganz schön clever, he, Frosch?«
»Danke.« Ich küßte Deans Hand. »Und jetzt geh zur Arbeit.«
»Ich werde gegen sechs zurücksein. Und ich weiß, was dieses
Zimmer braucht. Ich bringe dir etwas mit.«
Ich dachte über diese Ankündigung nach, als ich langsam ein-
schlief. Und ich dachte an Eimer und Schäufelchen und Strän-
de und daran, was für ein großartiger Vater Dean sein würde.

Ich höre, wie sich eine Tür schließt — Luft zischt, Holz auf
Holz. Sie wollen nicht, daß ich es höre. Sie wollen nicht, daß
ich sie zurückrufe. Es regnet im Zimmer, Wasser steigt um das
Bett und schlägt dagegen. Etwas riecht gut, etwas schwimmt
neben mir auf der Wasseroberfläche.
Ich öffne die Augen. Weiße Laken. Weiße Decken. Ich bin im
Krankenhaus. Der Schmerz. Das Baby. Jemand hat ein Tablett mit Essen auf den Tisch am Bett gestellt. Es ist Mittagszeit. Ich habe nur ungefähr eine Stunde geschlafen.

Ich wollte mich aufsetzen. Ich hatte Hunger. Das Bett surrte
unter mir, wenn ich den Knopf drückte, aber die Matratze hob
sich nur widerwillig hinter meinem Kopf. Ich mußte mich auf-
stützen. Der Schmerz jedoch warnte mich, drohte — eine be-
drohliche Konzentration von Energie, wie das Auge eines Bul-
len auf der Weide. Ich drückte den Ellbogen gegen die Matratze, stützte mein Gewicht darauf. Das Auge beobachtete mich.
Ich verlagerte das Gewicht auf meine Hände und zog mich
langsam hoch, bis ich saß. Aber die drei Kissen rutschten in
den Zwischenraum hinter mir und nahmen soviel Platz weg,
daß ich mich nicht anlehnen konnte. Ich senkte das Kopfteil,
ordnete die Kissen neu, zog mich an der Matratze hoch, so daß
diesmal keine Lücke hinter mir war. Dann stellte ich das Bett
wieder hoch und griff nach hinten, um die Kissen an ihrem

Platz zu halten. So geht es also. Mein Körper war schwer, dick und schwach. Das unheilvolle Auge starrte mich unaufhörlich an. Ich schwang den Klapptisch über das Bett, zog ihn über meinen hinderlichen Bauch vor mich und hob neugierig den Plastikdeckel des Essenstabletts. Ich freute mich über die Einzelheiten des Mittagessens — die guten Gerüche, der gute Geschmack, die neue Erfahrung, im Bett bedient zu werden. Während ich aß, kam eine Frau in weißem Arztkittel zu mir. Ihr Gesichtsausdruck wirkte fürsorglich und mütterlich. Diese Frau gehörte auf einen sonnigen Rasen mit Kindern, die sich gegen ihre Beine drückten und am Saum ihres Kleides zerrten. An der Art, wie sie am Fußende des Bettes stand, erkannte ich, daß sie nicht lange bleiben würde. »Hallo, ich bin Dr. O'Shea.« Sie bot mir diese Worte an, als seien es stabile Gegenstände, an denen ich mich festhalten konnte. »Dr. Barrie konnte Sie leider nicht empfangen, aber sie wird heute nachmittag zu Ihnen kommen, wahrscheinlich am späten Nachmittag. Haben Sie ein wenig geschlafen?«

Als ich antwortete, klangen meine Worte belegt und langsam, so wie sich auch mein Körper fühlte, und ich mußte angestrengt überlegen, was ich sagen wollte. »Ich glaube, jemand muß mir ins Badezimmer helfen.«

»Die Schwester wird Ihnen behilflich sein. Ich sage ihr Bescheid.«

Einige Minuten nachdem die Ärztin gegangen war, tastete ich unter meinem Kissen nach der Schnur, die am Laken festgeklammert war, und drückte auf den roten Knopf am Ende des daumengroßen Plastikstückes. Der Lautsprecher in der Wand über dem Bett klickte, und ich wartete auf die Stimme der Schwester — vermutlich würde sie sagen, daß sie beschäftigt sei. Aber statt dessen erschien eine Schwester in der halb geöffneten Tür. »Ich war schon auf dem Weg«, erklärte sie mit dünner, freundlicher Stimme — hilfsbereit, aber nicht aufdringlich. Ihre Haut war sommersprossig und ihr schulterlanges Haar hatte die Farbe von feuchtem Sand. Sie betrat das Zimmer mit leisen strammen Schritten, und die dicken Gummisohlen ihrer Schwesternschuhe ließen diese Schritte kraftvoll wirken, obwohl sie selbst dünn und ziemlich jung war. Sie stand in Reichweite neben meinem Bett.

»Danke. Ich muß ins Badezimmer, aber ich fühle mich so schlecht. Könnten Sie im Zimmer bleiben, während ich gehe?« Ich klang, als hätte ich Wolle im Mund. Ich begann mich dafür zu entschuldigen, daß ich lästig war, aber die Schwester brachte mich zum Schweigen und beugte sich vor, um mir aus dem Bett zu helfen.

»Sie sollten nicht allein aufstehen. Rufen Sie mich oder eine der anderen. Dafür sind wir da.« Ich stützte mich schwer auf ihren Arm, als sie mit mir zur Tür des Badezimmers ging. »Ich heiße Tina.«

Als ich aus dem Badezimmer kam, wechselte Tina meine Laken, die schweißnaß waren. Sie half mir in den großen Sessel neben dem Bett — ein grünes Vinylmonster, das ich trotzdem mochte, weil die Form und Größe des Ohrensessels so heimisch wirkten. Ich wartete — ich saß nach vorne gebeugt, die Beine ausgestreckt, und mit dem rechten Arm umklammerte ich die Sessellehne, um einen Teil meines Gewichtes auf die linke Seite zu verlagern. Tina bewegte sich schnell und geschickt, als sie die sauberen neuen Laken unter der Matratze feststeckte. »Nur noch eine Minute, Marion.« Sie legte ein zusätzliches Laken auf das untere — ein breites Band über der Mitte des Bettes, so daß zwei Laken anstatt des einen meinen Schweiß aufsaugten. »So, jetzt helfe ich Ihnen.« Ich setzte mich auf die Kante des Sessels, und mein Bauch rundete sich wie der Rücken einer Schildkröte. Langsam drückte ich mit meiner rechten Hand, während Tina mich mit einem Arm um meine Taille stützte und hielt, als ich aufstand. Eine Sekunde lang schloß ich die Augen — mir war schwindelig und übel — und legte meinen linken Arm um Tinas Taille. Sie tätschelte meine linke Hand und brachte mich Schritt für Schritt zum Bett, als sei nichts auf der Welt wichtiger, als mich sicher über diese geringe Entfernung zu bringen.

Nachdem ich im Bett lag und Tina mir geholfen hatte, die Kissen so zu ordnen, wie ich sie haben wollte, maß Tina Fieber und Blutdruck und überprüfte die Herztöne meines Babys. Die Decken waren zurückgeschlagen, das Nachthemd bis an die Brust hochgezogen, und mein nackter Bauch schien den ganzen Raum zu füllen. Tina lauschte und lächelte. »Die Herztöne sind schön und stark.«

»Soll ich die Tür wieder schließen?« fragte sie, als sie fertig war.

Auf dem Flur ertönte eine Gegensprechanlage wie ein Gewissen: »Dr. Hanson, Dr. Hanson.« In der Nähe meiner Tür lachte eine Schwester über irgend etwas. Durch die Tür konnte ich einen Teil des Flures, nur ein paar Meter cremefarbenen Raum, und eine offene Tür zu einem anderen Zimmer sehen. »Lassen Sie die Tür bitte halb offen.« Tina zog die Tür hinter sich zu, bis die Öffnung noch die Breite ihres Rückens betrug. Mehr als das Tablett mit dem Essen oder der Rufknopf half mir die offene Tür, mich nicht abgeschnitten und vergessen zu fühlen.

Ich lag auf der linken Seite und überlegte, welche schrecklichen Dinge wohl mit mir und dem Baby passieren würden, wenn der Schmerz nicht nachließ. »Johnny-Judy«, murmelte ich und schloß die Augen. Die Demerolspritze, die die Schwester mir gegeben hatte, machte den Schmerz wenigstens so erträglich, daß Schlaf möglich schien, und ich döste wieder ein.

Als ich Dr. Barrie zu mir sprechen hörte, gab ich meinen Schlaf widerwillig auf und öffnete die Augen. Draußen war der Himmel grau, und trostloser Nebel umgab den Turm.

»Wie spät ist es?«

»Ungefähr vier Uhr.« Dr. Barrie hatte bläuliche Ringe unter den Augen. »Es tut mir leid, daß Ihnen das passiert.«

»Ich habe Angst.«

»Ich weiß. Wir müssen diese Schmerzen unter Kontrolle bekommen.«

»Warum passiert das?«

»Ich wünschte, ich könnte es Ihnen sagen, aber ich weiß es nicht.«

»Ist es mein Blinddarm?«

»Nein. Das können wir ausschließen. Ich würde sagen, es ist das Fibrom.«

Dr. Barrie ließ mich den Bauch freimachen und drückte sanft darauf, hier und da. Ihre konzentrierten grauen Augen schienen mit ihren Fingerspitzen verbunden zu sein. Sie drückte auf den harten Bereich, wo der Tumor saß. Ich heulte wie ein Hund.

»Es tut mir leid, ich werde nicht mehr da draufdrücken.«

»Es ist das Fibrom, nicht wahr?«

»Ja, ich denke, es wird nekrotisch.«

»Was heißt das?«

»Es bekommt nicht die nötige Blutversorgung. Ich weiß nicht warum.«

»Muß ich operiert werden?«

»Ich möchte nicht operieren, während Sie schwanger sind. Wir wollen Sie bis zur Geburt damit verschonen. Deshalb ist es für uns so wichtig, die Schmerzen unter Kontrolle zu bekommen. Wir müssen sie für Sie erträglich machen. Wenn Sie weiter sind, können wir vielleicht die Geburt einleiten, aber jetzt noch nicht. Es ist noch viel zu früh. Nach der Geburt müßte der Tumor schrumpfen, aber wenn er das nicht tut, ja, dann muß ich operieren. Ich werde Sie morgen zu einer Ultraschalluntersuchung schicken, um einen Blick auf das Baby zu werfen. Ich komme heute abend noch mal vorbei.« Dr. Barries bemüht deutliche Aussprache jedes einzelnen Wortes verriet ihre Sorge. Ich bin mir sicher, daß das beabsichtigt war. Sie bereitete mich auf etwas vor, obwohl sie selbst noch nicht genau wußte, auf was.

Ich saß beim Abendessen, als Dean hereinkam und seine Aktentasche auf den Boden stellte. Sie fiel krachend um. Er starrte sie an und stöhnte. »Ich bin fertig.«

Ich streckte meine Arme nach einer albernen Umarmung aus, und er kam zum Bett und beugte sich über mich. Er roch gut und sein Haar kitzelte mein Gesicht. »Ich liebe dich«, sagten wir beide.

»Was ist in der Tüte?« Dean hatte eine große Papiertüte auf das Fußende des Bettes gelegt.

»Schließ die Augen und laß sie zu.«

Ich legte meine Gabel hin, schloß die Augen und hörte auf das Geräusch von Papier, das angefaßt und glattgestrichen wurde. Und Klebeband. Es hörte sich an, als ob Tesafilm durchgeschnitten würde. »Okay, du kannst schauen.«

An der Badezimmertür klebte ein Poster — ein schönes buntes Viereck. Charlie Brown hing mit dem Kopf nach unten in einem Baum, verstrickt in die Leine eines Drachens, der in den Ästen festhing. »Warum ich?« fragte Charlie Brown in einer Sprechblase.

Ich freute mich über das Poster. Es gab dem Zimmer etwas Heimisches, und als Dean an diesem Abend nach Hause gegangen war, erinnerte es mich an ihn — seine Aufmerksamkeit, seinen Hang zu seltsamen kleinen Überraschungen. Aber Charlie Brown tat mir leid. Die Patsche, in der er saß, beunruhigte mich, so wie es Slapsticks immer tun. Und seine Frage »Warum ich?« — es gefiel mir gar nicht, sie so ausgeschrieben zu sehen. Für Dean war das komisch, aber für mich nicht.

Wenn ich das fragte, war ich wütend. Ich stellte mir Hunderte, Tausende von Frauen vor, deren Schwangerschaften problemlos verliefen. »Warum ich? Warum nicht eine von ihnen?«

Am nächsten Morgen — es war Mittwoch — erschien ein Mann mit weißer Hose und einem weiten weißen Hemd in meiner Zimmertür. »Ihr Rollstuhl ist bereit«, verkündete er.

»Was?« Ich hatte Angst.

»Sie müssen zum Ultraschall. Hat Ihre Ärztin es Ihnen nicht gesagt?« Die Stimme des Mannes klang sanft, und er kümmerte sich ganz ruhig um alles.

Tina kam, um mir aus dem Bett zu helfen, und wies mich an, mich erst auf die Bettkante zu setzen, um den Schwindel zu lindern, bevor ich aufstand. Sie und der Mann halfen mir in den Rollstuhl. Dann bewegten sich die Türen entlang des Flures an mir vorbei, und ich hatte das Gefühl, ich müßte mich übergeben. Die Räder rollten über einen Hubel in dem harten Boden, und meine rechte Seite bebte heftig wie die Mitte eines geschlagenen Gongs. »Langsamer bitte, langsamer«, stöhnte ich und hob eine Hand. Der Mann verlangsamte das Tempo und schob mich ganz vorsichtig über die Schwelle des Aufzugs.

»Sagen Sie mir, wenn ich Ihnen weh tue.« Ich konzentrierte mich auf seine Stimme und seine starken braunen Arme, die die Bremse lösten, als er mich aus dem Aufzug auf den Flur im Erdgeschoß schob. Sein Druck im Rücken des Rollstuhls war fest, und er hielt mich jetzt ebenso zurück, wie er mich vorwärts schob. An Kurven und Unebenheiten hielt er den Stuhl beinahe an. Er erwartete diese Gefahren wie ein Autofahrer, der immer dieselbe Straße fährt, Kurven und Schlaglöcher in der Straße erwartet. »Ganz ruhig. Ist das langsam genug? Vergessen Sie nicht, mir zu sagen, wenn ich Ihnen weh tue.«

Der breite Flur glitt mit der Unausweichlichkeit eines Labyrinths an mir vorbei, und alles, was ich sah, wirkte seltsam weit entfernt, als ob ich aus einem Wassertank in die Realität blickte. Ich hatte das Gefühl, zu schwimmen und mich von der Welt zu entfernen. Meine Angst, unbemerkt und vergessen zu sein, wurde stärker. Jeder, der mit mir sprach oder mich berührte, war wichtig, tauchte wie durch geteiltes Wasser langsam auf. Und wenn die Stimme oder die Berührung freundlich war, wollte ich mich daran festhalten. »Danke«, sagte ich zu dem Mann. »Es tut mir leid, daß ich ein solches Problem bin.«

»Wir sind schon fast da.«

Wir kamen bei einem Schild an der Flurwand an: RADIOLOGISCHE ABTEILUNG. Der Mann stoppte vor dem großen Eingang zu einem hell erleuchteten Raum.

»Ich kann mich nicht röntgen lassen«, protestierte ich und versuchte zusammenhängend zu klingen. »Ich bin schwanger.«

»Das wissen die hier. Sie sind hier wegen Ultraschall. Es ist in derselben Abteilung. Alles ist in Ordnung.« Er drehte meinen Rollstuhl langsam und vorsichtig zu dem Raum hin, und ich hatte plötzlich Angst, daß er mich verließ. Er stellte meinen Rollstuhl so, daß er einer von vieren in einer Reihe war. In jedem Rollstuhl saß ein Patient. Der Raum roch nach Schweiß, schlechtem Atem, Plastik und Gummi. Die Rollstühle standen vor einem hohen Holztisch, der sich in anderthalb Meter Entfernung abseits befand wie ein Rednerpult. Wir hätten Gefangene sein können, die auf eine Zwangsvorlesung warten; schwach, vorsichtig. »Es wird noch ein bißchen dauern«, vertröstete mich der Mann, nachdem er mit dem Pfleger, der an dem Tisch saß, gesprochen hatte. »Ich komme wieder.«

»Wie lange werde ich warten müssen? Es tut so weh.«

»Nicht sehr lange, glaube ich. Der Raum, auf den wir warten, ist im Moment besetzt, aber Sie sind als nächste dran.« Der Mann ging und versuchte, mich mit einem Blick von der Tür aus zu beruhigen.

Auf dem Schreibtisch stand ein Schild: WENN SIE SCHWANGER SIND, TEILEN SIE ES UNS MIT. Quer durch den Raum rief ich den Mann hinter dem Schreibtisch an. »Verzeihen Sie, Sir, ich möchte sichergehen, daß Sie wissen, daß ich schwanger bin. Ich darf mich nicht röntgen lassen.«

Der Mann studierte eine Reihe Akten. »Wasserman? Keine Sorge, Miß, Ihre Unterlagen sind alle hier.« Er war nicht grob, aber er war auch nicht besonders freundlich.

Ich betrachtete die Frau, die rechts neben mir saß. Sie war alt und hatte braune Flecken in ihrem zarten Gesicht. Sie neigte den Kopf, um mich anzusehen, und ihre Augen schienen von einem ganz bestimmten Punkt angezogen zu sein. Dann schloß sie sie, und ihr Kopf fiel nach vorn. Alle paar Sekunden stöhnte sie. Ein Pfleger kam herein und schob mich zurück, so daß ich jetzt in der zweiten Reihe stand, hinter der alten Frau. Dann wurde eine Bahre hereingefahren. Das graue Gesicht des Patienten reihte sich zwischen der alten Frau und einem anderen Patienten in der ersten Reihe ein. Die untere Hälfte der Bahre stand zu meiner Linken, und ich starrte einen Moment auf die von einem Laken bedeckten Beine. Ich fragte mich, welche Krankheiten diese Leute wohl hatten, und spürte eine panische Angst vor Ansteckung. Ich rieb sanft in winzigen Kreisen über meinen Bauch. Da ich jetzt von dem Schreibtisch abgeschnitten war, hatte ich nicht mehr den Mut, über die Patienten in der ersten Reihe hinweg zu fragen, wie lange ich noch warten mußte.

Der Pfleger kehrte zurück und schob noch einen Rollstuhl mit einem Mann herein, dessen rechtes Bein nach vorne ragte und vom Knie bis zur Leiste in einem Gipsverband verborgen war. Der Raum war so voll von Bahren und Rollstühlen, daß der Pfleger, ein kleiner Mann mit kurzgeschorenem dunklen Haar und einem kantigen Mund, an der Tür stand und hereinsah, als suche er einen leeren Platz in einem überfüllten Theater. Es war kein Platz für den Mann mit dem verletzten Bein. Also begann der Pfleger die Patienten umzugruppieren. Er bewegte die Bahre mit dem Mann, der beinahe keuchte und dessen Augen schwach, aber wachsam umherblickten. Bald war der linke Arm des Mannes nur wenig von meinem Gesicht entfernt, und eine klare Flüssigkeit tropfte langsam aus einer Plastiktüte an einem Ständer. Der Pfleger stellte sich hinter meinen Rollstuhl, um mich wieder umzustellen, fummelte ungeschickt an der Bremse und verursachte einen Ruck. Das Pochen in meinem Bauch wurde schlimmer, ekel- und schwindelerregend. Der Pfleger sagte kein Wort.

»Laß sie in Ruhe«, schnauzte eine Stimme. Der Mann, der mich aus meinem Zimmer hergebracht hatte, war zurück. Ich unterdrückte den Drang zu weinen — ein vertrautes Gesicht, ein Verbündeter. »Dr. Burke ist jetzt so weit. Tut mir leid, daß es so lange gedauert hat.«

Als ich in einem großen, fast leeren, teilweise verdunkelten Raum auf dem Untersuchungstisch lag — das Krankenhausnachthemd über meinem Bauch hochgezogen —, registrierte ich dankbar, daß der freundliche Mann noch bei mir war. Er wurde von der Ärztin Lewis genannt. Als ich klagte, daß mir zu kalt sei, legte er eine Decke über meine Beine.

Dr. Burke drückte den Sensor auf meinen Bauch und achtete sorgfältig darauf, das Fibrom zu umgehen, das ich schützend mit der hohlen Hand bedeckte. Die Ärztin hatte kurze braune Haare, die ihr wie ein Vorhang vors Gesicht fielen, wenn sie sich vorbeugte, und sie duftete schwach und angenehm nach Veilchenparfüm. Ich war mir sicher, daß sie verheiratet war und mehrere Kinder hatte. Sie ließ den Monitor, der mein Kind zeigte, nicht aus den Augen. Ich fragte, ob die Herztöne in Ordnung seien, und sie nickte. Sie verriet weder mit den Augen noch mit der Stimme, daß irgend etwas nicht in Ordnung war. Nach fünf oder zehn Minuten schob Lewis mich zurück in mein Zimmer. So langsam, daß es ausgesehen haben muß, als seien auch seine Bewegungen durch Schmerzen eingeschränkt, fuhr er mich durch das Labyrinth der Kellerflure in den Aufzug, dann wieder hinaus und durch noch mehr Flure, an Zimmern und an einer Reihe von Rollstühlen vorbei, die irgendwo in einem Flur aufgereiht standen, zu meinem Kokon aus Laken und Decken und Kissen. Tina half mir ins Bett, und ich schlief weinend ein. Die feuchten Augen des grauen Mannes und die winzigen Beine des Babys bewegten sich in meinem Traum abwechselnd auf einem riesigen Bildschirm.

3

Es war nach vier Uhr. Im Zimmer befand sich keine Wanduhr, aber ich wußte, wie spät es war, weil Dean mir bei seinem Besuch am frühen Morgen, bevor er zur Arbeit fuhr, einen Reisewecker und ein Radio, das ich nach den Regeln des Krankenhauses nicht haben durfte, das die Schwestern aber bereitwillig übersahen, mitgebracht hatte. Ich schaltete das Radio ein, und ein Saxophon ertönte durch meinen Schleier aus Benommenheit. Als Dr. Barrie in der Tür erschien, stellte ich leiser, und die Klänge summten schwach weiter, wie ein Symptom, dem sie sich zuwenden konnte. Sie stand neben dem Bett und beugte sich mit ihrem blassen Madonnengesicht über mich — wachsam und beschützend wie in einem Traum.
»Die gute Nachricht ist, daß heute das Ergebnis Ihrer Fruchtwasseruntersuchung kam und nichts Anomales zu erkennen war.«
Ihre Stimme betonte das »gut« verdächtig und sie wartete zu lange am Ende des Satzes. Sie wollte mich trösten; etwas stimmte nicht; dieses Spiel »gute Nachricht, schlechte Nachricht« war kein Witz.

»Die schlechte Nachricht ist, daß Ihr Ultraschall heute alarmierend war. Das Baby ist in Gefahr.«

Ich versuchte mich auf ihre Stimme zu konzentrieren. Sie hat einen traurigen, sanften Klang — immer, auch wenn sie lacht; sie erinnert mich an die Klarinette, die mein Bruder spielte. »Das Baby ist in Gefahr.« Die Worte sagten mir nicht, außer: Das heißt nichts Gutes. Dann vernahm ich ein seltsam klingendes Wort: »Hydrops«. Ich dachte an Hydrox und Tränen. Und aus irgendeinem Grund dachte ich an weiße Champignons, winzige Pilze im Wald. »Das Baby ist anämisch . . . sehr ernst . . . der Ultraschall zeigt anomale Flüssigkeitsrückstände unter der Haut von Kopf und Bauch.« Und dann klang ein medizinischer Ausdruck an mein Ohr, ein gebräuchlicher Ausdruck, dessen Bedeutung ich eigentlich kennen sollte — »Ekzem« oder »Ödem«.

»Was bedeutet Gefahr? Was meinen Sie damit, daß mein Baby in Gefahr ist?« Meine Stimme zitterte.

Dr. Barrie erklärte es mir: Mein Kind würde behindert sein. Er oder sie würde Schmerzen haben, geistig gehindert sein, blind und taub und unfähig, länger als ein Jahr zu leben — wenn es lebendig auf die Welt kam.

»Warum passiert das?«

»Ich weiß es nicht, aber ich werde mich mit Dr. Mertz beraten, er ist hier der Spezialist für fetale Medizin am Krankenhaus. Er hat vielleicht eine Theorie.«

»Kann es an den Medikamenten liegen, die ich genommen habe?«

»Nein, es liegt definitiv nicht an den Medikamenten. Da können Sie ganz sicher sein.«

»Kann es Toxoplasmose sein? Ich habe versucht, vorsichtig zu sein, aber wissen Sie, ich arbeite viel im Garten, und selbst mit Handschuhen . . .«

Dr. Barrie unterbrach mich. »Marion, Sie sind eine perfekte

werdende Mutter, vorsichtig bei allen wichtigen Dingen. Niemand hätte mehr tun können. Was immer der Grund ist, Sie haben keine Schuld daran.«

»Ich fühle mich so niedergeschlagen.« Ich schluchzte.

»Ich auch.«

Als Dr. Barrie gegangen war, starrte ich den Krankenhausturm an, seine ungebrochene Glätte und Rundung. Hatte ich etwas falsch verstanden? War es möglich, war es wirklich möglich? Ich mußte mit Dean sprechen, aber ich kämpfte gegen den Drang, ihn bei der Arbeit anzurufen an, — Laß ihm noch den Nachmittag, sagte ich mir, laß ihm diese wenigen Stunden der Unwissenheit.

Als er kam, küßte er mich, bevor er in den Ohrensessel neben meinem Bett sank. Er nahm die Brille ab und rieb sich die Augen. Ohne seine Brille sah er aus wie ein verschlafener Junge.

»Wie gefällt dir dein Poster?« fragte er.

»Oh, es macht das Zimmer freundlicher. Und es läßt mich an dich denken.«

»Was ist los? War es ein schlechter Tag?«

»Sehr schlecht, fürchte ich. Ich muß dir sagen, daß ich heute sehr schlechte Nachrichten bekommen habe, Dean.« Und dann erzählte ich ihm schnell das wenige, das ich wußte.

Er beugte sich vor, die Ellbogen auf den Knien, das Gesicht in den Händen verborgen. Er wirkte niedergeschlagen und erschöpft, als er sich so vorbeugte.

»Du mußt Ödeme meinen«, murmelte er nach einer Weile, »nicht Ekzeme.«

»Das ist, wenn man so aufgedunsen ist, nicht?«

»Mit Flüssigkeit, ja.«

»Ich glaube, du hast recht. Das hat sie gesagt. Ich habe Angst, Deanie.«

»Ich weiß, aber mit dir wird alles gut werden, wenn auch nicht mit unserem Baby.«

»Versprochen?«

»Versprochen.«

Dann begann ich wieder zu schluchzen. »Es ist wie ein Alptraum. Es ist die schrecklichste Nachricht, die wir bekommen konnten.«

»Nein, das ist es nicht.« Dean saß jetzt auf dem Bett und hielt meine Hände. »Es ist eine furchtbare Nachricht, aber es ist nicht die schrecklichste, weil du wieder okay sein wirst, und das ist das wichtigste. Das darfst du nie vergessen.«

Dr. Barrie betrat das Zimmer, gefolgt von einer Frau in blauer Uniform, die ein Essenstablett auf meinen Tisch knallte, ohne mich oder Dean anzusehen. »Danke«, sagte ich zu ihrem Rükken, als sie hinausging.

»Nicht gerade freundlich«, urteilte Dr. Barrie.

»Ich habe mich schon daran gewöhnt. Das Essens- und Putzpersonal benimmt sich, als sei ich gar nicht vorhanden. Aber die Schwestern und Ärzte sind sehr nett.«

»Hey, besser so als umgekehrt«, warf Dean ein.

Dr. Barrie lachte. Sie nahm sich einen harten Stuhl und setzte sich nahe zu Dean und mir. Ihre Augen — liebevoll und mitleidig — sagten mir, daß ich recht hatte: Es gab keine Hoffnung.

»Ich habe mit Dr. Mertz gesprochen. Es war nicht ermutigend, aber wir möchten, daß der Fetalkardiologe Sie sich morgen ansieht.«

»Kann sich noch etwas ändern?« fragte Dean. »Können sie irgend etwas tun, um das Kind zu heilen?«

»Das ist unwahrscheinlich. Es gibt nur wenig oder gar nichts, was getan werden kann, aber wir würden gern den Grund dieser Anomalie erfahren.«

»Sind Sie sicher, daß es nichts mit Marions Schmerzmitteln zu tun hat?«

»Absolut sicher.«

»Es ist nicht fair.« Dean griff nach meiner Hand.

»Nein«, bestätigte Dr. Barrie. »Das ist es nicht.« Sie saß ein paar Minuten schweigend bei uns. In ihrer Sommerbluse und dem einfachen khakifarbenen Rock sah sie eher wie eine Freundin oder Verwandte als eine Ärztin aus. »Lassen Sie Ihr Abendessen nicht kalt werden«, empfahl sie schließlich und stand auf. »Dean, vielleicht können Sie morgen früh hier sein, um Marion zu dem Test zu begleiten. Ich möchte nicht, daß es ihr so schlecht ergeht wie heute, als sie zum Ultraschall mußte. Ich glaube, es würde ihr helfen, wenn Sie dabei sind.«

Als sie gegangen war, sahen Dean und ich uns an, ohne etwas zu sagen. Ich ignorierte das Tablett mit der Mahlzeit.

Wie Wanderer in einer Höhle suchten wir tastend einen Platz zum Ausruhen, eine Felsbank, auf der wir in der Dunkelheit sitzen konnten, anstatt uns zu bewegen. Wir kamen beide zu demselben Platz, und ich weiß nicht mehr, wer von uns als erster sprach. »Glaubst du, was sie uns gesagt hat, ist so schlimm . . . glaubst du, daß wir an einen Abbruch denken sollten?«

»Ja, ja, das glaube ich.«

Dean kam am nächsten Morgen etwa um die Frühstückszeit, und er blieb an diesem Tag bei mir, anstatt zur Arbeit zu fahren. Während er in dem Ohrensessel saß und Zeitung las, kam Esther, eine der Schwestern, um wie üblich meine Temperatur, meinen Blutdruck und den Herzschlag des Babys zu überprüfen. Ich machte meinen Bauch frei, und sie verteilte das Gel und drückte den Sensor auf meine Haut. Ich hielt eine Hand über das Fibrom. »Hier bitte nicht drücken.«

»Ich versuche es.« Sie hielt das Abtastgerät fest und preßte dabei ihre dünnen Lippen zusammen, als wolle sie verhindern, daß sie zitterten. »Ich kann nichts finden«, klagte sie und versuchte es weiter rechts. »Das Baby liegt vielleicht so, daß ich es über dem Fibrom versuchen muß.« Ich konnte die Art nicht ertragen, wie sie »Baby« sagte.

»Nein, das tut zu weh, und außerdem war da nie etwas.«

»Die Position kann sich ändern.«

Sie trug ein großes einfaches Kreuz um den Hals wie eine Nonne. Am Tag zuvor hatte sie mich zweimal aufgefordert, mit ihr zu beten, und zweimal hatte ich sie abgewiesen. Die zweite Ablehnung hatte uns beide verlegen gemacht. Ihr Rücken war steif geworden, als sie antwortete: »Nun, wenn Sie natürlich nicht wollen . . .« Danach hatte sie den Versuch aufgegeben, mich zu trösten, und appellierte nicht mehr an meinen Glauben. »Gott gibt niemandem ein Kreuz, das er nicht tragen könnte«, hatte sie mir kurz nach meiner Ankunft gesagt, und ich hatte mich gefragt, wie sie diese Einstellung mit den vielen Selbstmorden in Einklang brachte.

Jetzt bewegte sie den Sensor weiter nach unten und drückte fest darauf. Sie sah angespannt aus, wie ein Kind auf der Toilette. Mein Bauch war ihr Gegner.

»Das ist doch Unsinn«, schimpfte Dean, stand aus seinem Sessel auf und sah auf Esthers gebeugte Gestalt hinab. »Sie sollten es aufgeben.« Sie blickte ihn finster, aber schüchtern an, als überlegte sie, ob er sie wohl physisch davon abhalten würde weiterzumachen.

»Der Rollstuhl ist da«, verkündete die Oberschwester, die wie ein deus ex machina in der Tür erschien.

»Ich kann die Herztöne nicht ausmachen.«

»Vergessen Sie es.« Die Schwester betonte verärgert das Wort »vergessen«. »Sie werden sie in der Kardiologie schon finden, machen Sie sich jetzt keine Gedanken.«

»Ich hätte sie vielleicht gefunden, wenn Sie mich gelassen hätten.« Esther spuckte mir diese Worte beinahe entgegen. Sie ging hinaus, um den Rollstuhl hereinzubringen, und während sie uns den Rücken zuwandte, machte Dean die Geste mit dem Mittelfinger.

Es war seltsam, an einen Ort gebracht zu werden, dem ich keinen Namen geben konnte. Es hatte etwas mit »Kindern« zu tun. Kinderkrankenhaus? Kinderstation? Dean war auch verwirrt, aber er sagte, der Name der Station sei egal, da der Pfleger uns schon zu dem richtigen Ort bringen würde. Ich wurde wieder einmal durch ein Labyrinth von Fluren gefahren, in Fahrstühle hinein, die die Größe von Lastenaufzügen hatten, und wieder hinaus, steile gummibelegte Rampen hinunter, durch Schwingtüren, die mich an Restaurantküchen denken ließen, die aber nur zu weiteren Fluren und Rampen führten. Ich blickte mich immer wieder um, um zu schauen, daß Dean uns folgen konnte. Solange er bei mir war, konnte ich mich unmöglich verirren oder vergessen werden; seine Anwesenheit gab mir Sicherheit in der Welt der Nicht-Kranken.

Als der Pfleger anhielt, befanden wir uns in einem engen Vorraum, in dem mehrere Kinder mit ihren Eltern auf Stühlen entlang der Wände saßen. Die Szene wirkte beruhigend wie in jedem Wartezimmer. Neben dem Wasserkühler kniete ein kleiner Junge an einem gelben Plastiktisch und baute einen Turm aus Holzklötzen. Keins der Kinder sah so krank aus, wie ich es mir vorgestellt hatte.

Eine schwangere Frau, schon weiter als ich — wahrscheinlich im siebten oder achten Monat — kam aus einem Raum hinter dem Wartezimmer und sprach leise mit der Schwester am Empfang. Sie trug ein blaues Umstandskleid und darüber einen Arztkittel. Ich beneidete sie um ihr Umstandskleid. Das war der dritte Tag, an dem ich ein Krankenhausnachthemd und meinen lila Bademantel trug. Aber meine Umstandskleider wären ja auch gar nicht mehr angebracht gewesen. Was waren jetzt die »Umstände«? Und was brachten mir diese verdammten Tests überhaupt?

Die Ärztin verschwand hinter derselben Tür, aus der sie gekommen war, und als die Schwester auf mich zukam, hoffte ich, daß die Tests sofort durchgeführt würden. Das Brennen in meinem Bauch machte das Warten nahezu unerträglich. Ständig rutschte ich wimmernd in dem Rollstuhl hin und her. Ich sehnte mich danach, wieder in meinem Zimmer zu sein und in meinem Bett zu liegen. »Marion, ich fürchte, Sie müssen noch eine Weile warten. Dr. Petter und Dr. Rajabi sind noch bei einem anderen Patienten.«

»Sie hat schlimme Schmerzen«, protestierte Dean, und ich wünschte, daß seine Wut sie zur Eile antreiben konnte. »Warum haben Sie uns so früh herunterkommen lassen?«

Die Schwester ignorierte die Frage. »Sie können hier drin warten.« Sie schob meinen Rollstuhl in einen kleinen Untersuchungsraum.

»Ich muß zur Toilette.« Der Schmerz breitete sich aus, so daß selbst meine Blase zu brennen schien. Die Wirkung der letzten Demerolspritze ließ nach — nicht genug, um meine Sprache oder meinen Kopf klarer zu machen, aber die Schmerzen wurden stärker. Im Badezimmer mußte die Schwester mir aus dem Rollstuhl helfen. Sie kam wieder herein, als ich sie rief, und stützte mich, während ich mich wieder in den Stuhl manövrierte — unfähig, auf meinem rechten Bein nur das geringste Gewicht zu tragen. Es war unmöglich, die Metallplatte an der Wand zu erreichen, um die Spülung zu betätigen. Die Schwester erledigte das für mich, und ich staunte, wie sachlich und ohne Ekel sie meine Hilflosigkeit akzeptierte.

Dean wartete in dem Untersuchungsraum auf mich. Er saß auf dem mit einer Papierdecke versehenen Tisch, der an der kürzeren Wand des Zimmers stand. Er hockte unbehaglich da, als sei es ihm peinlich, es sich zu bequem zu machen. Sein Kopf lehnte an der kühlen Wand, aber sein Körper hielt Abstand, so daß er wie eine übergroße umgekippte Puppe auf einem Regal aussah. »Weshalb legst du dich nicht hin? Du siehst erschöpft aus. Ich brauche den Tisch nicht. Ich bleibe lieber im Rollstuhl.«

»Nein, das kann ich nicht. Ich würde einschlafen und käme mir irgendwie komisch vor.«

»Du brauchst dir nicht komisch vorzukommen. Es wird niemanden hier stören.« Aber Dean blieb, wie er war und lehnte weiter seinen Kopf gegen die Wand.

»Ich kann nicht mehr lange warten«, wimmerte ich, und Tränen stiegen mir in die Augen. »Es tut so weh.«

Nach ein paar Minuten ging Dean hinaus, um mit der Schwester zu sprechen. Ich versuchte mich in der Zwischenzeit mit den vielen Kindersachen abzulenken — eine Puppe, ein Mobile mit leichten blauen Häschen, die sich leicht in der abgestandenen Luft bewegten, eine Kinderzeichnung von einer grünen Spinne, eine andere von einem Gesicht, das eine lange rote Zunge zeigte. Ich streckte dem verzerrten wütenden Gesicht auch die Zunge raus und weinte.

»Sie sind so weit«, verkündete Dean, als er wieder ins Zimmer kam. Er nahm die Aktentasche, die er in der Hoffnung mitgebracht hatte, etwas arbeiten zu können. »Das war wirklich Quatsch, die mitzubringen. Wie fühlst du dich?« Er berührte meine Wange da, wo sie naß war. »Bist du okay?«

»Ich tue mir nur selbst leid. Laß es uns hinter uns bringen.«

Der Raum, in dem die Ärzte warteten, war vollgestopft mit mehr Geräten, als ich für eine Ultraschalluntersuchung erwartet hatte. Es war beengend, und das Zimmer wirkte wie eine Rumpelkammer beim Fernsehen, vollgestopft mit kistenförmigen Gestellen, Monitoren und schweren Kabeln, so daß nur wenig Platz für Menschen blieb. Es war unmöglich, den Rollstuhl in den Raum zu quetschen, also half Dean mir an der Tür aus dem Stuhl. Er und Dr. Rajabi mußten mich auf die dünn gepolsterte Oberfläche des Untersuchungstisches heben, der ziemlich hoch und über die ganze Wand reichte. Wegen des Fibroms wollte ich mit angewinkelten Knien auf der linken Seite liegen, aber Dr. Rajabi fragte, ob ich nicht versuchen könne, auf dem Rücken zu liegen. Es gelang mir mit einem Kissen unter den Knien, aber ich griff nach Deans Hand als Trost bei den Schmerzen.

»Drücken Sie hier nicht drauf«, bat ich Dr. Rajabi und deutete auf das Fibrom. »Es schmerzt unerträglich, wenn man es fest anfaßt.«

Dr. Rajabi — ein Inder mit hagerem dunklen Gesicht und ängstlichen Augen — blickte mich an, als läge unter mir eine Bombe, die uns alle hochgehen lassen könnte. »Wir werden es versuchen«, versprach er, hob das Nachthemd, zog meine Wäsche herunter und beschmierte meinen Bauch mit Gel.

Dr. Petter, die schwangere Ärztin, die ich in dem Wartezimmer gesehen hatte, schaltete die Deckenlampen aus und den Ultraschallmonitor an. Dr. Rajabi begann das kalte Metall des Sensors auf meine Haut zu drücken.

»Da ist es!« verkündete Dr. Petter mit einem erfreuten Quietschen in der Stimme. »Hat Daddy das Baby gesehen?«

Ich konnte kaum glauben, daß ich sie richtig verstanden hatte. Um Himmels willen, dachte ich, sie weiß doch, weshalb wir hier sind. Sie weiß es. Ich begann zu schluchzen. »Ich will es nicht sehen. Ich will das Baby nicht sehen.«

Dean schwieg, aber er brachte sein Gesicht ganz nah an meins. »Hey, ist schon gut, du mußt nicht mehr hinsehen. Ich tue es auch nicht.«

Die beiden Ärzte zögerten schweigend und warteten, daß ich mich beruhigte. Dann beugte sich Dr. Rajabi vor und drückte wieder auf meinen Bauch. In den nächsten zehn Minuten tauschten die Ärzte enttäuschte Kommentare aus, während Dr. Rajabi den Druck auf meinem Bauch verlagerte und den Sensor überallhin, nur nicht direkt über das Fibrom, hielt.

»Wir finden nicht, was wir suchen«, gestand er schließlich. »Es tut mir leid, daß ich nicht mehr helfen kann, es tut mir wirklich leid.«

»Können wir es über dem Fibrom versuchen, Marion, nicht so fest?« Ich zögerte und stimmte dann zu, in der Hoffnung, daß dann alles ausgestanden war. Ich wußte, daß Dr. Rajabi ein deutliches Bild von dem Herzen des Babys haben wollte, und das war vielleicht die einzige Chance. Ich umklammerte mit beiden Händen Deans Arm. Dr. Rajabi bewegte den Sensor über die Mitte des Tumors und drückte darauf.

Ich schrie, Dean rief: »Lassen Sie sie in Ruhe! Vergessen Sie Ihren Test! Wir wollen den gottverdammten Test nicht, verstehen Sie?« Ich erinnere mich noch heute an den Schmerz, es war, als würde ein Nagel durch den Tumor geschlagen.

Die Ärzte schwiegen.

Als ich wieder im Rollstuhl saß, fühlte ich mich wie ein Versager.

»Vergiß den dummen Test«, brummte Dean. »Wozu wäre er gut gewesen? Wir wissen alle, daß er rein akademisch ist. Er ist nur für die Ärzte wichtig. Und wer denkt an dich?«

Stunden nachdem Dean ins Büro gefahren war, kam Dr. Lamont zu mir. Lange Zeit war ich allein, unfähig zu schlafen und unfähig das hoffnungslose Gefühl zu bekämpfen. Die kommenden Tage waren undurchdringlich eingehüllt und alle Erwartungen für immer zerronnen und blockiert.

Ich freute mich, Dr. Lamont zu sehen — seine mitfühlenden Kuhaugen, seine drahtige Kompetenz — und ich berichtete ihm von dem kardiologischen Test.

»Anscheinend haben sie den Blick dafür verloren, wer hier der Patient ist.«

Dann erzählte ich ihm von Esther.

»Ich möchte keine Beschwerde gegen sie vorbringen«, sagte er, »denn Sie wird zu Ihnen kommen, wenn sie die Ermahnung erhalten hat und das wäre peinlich für Sie.«

Ich nickte.

»Wie wäre es, wenn außer Dr. Barrie oder mir niemand mehr die Herztöne überprüft? Keine Schwestern. Ich werde eine Notiz auf Ihre Karte schreiben.«

»Wenn das möglich wäre — danke.«

Am Abend kam Dr. Mertz, der Spezialist für Fetalmedizin, mit Dr. Barrie, um mit mir und Dean zu sprechen. Dr. Mertz gab zu, verwirrt zu sein über das, was geschah. Keine Hypothese paßte zu den Fakten, und die kardiologische Untersuchung hatte keinerlei Hinweise ergeben. »Ich kann Ihnen nur sagen«, meinte er, »daß es sich um einen Zufall handelt. Es gibt keinen Grund zu der Annahme, daß Ihnen das bei einer weiteren Schwangerschaft wieder passiert. Keinen.« Er beschrieb, wie das Baby sein würde, und benutzte dieselben Worte wie Dr. Barrie. Schwachsinnig. Blind. Taub. Es gäbe keine Möglichkeit, das zu ändern, sagte er, kein Heilmittel. Sie konnten nichts tun, um dem Baby zu helfen. Als er aufhörte zu sprechen, war das Zimmer lange von Schweigen erfüllt. Seine durchdringenden Augen sahen mich an, als seien wir beide Flüchtlinge aus einer glücklicheren Zeit.

Schließlich brach einer von uns — Dean oder ich — das Schweigen: »Würden Sie es für ratsam halten, an einen Abbruch zu denken?«

»Ja«, sagte Dr. Barrie, und Dr. Mertz nickte.

Dr. Barrie erklärte, was eine Beendigung der Schwangerschaft bedeuten würde. Man würde mir etwas geben, um die Wehen einzuleiten. Wenn das Medikament gut anschlug, würde der Fetus wie bei einer normalen Geburt ausgetrieben. Wegen des frühen Entwicklungsstadiums war das Baby außerhalb der Gebärmutter lebensunfähig, da seine Lunge noch nicht funktionierte. Wenn das Medikament nicht gut anschlug, würde der Fetus »extrahiert« werden müssen. Das bedeutete, der Embryo mußte in meinem Bauch zerschnitten und stückweise herausgeholt werden.

Unser Baby war verdammt — entweder zu diesem frühen Tod oder zu einer Geburt in ein schmerzhaftes Dahinvegetieren, das nicht länger als ein Jahr dauern würde. Das war die Wahl. Und je länger die Schwangerschaft dauerte, desto größer würde das Fibrom. Dr. Barrie hatte mir gesagt, daß es bereits die Größe einer großen Grapefruit hatte, und wenn die Schmerzen so schlimm wurden, daß eine Operation während der Schwangerschaft erforderlich wurde, bestand das ernstzunehmende Risiko eines Blutsturzes.

Ich sah Dean an. Er war in seinem Sessel zusammengesunken. Seine langen Arme ruhten schwer auf seinen Oberschenkeln, und sein Gesicht hatte er gerade weit genug gehoben, daß seine Augen müde meinen Blick erwidern konnten. Er nickte. Wir waren einer Meinung.

»Wir möchten, daß Sie es tun«, sagte ich. »Wann wird es sein?«

»Ich werde den Kreißsaal für Sonntag reservieren. Wir geben Ihnen dann Samstag die Prostaglandine.«

Drei Tage. In drei Tagen war das Baby nicht mehr am Leben.

Nachdem Dean an diesem Abend gegangen war, rief ich meine Eltern an. Sie wußten, daß ich im Krankenhaus lag, aber sie hatten keine Ahnung, daß etwas nicht in Ordnung war. Das Telefon klingelte lange, und schließlich hob mein Vater ab.

»Mutter ist mit dem Hund draußen«, erzählte er. »Nein, warte einen Moment, sie kommt gerade rein.«

»Sag ihr, sie soll den anderen Apparat abnehmen.«

Ein paar Sekunden vergingen, und dann hörte ich die Stimme meiner Mutter — voller Angst um mich. »Ich bin da. Wie geht es dir?«

»Könnt ihr mich verstehen? Ich weiß, ich klinge schlimm.«

»Wir können dich verstehen.«

»Wir werden das Baby abtreiben. Es hat etwas ganz Furchtbares, aber die Ärzte kennen den Grund dafür nicht.«

Schweigen. Dann fragte meine Mutter: »Möchtest du, daß ich komme? Ich werde gleich losfahren. Wenn Dad die Reise nicht machen kann, komme ich allein.« Mein Vater war fünfundsiebzig und bei schlechter Gesundheit. Selbst wenn meine Mutter fuhr, war die fünfstündige Autofahrt von Poughkeepsie nach Boston eine Tortur für ihn.

»Danke, ich weiß, du meinst es gut. Ich weiß das zu schätzen. Aber es wäre zu kompliziert für euch. Laß uns eine Weile warten.« Ich wünschte um meiner Mutter willen, daß sie bei mir hätte sein können. Aber ich wollte es nicht. Ich wußte, ich würde mehr Angst haben, wenn sie da waren. Ihr Kummer würde zu meinem hinzukommen. »Ich möchte wirklich lieber mit Dean allein sein. Wir brauchen das jetzt.«

Freitag verbrachte Dean wieder den Morgen im Krankenhaus. Dieses Mal begleitete er mich in die Radiologie, wo wir uns beide das Baby auf dem Monitor anschauen sollten. Die Ärzte wollten, daß wir den Beweis für die körperliche Krankheit unseres Kindes sahen. Keiner von uns beiden hatte das Bedürfnis, unser Baby noch einmal zu sehen, das winzige Herz, das pumpte und pumpte — aber wir stimmten trotzdem zu.

Eine Schwester, die ich nicht kannte, kam eine halbe Stunde vor dem Testtermin in mein Zimmer und sagte mir, ich solle wenigstens drei Gläser Wasser oder Saft trinken, um meine Blase für die Sonographie zu füllen.

»Ich brauche keine volle Blase«, entgegnete ich. »Ich bin im fünften Monat. Ich habe schon ein paarmal eine Ultraschalluntersuchung gehabt, gestern erst die letzte, auch ohne Flüssigkeit.«

Die Schwester bestand darauf, und ich fühlte mich zu schwach, um zu streiten. »Na gut, vielleicht ein Glas.«

»Nein! Nichts!« Dean funkelte die Schwester düster an. »Das reicht. Sie wird nicht mehr gequält.«

»Okay, okay, vergessen Sie's.«

Im Keller des Krankenhauses sagte mir die Schwester am Empfang der Radiologie — der Warteraum war ganz anders als der, in dem ich am Mittwoch gewesen war —, ich solle Wasser trinken. »So viel Sie können.« Ich überließ es Dean, für mich abzulehnen. Dann half er mir aus dem Rollstuhl ins Badezimmer. Inzwischen mußte ich jede halbe Stunde zur Toilette.

Den Arzt, der uns die Sonographie erklärte, hatte ich vorher noch nie gesehen. Dean und ich warnten ihn sofort, daß wir das Geschlecht unseres Kindes nicht wissen wollten, falls er es uns sagen könne. Ob Junge oder Mädchen — wir wollten es nicht wissen.

Das Herz pumpte. Die schwebende Gestalt war bewegungslos. Über der Brust und dem Schädel waren blasse Flecken wie Wolken. »Der Fetus hat zweifellos Ödeme«, erklärte der Arzt und deutete auf die blassen Stellen, die uns ansonsten normal vorgekommen wären.

»Wir haben uns zum Abbruch entschlossen.«

»Ja, Dr. Barrie hat mir die Situation erklärt.«

Als ich um drei Uhr morgens aus meinem Medikamentenschlaf erwachte, spürte ich einen neuen Schmerz, ein kurzes Ziehen in meinem Bauch, eingehüllt in den anderen, ständigen Schmerz. Es tat ein paar Sekunden weh und verging dann wieder. Nachdem die Nachtschwester mir zur Toilette und dann wieder ins Bett geholfen und mir die planmäßige Schmerzpille verabreicht hatte, lag ich ruhig auf der linken Seite und versuchte einzuschlafen.

Wieder schoß das Ziehen quer über meinen geschwollenen Bauch, und ich fragte mich, was es zu bedeuten hatte.

KAPITEL 3

Geburt

1

Ich öffnete die Augen. Vergraben in meiner Wolke aus Kissen drehte ich mich langsam von der linken Seite auf den Rücken und versuchte, den dumpfen Schmerz in meinem Kopf und das Brennen in meinem Bauch nicht zu verschlimmern. Mein linkes Knie war taub, weil die ganze Nacht mein rechtes Bein darauf gelegen hatte. Die Laken waren feucht von Schweiß.

Eine Schwester stand am Fenster, eine kurze, quadratische Gestalt im grauen Licht, das durch die Jalousien gefiltert wurde. »Na also«, sagte sie zufrieden und drehte an dem Fensterknopf, bis das Licht in den Raum flutete.

»Nicht so viel, bitte, nur halb.«

»Wir haben mal wieder einen trostlosen Tag, fürchte ich.« Sie hob ihren fetten Arm und schloß die Jalousien ein wenig. Sie hatte eine geschäftige, übertrieben dienststeifrige Art und war älter als die anderen Schwestern, grauhaarig bis auf ein paar braune Strähnen. »Wie wär's mit einer Dusche? Ich helfe Ihnen.«

Ich brachte mich in eine sitzende Position und dachte daran, mich auf die Hände zu stützen anstatt auf die Ellbogen, die schon dunkelrot waren durch das Reiben gegen die Laken.

»Langsam«, warnte die Schwester, als ich auf der Bettkante saß und allen Mut zusammennahm, um aufzustehen. Ich stützte mich schwer auf sie, als sie mich Schritt für Schritt zum Badezimmer brachte. Ihr rechter Arm lag um meine Taille und ihre linke Hand umklammerte meinen linken Arm. Als ich auf der Toilette saß, konnte ich hören, wie sie am Bett herumhantierte und die Wäsche wechselte.

Ich hielt mich an dem Stahlgriff in der Dusche fest und drehte das Wasser auf. »Ich helfe Ihnen«, rief die Schwester und öffnete die Tür.

»Es geht schon, solange ich weiß, daß Sie da draußen sind.« Ich wollte nicht, daß sie mich wusch wie ein Kind. Nachdem ich die Tür halb geschlossen hatte, ließ ich das Nachthemd zu Boden fallen und stieg in die Duschkabine. Dabei klammerte ich mich mit beiden Händen an dem Griff fest. Der Wasserstrahl lief über meine geschwollenen Brüste und meinen runden Bauch. Eine Weile stand ich einfach da, hielt mich am Griff fest und betrachtete meinen Körper.

Dann lag ich wieder im frischbezogenen Bett, mit einem sauberen Nachthemd und einer Schüssel Haferbrei vor mir — ich nahm diese Krankenhausannehmlichkeiten dankbar an.

Die Schwester zog die Seitengitter des Bettes hoch. »Stützen Sie sich hier ab, wenn Sie sitzen möchten. Das ist einfacher als die Art, wie Sie es machen.«

Zum zweitenmal an diesem Morgen spürte ich dieses Ziehen, wie ein elektrischer Bogen schoß es über meinen anderen Schmerz. »Ich hatte die ganze Nacht dieses Ziehen, es kam und ging. Können das vielleicht Wehen sein?«

»Haben Sie Ausfluß?«

»Nein.«

»Nun, dann glaube ich nicht, daß es Wehen sind. Vielleicht ist es Ihr Fibrom.«

»Ich glaube nicht. Der Schmerz ist anders.«

»Am besten erzählen Sie Ihrem Arzt davon, wenn er kommt, meine Liebe.«

Ein paar Minuten nach Dean betrat Dr. Lamont das Zimmer und setzte sich in den Sessel neben meinem Bett. Er wirkte müde. Dean räumte meinen Tisch auf. Er nahm das unordentliche Frühstückstablett und einen Haufen gebrauchter Tempotücher weg und reihte schön ordentlich meine Vorräte für den Morgen auf: ein Becher Eiswasser mit einem biegsamen Strohhalm, ein Krug mit Eiswasser zum Nachfüllen; die Morgenzeitung, die er mitgebracht hatte. Auf der Zeitung lag das Blatt mit den Essensbestellungen für Mittag und Abend zusammen mit einem Bleistift. Ich füllte diesen Zettel gern aus. Ich weiß noch, daß meine Freude einmal durch das Gefühl, sich etwas wünschen und wählen zu können, zum anderen aber auch durch die Vorfreude auf das Essen bedingt war.

Als ich Dr. Lamont von dem Ziehen erzählte, beugte er sich vor und preßte die Hände auf die Knie. Dann stellte er mir Fragen: »Wie genau fühlt es sich an? In welchen Abständen tritt es auf? Wann hat es angefangen? Wann war das letzte? Ich möchte Sie untersuchen«, erklärte er. »Ich glaube, Ihre Vermutung ist richtig. Wahrscheinlich haben Sie Wehen.« Es dauerte nur ein paar Sekunden, bis er mich untersucht und die Öffnung des Muttermunds gemessen hatte. Ich hatte gehört, daß die Ärzte das tun, wenn eine Frau glaubt, daß es jetzt so weit ist. »Gar keine Frage, Sie haben Wehen. Ich habe eine Aufgabe für Sie, Dean. Notieren Sie den Zeitpunkt jeder Wehe. Machen Sie mir eine Liste, den ganzen Tag über. Ich komme am späten Nachmittag wieder.«

»Ich habe Angst.« Ich wollte nicht, daß er ging. »Ich weiß nicht, was ich tun soll.« Die Geburtskurse, der Gang durch die Kreißsäle, die Planung. »Wir haben es nicht gelernt.«

»Sie werden auf keinen Fall vor heute nacht so weit sein. Und dann ist Dr. Barrie hier. So ist es am besten, wissen Sie. Besser, als wenn wir es einleiten müßten. Wir werden Ihnen eine Rückenmarksnarkose verabreichen, um Ihren Unterkörper zu betäuben, wenn die Zeit näherkommt. In der Zwischenzeit sollten sie langsam und tief atmen, wenn die Wehen kommen. Dean, Sie können ihr helfen, indem Sie sie daran erinnern, sich auf das Atmen zu konzentrieren.«

Dean und ich übten bei der nächsten Wehe, während Dr. Lamont aufpaßte. Deans Stimme klang zuversichtlich und beruhigend. Ich staunte über die unbefangene Art, mit der er an diese Aufgabe ging — als sei er ein alter Hase. »Okay, Marion, langsam einatmen, ganz tief. Und jetzt ausatmen, langsam, genau so, langsam.« Das Atmen half. Der Schmerz war leichter zu ertragen.

»Eines sollten Sie sich noch überlegen . . .«, begann Dr. Lamont. »Es wäre besser für Sie, wenn Sie Ihr Kind sähen.«

»Unser Kind sehen!« Ich war wie vom Donner gerührt — Dean ebenso. »Wir könnten es nicht ertragen. Wir möchten nicht einmal das Geschlecht wissen. Je weniger wir wissen, desto besser.«

Dr. Lamonts Kuhaugen musterten erst mich aufmerksam, dann Dean. »Es ist leicht zu verstehen, daß Sie sich dagegen wehren.« Ein oder zwei Minuten lang schwiegen wir drei. In meinem Kopf formten sich Bilder von Neugeborenen, wie Väter sie aufnehmen, wenn die Schwester das Baby hinter der Scheibe hochhält.

»Es ist leicht zu verstehen«, wiederholte Dr. Lamont, »aber unsere Erfahrung mit anderen Paaren hat gezeigt, daß es Ihnen nachher besser geht, wenn Sie Ihr Kind gesehen haben. Wenn Sie das Kind nicht sehen, werden Sie es wahrscheinlich später bereuen. Es wird wichtig für Sie sein zu wissen, daß Ihr Kind geboren wurde und nicht lebensfähig war, aber in keiner Weise ein Monster. Sie werden sich später daran erinnern und keinen unsinnigen Horrorvorstellungen nachhängen. Vertrauen Sie mir. Denken Sie darüber nach und sprechen Sie miteinander darüber. Sie können mir dann später Bescheid sagen.«

»Glauben Sie, Dr. Barrie wäre auch Ihrer Meinung?«

»Keine Frage. Sie würde auch wollen, daß Sie sich das Baby anschauen.«

Als Dr. Lamont gegangen war, schloß Dean die Tür und stellte sich neben das Bett. Er sah eine Zeitlang auf mich hinunter, dann rollte er den Nachttisch aus dem Weg, beugte sich über mich, und wir umarmten uns fest.

Noch vor einer Woche war das alles undenkbar gewesen — es schien immer noch unwirklich. Wir liebten uns, liebten unser Kind, liebten uns selbst — und jetzt brauchten wir all unsere ganze Liebe, um mir zu helfen, unser Kind tot auf die Welt zu bringen.

Den ganzen Nachmittag über traten die Wehen im Abstand von fünf bis fünfzehn Minuten auf. Dean schrieb die Zeiten in einer langen Reihe unter der Überschrift *Wehen Samstag* auf. Ich vermute, er hatte mit einer weiteren Liste für Sonntag gerechnet.

Ich aß gut zu Mittag, da ich kein Abendessen bekommen würde, wenn alles so lief, wie der Arzt vorausgesagt hatte. Neben seiner ordentlichen Liste mit den Wehenzeiten — 14.25, 14.30, 14.36 — erstellte Dean auf Bitten des Arztes auch eine Liste von allem, was ich aß. *Mittagessen Samstag* schrieb er in seiner ordentlichen Handschrift. Und darunter kam dann die Liste: 1/2 Fruchtbecher, 1/2 Hüttenkäse, 1/3 Joghurt, 1/3 Tapioka, 1 Teller Zwiebelsuppe, 1 Becher Orangensaft mit Metamucil. Trotz meiner Schmerzen und trotz der Medikamente, die Verstopfung, Übelkeit, Kopfschmerzen, Schwindel und geistiges Durcheinander auslösten, hatte ich Hunger — wie jede Schwangere.

Kurz nach vier Uhr kam Dr. Lamont zurück, prüfte Deans

Liste und untersuchte mich. Das Baby würde diese Nacht kommen, prophezeite er. Er wies mich an, nichts zu Abend zu essen, bat Dean, weiterhin die Zeiten meiner Wehen zu notieren, und erklärte, daß der Anästhesist noch mit mir sprechen würde.

»Weiß Dr. Barrie, was geschieht?« fragte ich.

»Ich habe mit ihr gesprochen, Sie brauchen sich keine Sorgen zu machen. Sie wird zur Geburt hier sein.«

Dr. Lamont machte eine Pause. »Haben Sie noch einmal über das Thema gesprochen? Das Baby zu sehen?«

»Ja«, sagt ich. Meine vorher so automatische und nie in Frage gestellte Überzeugung, daß dies ein gesichts- und geschlechtsloses Kind sein sollte, war erschüttert. Dean und ich hatten beschlossen, uns von Dr. Lamont und Dr. Barrie leiten zu lassen. »Wir werden Ihrem Rat folgen.«

Um 18.35 Uhr machte Dean seine letzte Eintragung in die Liste. Ein paar Minuten später kam ein Pfleger mit einer Bahre — eine Art Tisch auf Rädern, um mich zum Kreißsaal zu bringen. Dean ging dicht hinter mir, als der Pfleger mich langsam, aber doch schwindelerregend über den Flur rollte. Flure und noch mehr Flure. Der Aufzug. Unten wieder Flure, im Erd- oder Untergeschoß. Ich hatte Fieber und merkte, wie ich unter den beiden Decken in meinem Nachthemd schwitzte. Und trotzdem fröstelte ich und zog die Decken bis zum Hals.

Der Kreißsaal sah normal aus. Ich weiß nicht genau, was ich erwartet hatte, vermutlich hatte ich angenommen, der Raum würde Apparate enthalten, die auf Geburten hindeuteten, aber da war nichts.

Am anderen Ende des Raumes stand ein wenig einladender Operationstisch in einiger Entfernung von der Tür; darauf lag ein dünnes Kissen mit einem Laken darüber.

Die Schwester stellte sich vor und nahm meine Decken weg.

Ihre Bewegungen waren entschlossen. »Laß uns voranmachen«, schienen ihre Aktivitäten zu sagen. Ich erzählte ihr — mit der fremden, langsamen, betrunken klingenden Sprache, mit der ich seit Tagen sprach — von meinem Fieber, meinem Frösteln, meinen Schmerzen und meinem beinahe unkontrollierbaren Drang, Wasser zu lassen. Sie und Dean halfen mir, mich auf der Bahre aufzusetzen, aufzustehen und ganz langsam zum Badezimmer zu gehen.

Als ich aus dem Badezimmer kam, war die Bahre verschwunden, und Dr. Lamont stand in der Mitte des Raumes. Er trug einen locker fallenden grünen Kittel und sprach mit Dr. Cary, dem Anästhesisten, den ich bereits kennengelernt hatte.

»Sind die Schmerzen von dem Fibrom schlimmer geworden?« fragte Dr. Lamont. Ich nickte.

Dean und die Schwester halfen mir auf den Tisch und setzten mich unten auf die Kante. Meine Knie öffneten sich automatisch weit und verwandelten mein Nachthemd in ein loses Zelt über meinem dicken Bauch. Ich legte eine Hand hinter mich, um mich abzustützen, und senkte dann — mit Hilfe der Schwester — meinen Oberkörper auf den Tisch, während Dean meine Beine hob und auf den Tisch legte. Dann deckte er meine Beine und meinen Bauch mit einer Krankenhausdecke zu.

Ich zitterte. »Frierst du nicht, Deanie?«

Dean sah mich nachsichtig an und schüttelte den Kopf. Ich war erstaunt, daß ihm nicht kalt war.

Die Schwester breitete noch zwei Decken über mich. Entschuldigend hob Dr. Lamont das Laken und die Decken bis zu meinen Knien. Es gelang ihm, mich zu untersuchen, ohne daß ich auf dem Tisch nach unten rutschen mußte. Als er fertig war, bat ich um ein Kissen, das man unter mein rechtes Knie stopfen sollte. Die Schwester legte eins dort hin, aber trotzdem schien jede Sekunde schmerzhafter als die vorige zu sein.

Ich mußte wieder zur Toilette. Die Schwester bot mir eine Bettpfanne an, aber ich konnte mich darüber nicht halten. »Ich stehe besser wieder auf«, stöhnte ich, aber sie bot mir weiter die Pfanne an, damit ich bleiben konnte, wo ich war. Ich wußte, daß ich sie nicht benutzen konnte. Ich konnte meinen Hintern nicht einmal einen Zentimeter über dem Tisch halten. Ich weinte beinahe. »Wenn mir niemand runterhilft, mache ich auf den Tisch.«

»Helfen Sie ihr«, fauchte Dr. Lamont. »Es ist schmerzhafter, wenn sie die Pfanne benutzt.« Die Schwester trat zurück, als er nach vorne kam. Er legte einen Arm um meinen Rücken. »Ganz ruhig«, unterstützte er mich. »Heben Sie Ihre Beine nach vorne«, befahl er der Schwester.

»Es tut mir leid, es tut mir leid«, entschuldigte ich mich immer wieder.

Als ich wieder auf dem Tisch lag — wie vorher langsam in die richtige Position gebracht und unter den Decken, erklärte mir der Arzt, daß Dean draußen warten würde, während der Anästhesist die Rückenmarksnarkose anlegte. Ich geriet in Panik, weil Dean nicht bei mir bleiben sollte, aber er küßte mich und flüsterte mir ins Ohr: »Hey, wisch die Falten weg, ich bin ja nicht weit weg.«

Dean erzählte mir später, daß er in einem überfüllten kleinen Raum für werdende Väter gewartet hatte. Ich kann ihn mir vorstellen, daß überall verstreute alte Zeitungen und halbvolle Styropor-Kaffeebecher herumlagen. Ein muffiger und deprimierender Raum für Dean, aber nicht für die anderen Männer, wie den einen, der aufgeregt mit den Armen in die Ärmel eines grünen Krankenhauskittels fuhr — »Meine Frau bekommt einen Kaiserschnitt« — oder den anderen, der nervös an seinen Daumennägeln kaute. »Sie wollten, daß ich hier draußen warte, während sie ihr die Spinalanästhesie geben. Es ist ein Mädchen, wir wissen es schon. Und bei Ihnen?«

»Bekomme ich eine Infusion?« fragte ich die Schwester.

»Wenn Sie Blut brauchen, aber wir glauben nicht, daß das nötig ist.« Ich hatte noch nie eine Infusion bekommen und schreckte vor diesem erneuten Eingriff in meine Körperfunktionen zurück. Die Schwester führte die Nadel schnell und sauber in die Vene an meinem linken Handgelenk ein und klebte sie mit der Ruhe eines Fachmanns fest. Sie sah auf mich hinunter, ihre Augen waren sehr blau; sie wirkten ruhig, wie die blauen Fliesen über dem Waschbecken an der Wand mir gegenüber.

»Dr. Cary wird die Nadel in Ihre Wirbelsäule einführen.« Die Schwester half mir, mich aufzusetzen und nach vorne zu beugen. Dadurch konnte Dr. Cary, der rechts hinter mir stand, mein Nachthemd hinten öffnen und mit seinen Fingerspitzen meine Wirbelsäule abtasten. Der Schmerz war unerwartet, intensiv und Übelkeit erregend, durchstieß meinen Rücken. Ich keuchte und stöhnte.

»In Ordnung?« fragte Dr. Cary hinter mir.

»Ja, ich denke schon.« Ich beruhigte mich mit dem Gedanken, daß das Schlimmste jetzt vorüber war.

»Jetzt lassen wir das Medikament durch diesen Schlauch laufen«, erklärte er.

»Kann ich mich hinlegen?«

»Natürlich. Es ist alles gut auf Ihrem Rücken festgeklebt. Sie brauchen keine Angst zu haben, daß sich die Nadel oder der Schlauch bewegt.«

Die Schwester legte mich langsam hin, und Dr. Cary trat an meine rechte Seite. Er war groß und sehr schlank und hatte bleiche eingefallene Wangen. Aber sein Gesicht wirkte freundlich.

»Wenn das Medikament durch den Schlauch strömt, werden Sie leichte Schmerzen haben.«

»Schlimm?« Ich drehte meinen Kopf nach rechts, um den Beutel mit der klaren Flüssigkeit zu sehen, der am Kopfende des Tisches an einem Stahlständer hing.

»Nein, nicht so schlimm.«

Aber es war schlimm. Ich schrie. Da war eine Explosion in meinem rechten Bein — Glassplitter schossen von meiner Hüfte zur Fußspitze. »Mein Bein! Mein Bein! Mein Bein!« Es war, als würde es in Stücke gerissen, die überall hin spritzten.

Die blauen Augen der Schwester musterten mich ruhig. Sie stand bewegungslos da und beugte sich leicht über mich. »Sind Sie . . . sicher, daß . . . es . . . immer . . . noch . . . weh tut?« Sie dehnte die Worte, als schreibe sie sie in den Himmel. Ich starrte sie an. Ich schrie nicht mehr, sondern konzentrierte mich auf ihre Frage. Tut es noch weh? Mein Bein, tut es noch weh? Und dann merkte ich, daß die Schmerzen weg waren.

Ich muß kurz darauf eingeschlafen sein, den glatten, gleichgültigen Oberflächen dieses Raumes entrückt. Zum erstenmal seit fast einer Woche schlief ich tief. Die Rückenmarksnarkose betäubte meinen Körper von der Hüfte abwärts und schnitt die Schmerzen in meinem Bauch ab. Ich bemerkte es nicht, dachte nicht darüber nach. Es war, als würde eine wahnsinnig machende Sirene plötzlich aufhören. Die Stille kehrte zurück, die Frustration klang ab, und der Augenblick der Veränderung ging unbemerkt vorüber. Nicht viel später, als die Narkose nachließ und mich wieder den Schmerzen des Fibroms aussetzte, wurde mir klar, welche Gnadenfrist ich gehabt hatte.

Ich spürte eine Hand auf meiner Wange, sie berührte sie sanft. »Frosch, Frosch, versuch aufzuwachen, es ist bald so weit. Es geht gut.« Ich zwang mich dazu, die Augen zu öffnen. Dean beugte sich über mich und küßte meine Stirn. Dr. Lamont stand neben ihm.

»Ich habe Durst.«

»Sie dürfen kein Wasser trinken«, sagte Dr. Lamont, »aber

ich werde einen Waschlappen für Sie anfeuchten, an dem Sie saugen können.«

Der feuchte Stoff benetzte meinen Mund kaum, und das Gefühl und der Geschmack der aufgequollenen Fäden zwischen meinen Zähnen war ekelhaft.

»Es tut mir leid, ich wünschte, ich könnte mehr für Sie tun, aber ich kann nicht.«

»Ist Dr. Barrie da?«

»Sie wird in ein paar Minuten kommen. Dean wird bei Ihnen bleiben. Ich muß jetzt gehen, aber es wird alles gut ablaufen.«

»Wissen Sie genau, daß Dr. Barrie kommt?«

»Sie kommt. Sie brauchen sich keine Sorgen zu machen.«

Ich griff nach Dr. Lamonts Fingern und drückte sie fest. »Danke.«

Er lächelte traurig mit eingezogenen Lippen und zerfurchter Stirn und erwiderte meinen Händedruck. Er verstand meine Dankbarkeit.

Damals dachte ich nicht, daß ich ihn nie wiedersehen würde. Aber ich habe ihn nie mehr gesehen — nur einmal aus einiger Entfernung.

Dean setzte sich müde auf einen geraden Stuhl zu meiner Linken, nur wenig von dem Tisch entfernt, auf dem ich lag. Sein Hinterkopf berührte einen Vorhang, der, während ich schlief, parallel zu dem Tisch zugezogen worden war. Ich konnte die Tür und den großen leeren Teil des Raumes nicht mehr sehen. Dahinter stand wohl der Gedanke von mehr Privatsphäre und Schutz. Ich war froh über den Vorhang. Er schnitt den Rest der Realität ab und ließ mich mit dem kleinen Teil, der wichtig war, allein — ich und Dean und der Tisch, auf dem ich lag. Schließlich Dr. Barrie und die Schwester — und mein Bauch — wie eine Opfergabe.

In dem engen Raum zwischen dem Vorhang und den drei Wänden war die einfache Uhr hoch an der Wand mir gegenüber der einzige Schmuck, wenn man das Metallwaschbecken und die Schränke darunter und darüber nicht mitzählt. Ich starrte auf die Uhr, darauf, wie der Minutenzeiger nervös von Strich zu Strich sprang. Ich registrierte die Zeit, achtete sogar sehr darauf. Aber später konnte ich mich nicht mehr erinnern, wie lange ich dort gelegen hatte oder wann mein Kind geboren wurde. »Vor Mitternacht oder danach?« fragte ich Dean.

»Vor«, sagte er. Also war der Geburtstermin Samstag, der 28. Mai gegen halb zwölf. Die Geburt — der schwere Teil, bei dem mir Dr. Barrie half, als das Baby schließlich in die Welt gestoßen wurde, dauerte ungefähr eine Stunde.

Es war gegen halb elf, als Dr. Barrie in Begleitung der Schwester hereinkam und sich auf einem niedrigen Schemel am Fußende des Tisches niederließ. Ich klagte immer noch über die Kälte. Die Schwester arrangierte meine Decken so, daß die Ärztin sah, was sie sehen mußte, während ich so weit wie möglich zugedeckt war. Ich wußte nichts von dem, was zwischen meinen Beinen geschah. Aber mir war klar, daß Dean alles beobachtete.

»Drücken Sie fest nach unten«, befahl Dr. Barrie. »Gut, wirklich fest, als wenn Sie Ihre Darmmuskeln bewegten.« Ich strengte jeden Muskel in meinen Beinen, Oberschenkeln, Po und Bauch an. Ich bemühte mich, es richtig zu machen, weil ich die Sache hinter mich bringen wollte. »Gut, sehr, sehr gut.« Dr. Barries Stimme beruhigte und ermutigte mich. »Das ist wirklich gut, es ist jetzt bald vorbei, fast vorbei . . .«

»Drücken Sie meine Hand«, bot mir die Schwester an. Ich tat es. Es half. Ich griff mit einer Kraft nach ihrer Hand, die mich überraschte, und ich preßte meinen Unterkörper auf den Tisch, als wollte ich mein Innerstes nach außen kehren.

»Da! Da!« rief Dr. Barrie, und dann: »Sehr gut, sehr gut . . . entspannen Sie sich jetzt, es ist vorbei.« Die Schwester half mir, meine Beine auszustrecken, während ein Kissen meine

Knie stützte und die Decken wieder über meinen Beinen lagen. Ich lag mit geschlossenen Augen da und hörte, wie Wasser ins Becken lief.

Dr. Barrie sprach mit mir. »Ich werde Sie jetzt ein wenig anheben.« Sie und die Schwester legten ihre Arme um mich und halfen mir, mich aufzusetzen. Den Tisch klappten sie hoch, damit er meinen Rücken stützte. Ich hielt meine Augen geschlossen, ich wollte nur schlafen und alles in diesem Raum vergessen. »Ich werde Ihnen jetzt das Baby geben«, kündigte die Ärztin fest und ruhig an. Ich schüttelte heftig den Kopf und weinte. »Ich kann nicht ... ich kann nicht ... ich kann nicht ...«

»Es ist wichtig für Sie, Marion. Ich helfe Ihnen. Ich bin hier.« Ich fühlte, wie ein Gewicht in meine Arme gelegt wurde, und die Ärztin beugte sich über mich. »Öffnen Sie die Augen, Marion, Sie können jetzt schauen ... es ist ein kleines Mädchen.« O Gott, nicht ein kleines Mädchen, nur nicht ein kleines Mädchen. Ich schluchzte, hielt das Kind, weigerte mich aber noch, es anzusehen. Nur kein Mädchen, nur kein Mädchen.

Ich hatte das Gefühl, in diesem Augenblick zu erstarren, wie in einem Traum unfähig, das zu tun, was von mir verlangt wurde. Hätte ich wirklich geträumt, wäre ich in diesem Moment aufgewacht.

»Hast du sie gesehen?« fragte ich schließlich Dean und zwang mich irgendwie, die Augen aufzumachen und ihn durch meine Tränen anzusehen. Er war in dem Stuhl zusammengesunken, und wie alles andere im Raum schien er lebhaft gegenwärtig und doch zur gleichen Zeit unwirklich, als würde sein Bild langsam verschwinden.

»Ja. Ich habe gesehen, wie sie aus dir herauskam.«

»Ich kann einfach nicht hinsehen, Deanie.«

»Du kannst ... du kannst. Mach schon ... los, schau sie dir an.«

Ich wandte mich von Dean zu der Ärztin und folgte dann ihrem nach unten gerichteten Blick — langsam, wie gegen eine Lähmung ankämpfend, sah ich, was sie hielt. Die Ärztin schob sanft die rosa Decke von dem Gesicht und dem Körper, bis ich die nackten kindlichen Glieder erkennen konnte, den winzigen Kopf, das ausdruckslose Gesicht mit den schweren Lidern. »Es ist ein hübsches Mädchen«, behauptete Dr. Barrie und berührte das Fleisch, das nicht rosig, sondern seltsam leberfarben war. »Sie können die Schwellung sehen«, erklärte Dr. Barrie mit ruhiger und sicherer Stimme. Sie berührte die Schläfe des Babys, wo sie geschwollen und mit Pocken bedeckt war wie ein Schwamm. Die Brust, ein Arm und ein Bein waren ebenfalls schwammig. »Sie können Sie berühren«, sagte Dr. Barrie zu mir und führte meine Fingerspitzen über die weiche, nicht pockige Haut des linken Arms. Meine Tränen fielen auf den kleinen dunklen Körper.

Und dann wickelte die Ärztin das Baby wieder ein, nahm es hoch und trug es zu Dean. »Möchten Sie sie halten?«

Dean sah mich an, und seine Augen schwammen in Tränen. Ich nickte ihm zu, unfähig, etwas zu sagen. Tu es, sagten meine Augen, halt sie, sei tapfer. Als die Ärztin das Baby in seine Arme legte und die Decke von dem leblosen Fleisch zog, beugte Dean seinen Kopf und schluchzte. Ich hatte ihn schon früher weinen hören und auch danach. Aber niemals so verzweifelt vor Leid und Liebe.

KAPITEL 4

Verlust

1

Dean sagt, daß ich bald nachdem die Ärztin das Baby wieder aus seinen Armen genommen hatte, eingeschlafen bin.

Ich habe nicht mitbekommen, wer das Baby aus dem Raum trug oder wann genau oder wie sie getragen wurde — im Arm wie ein schlafendes Kind oder in irgendeinem Sack oder einer Kiste. Die Anwesenheit des Babys in diesem Raum war gespenstisch, ein Alptraum. Ich war froh, als es sich hinter dem Tisch, wo die Ärztin und die Schwester sich wie Schatten bewegten, in Luft auflöste.

Heute muß ich mir immer wieder vorstellen, wie meine Tochter aus dem Raum gebracht wurde, und ich wünsche mir oft, ich könnte sie zurückholen. Ich wünsche, ich könnte sie bei Tageslicht halten, sie sehen, riechen, spüren und wissen, was ich jetzt weiß. Ich wäre immer noch erschrocken, aber ich hätte die Chance, länger und bewußter Abschied zu nehmen.

In jener Nacht jedoch sank ich dankbar in tiefen Schlaf, unterstützt von den Medikamenten, die immer noch meinen Unterkörper betäubten, und dem Katheter, der, ohne daß mir das bewußt war, für mich funktionierte. Dean »wachte über mich«, wie er mir später erklärte — von seinem Stuhl zwischen

Vorhang und Tisch aus. Ich kann mir vorstellen, wie er da saß, das Licht in dem Raum war ausgeschaltet, und seine Augen gewöhnten sich langsam an die Dunkelheit. Vom Flur aus drang ein Schimmer unter der Tür und durch den Vorhang herein, die Uhr an der Wand klickte alle sechzig Sekunden schwach, der Minutenzeiger sprang vor — klick, klick. Ich sehe ihn da sitzen, unfähig, das Bild des Babys zu verdrängen, das Gewicht auf seinen Armen zu vergessen; und unfähig, nicht dort zu sitzen. Er mußte in meiner Nähe sein.

Jemand berührte meinen Arm und rüttelte mich wach. »Marion, Marion.« Ich öffnete die Augen und erkannte die Schwester und Dean und den Vorhang und die Uhr. Es war beinahe zwei Uhr morgens. Der Raum war halb erleuchtet. Ich hörte eine Stimme auf dem Flur, die Tür war offen. Sekundenlang, nur für ein paar Sekunden, war alles ein Puzzle, die Steine drängten zusammenzukommen, waren aber noch voneinander entfernt.
Und dann fiel mir ein, wie alles zusammengehörte: Leere — nichts, wo etwas Geliebtes gewesen war.
Die Bauchschmerzen waren wieder da, diese gottverdammten Schmerzen dauerten immer noch an. »Warum haben Sie mich geweckt?« fragte ich die Schwester, und meine Worte zerkratzten wie kleine Klauen die Luft.
»Ich werde die Nadeln entfernen, und dann bringen wir Sie zurück nach oben.«
»Es tut wieder weh. Ich brauche eine Tablette. Und ich muß etwas essen, ich verhungere.«
»Ich hole Ihnen eine Tylox.«
»Nein, nur Wasser bitte, ich möchte die Tablette in meinem Zimmer nehmen. Ich möchte in mein Zimmer.« Ich begann zu weinen.
Dean nahm meine Hand und streichelte mit seinen Fingerspit-

zen über meine Finger. »Vielleicht solltest du die Tablette doch jetzt nehmen, sie wird dir helfen.«

»Nein, nur Wasser. Ich möchte die Tablette in meinem Zimmer schlucken.« Ich weiß noch, daß ich ein unvernünftiges, kindisches Mißtrauen der Schwester gegenüber empfand. Ich hatte Angst, sie würde mir das falsche Medikament geben. Das Krankenhauszimmer war für mich ein Hafen, in den ich fliehen wollte.

Die Schwester gab mir einen Becher Eiswasser, und Dean stützte meinen Kopf, damit ich trinken konnte. Mein Kopf tat weh und mein Hals war so ausgedörrt, daß er geschwollen war. Das Weinen tat weh. Die Schwester entfernte das Pflaster über der Nadel an meinem Handgelenk, und ich sah weg, während sie die Nadel aus meiner Vene zog. »Halten Sie das hier ein paar Minuten«, bat sie und drückte einen Gazestreifen gegen mein Handgelenk.

»Jetzt der Rücken.« Dean half mir, mich aufzusetzen und nach vorne zu beugen. Ich spürte, wie das Pflaster von meiner Haut gerissen wurde, und dann wurde mir von einem kurzen Schmerz übel, als die Nadel aus meiner Wirbelsäule gezogen wurde.

»Kann ich liegen? Wird es nicht weh tun?«

»Legen Sie sich ruhig hin, es wird gehen.«

Ich beugte mich weiter nach vorne und übte dadurch schmerzhaften Druck auf das Fibrom aus.

»Wirklich, es ist alles in Ordnung, lehnen Sie sich zurück.« Dean und die Schwester stützten mich, als ich mich langsam auf den Tisch legte. Dann zogen sie mir die Decken über Bauch und Brust.

»Sie haben recht, es geht.« Die Schwester sah mich erfreut an. Dann verließ sie den Raum.

Dean küßte mich auf Stirn und Lippen und auf die Augenwinkel, wo die Tränen herausliefen. »Hier, nimm das«, sagte er und brachte mir eine Schachtel Papiertücher aus dem Schrank unter dem Waschbecken.

»Warum bringen sie mich nicht endlich in mein Zimmer?«

»Dieser Tisch muß hierbleiben. Sie holt einen anderen und jemanden, der dich wegbringt. Sie wird gleich zurücksein.«

»Du kannst mich fahren.«

»Sie lassen mich nicht, ich habe schon gefragt.«

»Und warum tut sie es nicht?«

»Sie kann hier nicht weg, sie hat als einzige Dienst.«

»Und warum, zum Teufel, hat sie mich dann geweckt?«

»Sie tut ihr bestes, Frosch.«

»Es ist so spät. Bleibst du bei mir?«

»Ja, keine Angst, ich gehe nicht weg.«

Dean fiel in seinen Stuhl wie ein ausgestopftes Halloween-Denkmal, die Schultern vorgeschoben, der Kopf sank auf seine Brust. Ich wollte ihm über den Kopf streicheln und wünschte, er könnte sich neben mich legen. »Du bist erschöpft.«

»Ja, das bin ich.«

Der Raum war unheimlich still, und kein Geräusch drang aus dem Flur. »Wo, zum Teufel, ist sie?«

Dean stand auf und küßte mich wieder. »Ich sehe mal nach.«

»Geh nicht so weit weg.« Er verschwand hinter dem Vorhang. Im Flur ertönte die Gegensprechanlage. »Dokt . . .«, dann nichts mehr, die Nachricht blieb unvollendet. Ich hörte Schritte auf meine Tür zukommen, ein schlurfendes Geräusch von Slippern, es ging vorbei, löste sich in ein schwaches Tapsen auf, dann Stille. Es war viertel nach zwei. Ich beobachtete die Uhr: klick, klick. Der Schmerz brannte so heftig, daß ich kaum glauben konnte, daß ich einige Stunden ohne Beschwerden verbracht hatte. Warum haben sie mich geweckt, dachte ich ständig, warum haben sie mir diese Schmerzen wiedergegeben?

»Ich wiiiill hier raaaauuus!« Mein Schrei zerriß die Luft in dem

Raum und auf dem leeren Korridor wie ein Schwarm verrückter Eichelhäher, die flattern und kreischen.

Für einen Augenblick war wieder die unheimliche Stille da, dann wurde sie durch laufende Schritte durchbrochen. Dean und die Schwester standen neben mir.

»Was ist passiert? Was ist los?«

»Ich wiiiill hier raaauus!«

Erstaunen und Panik verliehen der Schwester einen wilden Blick. Sie rollte mich weg — so wie ich war — den Tisch, die Decken, die Box mit den Papiertüchern, die ich in der Hand hielt. So wie sie mich aus dem Raum brachte, hätte er brennen können.

Als die Schwester Dean half, mich von dem Tisch in mein Bett zu bringen, bemerkte ich zum erstenmal, daß der Tisch und mein Nachthemd blutdurchtränkt waren.

»Das muß man dir lassen«, sagte Dean fest und lachte in sich hinein, als die Schwester gegangen war, »du hast uns alle zu Tode erschreckt. Ich wette, man konnte dich draußen auf der Brooklyn Avenue schreien hören. Du hättest sehen sollen, wie die Schwester über den Flur rannte.«

Dean half mir ins Badezimmer. Ich zog ein frisches Nachthemd und eine Unterhose an, und von dem Regal neben der Toilette nahm ich eine Binde. Irgendwie hatte ich nicht mit diesem Blut gerechnet, hatte es nicht erwartet. Es verwirrte mich, machte mich wütend. Was ein freudiges Bluten hatte werden sollen — das karthatische Ende der Schwangerschaft, das Freigeben neuen Lebens — war statt dessen das Blut des Todes.

Als ich mich im Badezimmerspiegel betrachtete, erwartete ich mehr eine Maske als ein Gesicht zu sehen — etwas Fremdes, Verzweifeltes, Altes. Von all den Widersinnigkeiten dieser Nacht war eine der seltsamsten mein Gesicht im Spiegel: ich war immer noch ich. Ich glaube, am meisten überraschte mich, daß mein Blick erwidert wurde.

Als ich aus dem Badezimmer kam, stellte Tina einen Krug mit Eiswasser auf meinen Tisch und sprach mit Dean. In dem Augenblick, als sie mich ansah, begann ich zu weinen. »Ich habe mein Baby verloren, Tina, ich habe mein Baby verloren.«

»Ich weiß, ich weiß«, murmelte sie, kam auf mich zu und nahm mich in ihre dünnen Arme. »Ich weiß, ich weiß.« Sie half mir ins Bett und ordnete die Kissen so, daß ich sitzen konnte. Als ich die Tylox-Kapsel, die sie mir reichte, geschluckt hatte, meinte sie: »Nun, Dean sagt, Sie verhungern. Was möchten Sie gern haben?«

Dean hatte das Zimmer verlassen und kehrte mit zwei Kissen und soviel Decken, wie er tragen konnte, zurück. Er stapelte alles auf der Fensterbank und bereitete sich ein Lager auf dem Boden zwischen dem Fenster und meinem Bett. »Du Armer, wie wirst du schlafen?«

»Keine Sorge, ich bin so müde, daß der Boden ausreicht. Kann ich das Licht löschen?«

Das einzige Licht im Zimmer war das in der Mitte der Wand hinter dem Kopfende meines Bettes. Es war kein hartes Licht, aber hell genug, um mich zu beruhigen, und ich hatte es gern noch eine Weile hell, bevor ich abends einschlief. Aber wenn Dean da war, brauchte ich es nicht. Ich zog an der Schnur, die mit einer Sicherheitsnadel an meinem Laken befestigt war.

Das Zimmer war dunkel bis auf den schwachen Schein, der aus dem Flur hereindrang. Ich hatte mir angewöhnt, die Tür von der Nachtschwester erst schließen zu lassen, wenn ich eingeschlafen war. Selbst dann blieb das Licht im Badezimmer die ganze Nacht an, weil ich Angst hatte, in völliger Dunkelheit aufzuwachen.

»Ist es dir recht, wenn die Tür offen bleibt?« fragte ich Dean. »Nur bis ich was gegessen habe?«

»Natürlich. Gute Nacht.« Dean beugte sich vor, um mich zu küssen, und ich legte meine Arme um seinen Hals und drückte ihn an mich.

»Ich liebe dich.«

»Ich liebe dich auch.«

Schon bald konnte ich Deans leichtes Schnarchen hören, ein schnurrendes Geräusch, das er nur macht, wenn er erschöpft ist.

Tina kam mit dem Tablett. »Ich bin froh, daß Sie heute nacht Dienst haben«, sagte ich.

»Ich auch. Ich lasse die Tür offen, bis Sie eingeschlafen sind.«

»Danke, gute Nacht.«

Ich aß langsam, als ob ich einen Säugling fütterte. Das Licht aus dem Flur fiel schwach auf die Gegenstände im Zimmer — auf die Decken über dem schafenden Dean, auf das Bild von Charlie Brown, auf das Blumenarrangement auf der Fenster-bank, auf Deans Kleidung, die er über einen Stuhl geworfen hatte. Ich war froh, daß Dean schnarchte. Wir konnten nicht so dicht nebeneinander liegen, daß wir uns berühren konnten, aber das leise Geräusch war wie eine Hand, die ich halten konnte. Dean und ich hatten uns noch gegenseitig. Wir würden zusammenhalten, trotz allem — trotz des Blutes, das aus mir sickerte, trotz der Leere.

Schließlich schloß ich die Augen.

Am nächsten Morgen spürte ich Deans Kuß auf meinen Lip-pen und hörte ganz schwach und weit weg sein Versprechen, am Nachmittag wiederzukommen. Ich hielt die Augen ge-schlossen und zog mich wie ein Höhlenwesen wieder in den si-cheren Schlaf zurück. Irgendein schreckliches Bewußtsein war-tete auf mich. Ich verdrängte es.

So sollte es jeden Morgen gehen; ab jetzt würde jedes Erwa-chen widerwillig sein.

Als meine körperlichen Schmerzen mich schließlich zwangen aufzuwachen, war das Zimmer erdrückend dunkel. Nur ein winziger Schimmer des Morgenlichts drang durch die Jalousien und die zugezogenen Vorhänge. Die Blumen auf der Fensterbank — Tausendschönchen von meinen Eltern und Lilien von meinem Bruder und seiner Frau — wirkten in dem düsteren Licht wie gefangen. Mir gefiel ihre Form, und ich wollte das Sonnenlicht auf ihren Blüten und Blättern sehen, aber ich wollte sie auch eine nach der anderen vernichten — sie gegen die Fensterbank schmettern oder durch die Fensterscheibe schmeißen.

Auf meinem Handgelenk klebte ein Pflaster, wo die Nadel gewesen war. Ich riß es ab und berührte vorsichtig die schwarz und blau verfärbte Haut darunter.

Mein Bauch bildete immer noch ein Gewölbe unter den Decken, als schliefe dort zusammengekauert ein Tier, das mir Gesellschaft leistete. Aber der dicke Bauch war jetzt eine Täuschung. Das Baby war fort — es schlief nicht bei mir, es schwamm auch nicht mehr in mir.

Ich schaltete das Radio ein und fand etwas, das ich kannte und mochte: das zweite Klavierkonzert von Brahms, der langsame Satz, langsam und zart wie das Schaukeln einer Wiege oder das Schlagen von Seewasser gegen Kinderfüße — traurig, als sei jede Note eine Erinnerung.

Als Dr. Barrie zu mir kam, verklang die Musik gerade. Ich begann zu weinen — leise und unfreiwillig. Ich wollte kein Mitleid von der Ärztin, aber es war, als seien Atmen und Weinen eine einzige untrennbare Funktion. »Es tut mir leid«, schluchzte ich.

»Entschuldigen Sie sich nicht. Natürlich müssen Sie weinen.« Dr. Barrie stand an meinem Bett und stellte mir Fragen zu meinem Zustand — wie stark ich blutete, wie schlimm die Schmerzen in dem Fibrom waren, wie gut ich schlafen konnte. Und sie fragte nach Dean. Wann hatte er das Krankenhaus verlassen? Wann würde er zurückkommen? Hatte er Freunde, bei denen er ein oder zwei Nächte bleiben konnte?

»Ich habe gehört, Sie haben letzte Nacht da unten einen Aufstand verursacht.« Dr. Barrie lachte.

»Das sagt Dean auch. Ich wollte wirklich nicht so laut schreien.«

»Nun, ich kann es Ihnen nicht verdenken, Sie wollten aus diesem Raum raus. Es war ein schlimmer Ort für Sie.« Sie machte eine Pause. »Ihre Blumen sind hübsch. Soll ich die Vorhänge aufziehen?«

»Ja, bitte.«

»Ich muß noch ein paar Dinge mit Ihnen besprechen.« Sie saß in dem Sessel neben meinem Bett. Ich hatte sie noch nie so zurechtgemacht gesehen. Ihre blasse Haut war rosiger als sonst, und auf ihren Augenlidern schimmerte dunkelblaue Farbe. Ihr Gesicht war stark gepudert und wirkte dadurch verwundbar.

»Wir brauchen von Ihnen und Dean die Erlaubnis, eine Autopsie durchzuführen. Wir sollten es wirklich tun, weil wir dadurch vielleicht etwas erfahren können.«

»Ich dachte, es sei nur Zufall, einfach Pech.«

»Ja, das glauben wir zumindest, aber eine Autopsie wäre klug.«

»Ich werde mit Dean sprechen. Ich sehe eigentlich keine Einwände und glaube auch nicht, daß Dean welche hat.«

Plötzlich wurde mir klar, wie traurig ich über die Aussicht war, Dr. Barrie nicht mehr zu sehen, wenn ich das Krankenhaus verlassen hatte. Ich brauchte sie immer noch, aber sie war schließlich meine Frauenärztin; welches Recht hatte ich auf ihre Zeit, da das Baby jetzt nicht mehr da war?

Was ich damals und in den darauffolgenden Monaten fürchtete, war, daß alles, was Dean und ich begonnen hatten, zu einem Ende käme — einem Ende, das durch Verlust bestimmt war.

Vernünftig oder nicht — wenn ich mir vorstellte, Dr. Barrie nicht mehr zu sehen, fühlte ich mich verlassen, und meine Hoffnung auf eine zweite Schwangerschaft schrumpfte. Wenn ich glauben sollte, daß meine Chancen, ein Kind auszutragen, nicht ein für allemal vorbei waren, mußte Dr. Barrie mich in diesem Glauben unterstützen.

»Ich weiß nicht, wie ich es sagen soll . . . Ich habe Angst, Sie nicht mehr zu sehen.«

»Mich nicht mehr zu sehen?«

»Ja, wenn ich nach Hause gehe.«

Dr. Barrie lachte. Sie muß glücklich gewesen sein, mir wenigstens in einem Punkt das sagen zu können, was ich hören wollte. »Oh, wir werden uns noch oft genug sehen, keine Sorge. Ich lasse Sie nicht allein. Selbst wenn Sie es wollten. Wir müssen uns ja zum Beispiel um das Fibrom kümmern. Wir haben noch einen langen Weg vor uns.«

Seltsamerweise hatte ich gar nicht daran gedacht, daß Dr. Barrie ja weiterhin für das Problem mit dem Fibrom zuständig war. Widerwillig fragte ich: »Was ist mit dem Fibrom?«

»Es sollte in den nächsten paar Monaten etwas schrumpfen. Ich hoffe, wir können eine Operation ungefähr sechs Monate hinausschieben. Dann hätten Sie genug Zeit, wieder zu Kräften zu kommen und langsam wieder anzufangen zu arbeiten. Wenn die Schmerzen in den nächsten Tagen nachlassen — und das sollten sie — lassen wir Sie von hier weggehen.«

»Hat das Fibrom so weh getan, weil das Baby starb?«

»Ja, rückblickend würde ich sagen, daß die Schmerzen deshalb begannen.«

»Es war eine Art Alarm.«

»Das könnte man so sagen, ja.«

»Es ist komisch, wissen Sie, ich möchte gar nicht weg von hier, ich möchte nicht nach Hause.«

»Das überrascht mich gar nicht, aber es wird Ihnen guttun, zu

Hause zu sein. Sie können ein bißchen frische Luft gebrauchen; es ist nicht gut, hier so lange zu liegen. Und ich weiß, daß Dean Sie zu Hause braucht.«

»Das tut er, Sie haben recht. Aber ich fürchte, ich werde nur eine Last sein, so krank, wie ich bin.«

»Oh, ich bin sicher, daß er Sie lieber zu Hause als im Krankenhaus hat. Sie werden keine Last sein, dafür sorgen wir schon.«

»Das ist noch kein richtiges Frühlingswetter, nicht wahr?« Das Stück Krankenhausdach, das sich unter dem Turm erstreckte, schimmerte dunkelrot — nachgedunkelt durch tagelanges Regnen und Nieseln — und überall standen Pfützen. In einiger Entfernung warteten auf dem obersten Parkdeck fünf Autos — die aus meiner Perspektive nur spielzeuggroß aussahen. Sie wirkten verlassen, wie Requisiten auf einer leeren Bühne.

»Die Meteorologen haben eine sonnige Woche vorausgesagt. Wenn Sie nach Hause kommen und sich ein bißchen besser fühlen, können Sie draußen sitzen. Ich bin sicher, daß die Sonne bis dahin scheint, und es wird Ihnen guttun.«

Aber ich dachte, daß ich nicht nach draußen und auch nicht in der Sonne sitzen wollte. Ohne die Aussicht, immer dicker zu werden und Vorbereitungen und Pläne für die Mutterschaft zu machen, war ich wie der Baum unserer Nachbarn, der im letzten Frühjahr und Sommer kahl geblieben war. Sie hatten ihn nicht abgeschnitten, und er stand immer noch da — sein Skelett aus Ästen schien darauf zu bestehen, daß der Winter nie geendet hatte.

»Ich werde nach der Operation doch Kinder haben können, oder?« Ich stellte die Frage, die ich eigentlich noch gar nicht stellen wollte.

»Ich bin optimistisch. Hier im Krankenhaus gibt es eine Chirurgin, die ich bitten werde, die Operation mit mir durchzuführen. Sie ist eine Expertin für diese Eingriffe, und ich weiß, sie wird alles menschenmögliche tun, Ihre Gebärmutter so weit wie möglich intakt zu lassen. Sehen Sie, es hängt alles davon ab, wie tief das Fibrom in der Gebärmutterwand sitzt und wo genau es liegt. Bei einem so großen Tumor kann Ihre Fähigkeit, ein Kind auszutragen, durch die Menge des Gebärmuttergewebes, das wir entfernen, beeinträchtigt werden. Wir müssen auch erst einmal sehen, ob Ihre Eileiter vernarben und ob Sie Blutungen haben. Wenn Sie durch die Entfernung des Tumors eine gefährliche Menge Blut verlieren, müssen wir den Uterus entfernen. Das ist jedoch unwahrscheinlich, Marion, wirklich. Bei etwa 90 Prozent dieser Fälle kann die Patientin nach dem Eingriff ein Kind austragen. Ich hoffe, daß wir Sie für einen zweiten Versuch vorbereiten können.«

»Ein Teil von mir kann den Gedanken nicht ertragen, es nicht wieder zu versuchen, und das andere wehrt sich dagegen. Was ist, wenn . . .«

Dr. Barrie nickte. »Ich weiß. Aber Sie sollten sich jetzt keine Sorgen darüber machen. Machen Sie sich das Nachdenken nicht zur Qual. Sie müssen sich Zeit lassen. Wenn Sie wieder kräftiger sind und die Operation hinter Ihnen liegt, werden Sie den Mut finden, es wieder zu versuchen. Ich weiß es. Es wird dann nicht so schwer sein, wie es jetzt aussieht.« Sie stand auf und strich mit den Händen ihren Rock glatt. Ihre Arme und Beine waren fleischig, nicht knochig an Hand- und Fußgelenken wie meine. Und wenn ich es zufällig bemerkte, fiel mir immer wieder auf, daß ihre Brüste jemand anderem sinnlich erscheinen mußten. Es lag eine liebenswerte Zwiespältigkeit in Dr. Barries Erscheinung. Ihre Fraulichkeit paßte nicht zu ihren großen fragenden Augen und ihren glatten, leicht strubbligen Haaren, die sie wie ein Mädchen wirken ließen.

»Eine meiner Patientinnen liegt in den Wehen, aber ich komme heute abend wieder.« Ich konnte nie aufhören, mich darüber zu wundern, mit welcher Gelassenheit sie von einer schweren Verantwortung zur nächsten ging.

Als sie das Zimmer verlassen hatte, bemühte ich mich, an ihre Freundlichkeit zu denken, aber es war unmöglich, meinen Ärger darüber zu verdrängen, daß sie die andere Patientin erwähnt hatte. Wußte sie nicht, wie eifersüchtig mich das machte? Diese andere Frau hatte bestimmt keine Schwierigkeiten, zweifellos würde bei ihr alles reibungslos verlaufen. Und Dr. Barrie würde am Fußende des Tisches sitzen und sich aufmerksam dem kommenden Baby widmen, einem gesunden Jungen oder Mädchen.

Ich schien zu wünschen, daß die Frau alles bekam, nur kein gesundes Kind. Man wußte ja nie, es konnte ja passieren, vielleicht war das Kind tot wie meins, oder es würde mit einer schrecklichen Krankheit auf die Welt kommen. Ja, ich mußte es zugeben: Ich wünschte es mir. Ich wollte, daß diese Fremde auch litt.

Eine Schwester kam herein und griff nach der Blutdruckmanschette, die hinter mir an der Wand hing. Ich streckte gehorsam meinen Arm aus. »Ich glaube, ich könnte ein bißchen fernsehen. Wissen Sie, was ich tun muß, um ihn einzuschalten?«

»Rufen Sie einfach die Nummer da oben an.« Die Schwester deutete auf den Fernseher, der mich seit fünf Tagen blind anstarrte. Ich hatte die Aufschrift nicht bemerkt. In großen Buchstaben, so daß man es vom Bett aus lesen konnte, stand da: ZUM FERNSEHEN RUFEN SIE BITTE 2748 AN.

Der Mann vom Kundendienst klopfte an meine Tür — ein bläßlicher dünner Mann mit Augen wie ein Cocker Spaniel. Er trug eine Metallkiste, und mit seiner grauen Hose und Arbeitshemd wirkte er fehl am Platz, so wenig medizinisch. Irgendwie schien es, als sei er ein überflüssiges Teil in einer ansonsten straff organisierten Maschinerie.

»Wollen Sie jetzt zahlen, oder möchten Sie lieber eine Rechnung haben?« Er griff nach oben und steckte einen Schlüssel

in ein Schloß an dem Fernseher, das ich nicht gesehen hatte.
»Wieviel?«

»Zwei fünfzig pro Tag.«

»Ich glaube, Sie können mir eine Rechnung schicken. Was ist, wenn ich ihn wieder aus haben will? Ich sehe eigentlich nicht viel fern. Ich liege schon seit fünf Tagen ohne hier.«

»Die Patienten lieben es. Alle. Es hilft ihnen, die Zeit totzuschlagen.«

»Trotzdem, was ist, wenn ich ihn ausmachen will?«

»Rufen Sie uns wieder an, dieselbe Nummer wie vorher«, sagte er und ging, wahrscheinlich mit einem leisen Dankgebet, daß die meisten Patienten nicht so wie ich waren.

Jedesmal wenn ich auf die Fernbedienung drückte, kam ein lautes Knacken aus dem Fernseher, wenn er zum nächsten Kanal sprang. Ich verabscheute das Geräusch und die Serie von sieben oder acht Knackgeräuschen, die ich ertragen mußte, bevor ich ausschalten konnte.

Der erste Kanal sendete eine Wiederholung von All in the Family. Gloria war schwanger, und Edith häkelte eine Decke für das Baby. Meine Ex-Schwiegermutter hatte eine Decke für mein Baby gehäkelt. Ich würde sie vielleicht nie benutzen können. Ich haßte Gloria und Edith. Ich drückte auf die Fernbedienung.

Mein Kopf schmerzte, und meine Augenlider waren schwer, aber ich lag da, starrte nach oben und versuchte, mich zu konzentrieren. »Mami, er hat überhaupt nicht gebohrt«, rief ein sommersprossiges Mädchen mit blonden Zöpfen. Es knallte einen Stapel Schulbücher auf einen Küchentisch und warf den Kopf zurück, den Mund weit offen. Das Kind sah aus wie ein übergroßes Rotkehlchen, das auf einen Wurm wartet. Ich verabscheute es und seine Mutter, die ungefähr in meinem Alter war. Sie hatte wahrscheinlich noch mehr Kinder, dachte ich. Was weiß sie schon? Wieder knackte es. Als nächstes eine Werbung für »Huggies, die Windel, die . . .« Die Welt bestand nur aus Eltern und Kindern, Kindern und Eltern. Knack, knack, knack.

Am nächsten Tag rief ich den Fernsehkundendienst an, und derselbe Mann kam, um die braune Kiste abzustellen. »Sie überraschen mich, Lady, Sie überraschen mich wirklich. Die meisten Patienten könnten ohne Fernsehen nicht auskommen.« Er hielt den Schlüssel hoch und steckte ihn in das Schloß. Ich erwiderte nichts, sondern setzte nur ein falsches Lächeln auf, bis er das Zimmer mit seinem kleinen Metallkasten voll Geld und Schlüsseln verließ.

Wenn er nur diesen undurchdringlichen, unnützen Bildschirm hätte mitnehmen können. Von all den Dingen in diesem Zimmer stand er Deans und meinen Bemühungen, das Zimmer heimisch zu machen, am meisten entgegen. Ich wollte, daß jedes Stück entweder durch Nützlichkeit, Gemütlichkeit oder Schönheit gerechtfertigt war. Der Fernseher bestand keinen dieser Tests. Er deprimierte mich und widerstrebte mir.

Nichts, was mich umgab, war neutral. Es gab zwei Kategorien von Menschen und Dingen: die einen halfen, die anderen verletzten.

Dienstag, einen Tag bevor ich nach Hause ging, kam eine Sozialarbeiterin des Krankenhauses zu mir und gab mir mehrere maschinengeschriebene Seiten Informationsmaterial. Sie drängte mich, sie durchzulesen. Die Überschrift auf der ersten Seite: »Ein Begräbnis für Ihr Baby.« Eine andere Überschrift lautete einfach: »Leid.«

»Verbrennung wird vom Krankenhaus kostenlos angeboten«, erklärte die Sozialarbeiterin. »Sie und Ihr Mann sollten besprechen, ob Sie dem Krankenhaus alles überlassen möchten oder ob Sie eine Beerdigung wünschen. Wenn möglich, sagen Sie uns Bescheid, bevor Sie gehen. Wenn Sie aber mehr Zeit brauchen, können Sie uns das Formular auch zusenden.« Sie gab mir ein Formular mit der Überschrift EINWILLIGUNG ZUR ÜBERLASSUNG DER FETALEN ÜBERRESTE. Darunter stand:

Nach dem Gesetz von Massachussetts ist das Boston Hospital für Frauen verantwortlich, seine Patienten über die Rechte zu informieren, die die Beisetzung von Totgeburten betreffen. Im Fall einer Totgeburt während oder nach der zwanzigsten Schwangerschaftswoche oder mit einem Gewicht von 350 Gramm oder mehr können die Eltern zwischen Beerdigung oder Einäscherung des Fetus wählen.

Eltern, die Informationen über Beerdigung oder Einäscherung benötigen, empfiehlt das Büro die Dienste eines örtlichen Bestatters. Bitte rufen Sie 732-4005 an.

BITTE KREUZEN SIE IHRE WAHL AN

☐   Ich möchte die Verantwortung für die Verfügung des Fetus übernehmen.

☐   Ich möchte die Verantwortung für die Verfügung des Fetus nicht übernehmen und überlasse die Überreste dem Krankenhaus, das darüber gemäß Paragraph 598 des Gesetzes von Massachussetts verfügen kann.

_____

Datum

_____

Unterschrift

Mittwoch, den 1. Juni, saß ich nach acht Nächten im Krankenhaus in einem Rollstuhl in der Krankenhaushalle und hielt
durch die Glastüren nach Deans Auto Ausschau. »Da ist er«,
sagte ich, und der Pfleger schob mich über die Gummirampe
durch die automatischen Türen an die frische Luft. Es war
kühl im Schatten des Zementdachs, aber die sonnige Straße
hinter der Auffahrt versprach einen warmen Tag. Es war komisch, dieser offenen, hellen Straße so nah zu sein.

»Sie legt sich hier hinten hin«, erklärte Dean dem Pfleger, öffnete die Heckklappe des Kombis und gab den Blick frei auf ein
richtiges Nest aus Schlafsäcken, Decken und Kissen. Der Pfleger half Dean, mich zu stützen, als ich aus dem Rollstuhl aufstand und mich auf die hintere Kante des Autos setzte, die Füße auf dem Pflaster und über meinem Kopf die offene Heckklappe.

»Das ist eine gute Idee. Sie haben anscheinend hier ein ziemlich
bequemes Bett.« Der Pfleger schien von Deans praktischem
Sinn ehrlich beeindruckt zu sein. »Passen Sie gut auf sich auf«,
rief er mir zu, bevor er sich umdrehte und zurück in die Halle
ging.

Ich rutschte nach hinten in den Wagen — stöhnend, weil das
Fibrom so schmerzte — und legte mich hin. Dean schloß die
Klappe, und wir fuhren los. Langsam tauchten über mir Be-
ton, Glas und Stahl des Krankenhauses auf, füllten meinen
Blickwinkel und verschwanden. Tränen, gegen die ich den gan-
zen Morgen angekämpft hatte, stiegen jetzt auf. Es war vorbei.
Unser Baby war nicht mehr da. Wir fuhren ohne ein Kind nach
Hause.

Ich war fast zwei Wochen bettlägerig. Die meiste Zeit schlief
ich. Ich stand nur auf, um den kurzen Weg ins Badezimmer zu
schleichen. Wie im Krankenhaus schien ich mich nur in be-

grenztem und bedrückendem Raum zu bewegen. Meine Konzentrationsfähigkeit und Beweglichkeit waren durch Medikamente und Schmerzen eingeschränkt, meine Gedanken durch Kummer.

Jeder Rekonvaleszent durchlebt diese isolierten, nach innen gerichteten Stunden im Bett mit einem entsetzlichen Gefühl der Einsamkeit und Verletzlichkeit. Für mich war dieses Gefühl erdrückend und wurde von zwei Kräften genährt: meiner Krankheit und dem erlittenen Verlust. Ich lag im Bett und war jede Sekunde des Tages mit dieser Leere in meinem Körper konfrontiert — es war nur noch ein Herz da, wo vorher zwei geschlagen hatten. Ich hatte mich daran gewöhnt, auf das abhängige Wesen in mir Rücksicht zu nehmen; jetzt mußte ich nur noch an Dean und mich denken. Ich war nur noch ein Mensch, und Dean und ich waren wieder nur zwei; die Dreisamkeit, an die wir uns gewöhnt und für die wir Pläne geschmiedet hatten, war verschwunden. Ich mußte mich wieder in die Welt einpassen, obwohl doch ein Stück fehlte.

Es war unmöglich, meine Situation nicht mit dem zu vergleichen, was gewesen wäre, wenn ich gerade mit einem Neugeborenen aus dem Krankenhaus zurückgekehrt wäre. Ich fühlte mich betrogen, stellte mir das Was-wäre-wenn in allen Einzelheiten vor. Und mein Körper unterstützte diese Visionen; mein immer noch geschwollener Bauch und meine geschwollenen Brüste wußten, daß mein Kind geboren war, aber nicht, daß es tot war. Das immer wieder auftretende schnelle Flattern, das ich in meinem Bauch spürte, unterschied sich, so weit ich vermuten konnte, nicht von dem Ziehen, das ich nach einer normalen Geburt gespürt hätte; und meine Brüste, zart und von Blutgefäßen durchzogen, sahen aus wie die einer anderen Frau und hatten begonnen, sich mit Milch zu füllen.

Ich liebte und verabscheute den Anblick meiner Brüste. Sie schienen meine ganze Sehnsucht zu verkörpern — mein vergebliches Verlangen, ein neues Leben zu ernähren. Dieses Phänomen würde in ein paar Tagen zurückgehen, aber eigentlich wollte ich das gar nicht; ich wollte, daß die Milch da war — und ein saugender Mund. Wie wäre es wohl gewesen? fragte ich mich. Weshalb sollten andere Frauen — ich stellte mir vor, wie sie sich über einen unruhigen Säugling beugten — diese Erfahrung machen und ich nicht?

Dean blieb ein paar Tage bei mir zu Hause. Wenn er das Haus verließ, um einzukaufen oder sich eine Pause von meiner Pflege zu gönnen, war ich besessen von der Angst, seine Abwesenheit nicht überleben zu können, irgendwie noch den letzten Rest von Kraft und Klarheit zu verlieren. Besonders hatte ich Angst vor dem Versuch, allein ins Badezimmer zu gehen. Und ich hätte mich nie über den Flur oder durch das Eßzimmer in die Küche gewagt, um mir etwas zu essen oder zu trinken zu holen.

Ich hatte auch um Dean Angst. Wann immer er hinausging, war ich wie besessen von der Furcht, daß ihm ein schrecklicher Unfall zustoßen könnte. Wer würde für mich sorgen? Wer würde mich beruhigen, wenn ich nachts aufwachte? Wer würde meine Sorgen teilen? Jetzt, da das Schicksal mich aus Hunderten, Tausenden, auserkoren hatte, mein Kind zu verlieren, hatte ich kein Vertrauen mehr, daß Dean mir nicht auch genommen wurde. Als er den ersten Morgen wieder zur Arbeit fuhr und mich zum Abschied küßte, studierte ich sein Gesicht, als ob wir uns nie wiedersehen würden. Das wurde für lange Zeit eine richtige morgendliche Angewohnheit.

Nachdem Dean, wie Dr. Barrie es ihm um seines eigenen Wohlergehens willen geraten hatte, wieder arbeitete, übernahm es die Ärztin, mir über den Tag zu helfen. Alle paar Stunden rief sie mich an und kündigte mir bei jedem Anruf an, wann ich den nächsten erwarten konnte. Sie hörte aufmerksam meinen

Beschreibungen von Schmerzen, Schwindel und Schwäche zu, beruhigte mich und sagte mir, wieviel ich von den Medikamenten nehmen sollte. Wenn ich mir einbildete, ihren Rat auch abends zu brauchen, versprach sie mir, sich auch dann noch einmal zu melden, und sie hat mich nie enttäuscht. Soweit das möglich war, machte sie sich zum Ersatz für die Krankenschwestern, die ich jetzt nicht mehr um mich hatte. Sie rief mich vor oder nach einer Geburt an und sogar von zu Hause aus, wenn sie frei hatte. Ihr singendes »Hallo«, süß und klar, klang immer gleich, wie der Ruf eines Vogels, und ich mußte lächeln. Sie verstand, wie sehr ich sie brauchte, und sie hatte nichts dagegen — ermutigte mich sogar —, daß ich mich auf sie stützte.

Sie und ich verbrachten viel Zeit bei unseren Telefongesprächen damit, über die Tabletten zu sprechen, die ich gegen die Schmerzen nahm. Sie waren für mich auch zum Wahn geworden. Ich sollte nicht mehr als ein oder zwei Tylox-Kapseln — eine Kombination aus Codein und Tylenol — alle drei Stunden nehmen, wie auch im Krankenhaus. Aber im Krankenhaus hatten die Schwestern den Plan überwacht, und ich hatte mich beklagt, wenn sie zu spät mit den Tabletten kamen. Zu Hause jedoch mußte ich selbst auf das Drei-Stunden-Intervall achten und stieß damit an die Grenzen meiner benebelten Erinnerungs- und Konzentrationsfähigkeit. Ich hatte Angst, eine Tablette zuviel zu nehmen und dadurch die deprimierende Nebenwirkung zu verstärken oder eine zuwenig und dadurch die Schmerzen zu verschlimmern. Sobald ich dachte, einen Fehler gemacht zu haben, bekam ich Angst, und ich probierte zum Schutz verschiedene Gedächtnishilfen aus.

Einmal wachte ich mitten in der Nacht fiebernd und orientierungslos auf und war überzeugt, zu viele Tabletten genommen zu haben. In meiner Panik bekam ich eine Art Anfall — heftige unkontrollierbare Krämpfe und Zittern — und war ehrlich davon überzeugt, das nicht zu überleben. Dean meinte, ich sei so hysterisch vor Angst gewesen, daß ich ihm nicht einmal sagen konnte, wie er mir helfen sollte.

Danach tat ich die verschriebenen Tabletten weg und verließ mich auf normales Tylenol. Ohne das Codein brannte das Fibrom schlimm, aber wenigstens war es spürbar besser geworden seit dem Tag, an dem ich ins Krankenhaus gekommen war, und jetzt erträglich.

Während dieser Krankheitswochen lastete das Gefühl des Leids, des Trauerns, schwerer als alles andere auf mir. Daher war ich dankbar, diese ruhige Zeit für mich zu haben, um nachzudenken — weit weg von wohlmeinenden, aber nicht verstehenden Freunden, Verwandten und Fremden. Meine wenigen Besucher wählte ich sorgfältig aus.

Genau zu sagen, was Dean und ich verloren hatten, war für uns beide schon schwer genug. Kein Wunder also, daß die meisten anderen Leute es nicht verstehen konnten. Ein totgeborenes Kind trotzt den normalen Denkschemata von Leben und Tod: ein solches Kind ist gestorben, hat aber nie gelebt, wurde geboren, hat aber nie geatmet. Und in meinem Fall war das Kind nicht einmal zu Ende ausgetragen worden, hatte sich nicht bis zur Lebensfähigkeit entwickelt.

Obwohl ich um das Kind, das ich verloren hatte, trauerte, war ich entschlossen, es zu ersetzen. Wenn ich mir eine zweite Schwangerschaft vorstellte, war es ganz wichtig, daß es ein Mädchen und kein Junge wurde. Und dieses Mädchen würde Amelia heißen, während das Kind, das ich verloren hatte, namenlos bleiben sollte. Soweit wenigstens konnte ich mich für das, was mir zugestoßen war, entschädigen.

Manche, mit denen ich sprach, schienen zu denken, daß ich in dem, was geschehen war, eine gewisse Vernunft und Gerechtigkeit erkennen müsse. Aber allein bei der Vorstellung, daß dieser Verlust etwas Gutes haben sollte, hätte ich weinen oder schreien können.

»Ich weiß, wie schwer das ist«, sagte Deans Mutter am Telefon.

Nein, weißt du nicht, dachte ich. Du hast drei Kinder. Du hast nie eins verloren.

». . . aber es ist Gottes Wille, und wir können Seine Gründe nicht immer verstehen.«

Gründe? Welche Gründe? Was hatten Vernunft und Planung mit dem Verlust meines Kindes zu tun? Was ich durchgemacht hatte, war das genaue Gegenteil von Vernunft, Güte, Absicht und Zweck.

Wenn mir das Mitgefühl und die Berufung auf Gottes Weisheit zuviel wurden, half mir der Gedanke an Rabbi Kushner. Die Sozialarbeiterin im Krankenhaus hatte mir sein Buch empfohlen, und Dean hatte es aus der Bücherei mitgebracht: When Bad Things Happen to Good People (Wenn guten Menschen schlimme Dinge passieren). Durch diesen Titel fühlte ich mich einer Gruppe zugehörig: gute Menschen, die ungerechtfertigt gequält werden. Rabbi Kushner gehörte selbst zu dieser Gruppe. Sein kleiner Sohn war eins dieser Kinder gewesen, die wie in einem Zeitrafferfilm altern, ein winziger alter Mann, der von anderen Kindern verspottet wird, und dann — paff — verschwunden. Rabbi Kushner bot mir eine Möglichkeit, mit den optimistischen Bemerkungen der anderen fertig zu werden. Er meinte, daß ich nicht lächeln und zustimmend nicken mußte, wenn die Leute sagten: »Es ist Gottes Wille, es muß zum Besten sein.« Wenn es mir zu weh tat, den Mund zu halten, konnte ich den Leuten sagen, daß ich anderer Meinung war. Ich konnte erklären, daß ich nicht glaubte, daß das Geschehene irgendeinen Sinn hatte, und nicht bereit war, meine Tragödie jemals als etwas Gutes anzusehen. Ich brauchte dieses Zugeständnis. Und Dean auch.

Mit jemandem zu sprechen — von Angesicht zu Angesicht oder am Telefon — war wie mit meinem Bruder schwimmen zu gehen, als wir noch Kinder waren. Man mußte aufpassen. Jeden Moment konnte man naßgespritzt, geduckt oder plötzlich nach hinten gerissen werden. Man konnte sogar so lange untergetaucht werden, daß man Angst bekam. Es war eine gefährliche, nicht einzuschätzende Angelegenheit.

Noch bevor ich das Krankenhaus verließ, fürchtete ich mich vor den irrigen Bemerkungen. Jede würde ein Stück der kleinen Insel wegschwemmen, auf der Dean und ich standen. Einige Anrufe, die ich erledigte, bevor ich nach Hause ging, waren als Bollwerke gegen diese Erosion gedacht gewesen.

Besonders wichtig war mir das Ehepaar, das neben uns wohnte. Sie waren so warmherzig während der Schwangerschaft gewesen. Sie waren selbst Großeltern und daran gewöhnt, über Baby in Entzücken zu geraten. Von ihnen hatten wir das kleine Stoffhuhn bekommen, das wir ins Kinderzimmer gestellt hatten. Was, wenn ich jetzt nach Hause kam und sie mich mit wissendem Lächeln fragten, wie es mir ging oder welche Namen Dean und ich ausgesucht hatten? Und was, wenn Dean eines Abends aus dem Krankenhaus kam und ihnen mit ihrer freudigen Erwartung in die Arme lief?

Als ich vorbeugend aus dem Krankenhaus anrief, hörte ich meine undeutliche langsame Stimme Einzelheiten über die Geburt und das Halten des Babys erzählen. Ich wollte aufhören, aber ich konnte nicht. Du bringst sie in Verlegenheit, sagte mir eine Stimme ganz hinten im Kopf. Aber ich machte weiter.

»Es tut mir leid, wirklich leid«, ließ ich schließlich meine Nachbarin erwidern. »Ich bin froh, daß Sie es uns gesagt haben.« Aber sie klang gar nicht froh. Als ich schließlich zu Hause im Garten liegen konnte, wandte ich mich von dem Haus unserer Nachbarn ab und hoffte, daß sie mich ignorieren würden. Aber sie kam herüber, begrüßte mich, und ihre Stimme flatterte lustig in der Luft herum wie eine Flagge an einem sonnigen Tag. »Ein herrlicher Tag, nicht wahr?« Da stand sie, die Hände in die Hüften gestützt, den Kopf zurückgeworfen, und studierte den wolkenlosen Himmel.

Ich hatte meinen Stuhl so hingestellt, daß ich die Rosen ansehen konnte — faustgroße Farbflecken in weiß, gelb, pink, lavendel. Ich sagte so gerne ihre Namen vor mich hin: Garden Party, Heirloom, Double Delight — eine Litanei des Luxus. Und ich mochte es, wie die Farben in der Sonne leuchteten, außerhalb meiner Depressionen, die wie eine Plastikfolie an mir klebten.

»Fühlen Sie sich schon besser? Sie sehen ein bißchen müde aus.«

Ich war erschöpft und fror, und versuchte, irgend etwas Ehrliches zu antworten. »Es geht mir ein bißchen besser, aber es wird noch eine Weile dauern, und dann muß ich vielleicht operiert werden. Ich habe eine Bindegewebsgeschwulst, die noch immer sehr schmerzhaft ist.«

»Nun, Sie brauchen ein bißchen Sonne und Ruhe. Und ehe Sie sich's versehen, werden Sie schon an einen neuen Versuch denken.«

Es klang so einfach bei ihr, wie das Warten auf die nächste Rosenblüte, nichts dabei.

Ich ging ins Haus, legte mich hin und weinte mich in den Schlaf.

Ich wollte mich vor den Menschen verstecken, mich zurückziehen. Das Ergebnis war, daß ich nur mit Entsetzen daran dachte, wieder ins Büro zu gehen — obwohl die Anwälte und Sekretärinnen, mit denen ich zusammenarbeitete, sehr nett gewesen waren und Blumen und Karten geschickt hatten. Erst nach zwei Monaten raffte ich mich auf. Dean hingegen stürzte sich schnell wieder in seine gewohnte Routine, und viele, mit denen er arbeitete, hatten keine Ahnung, daß etwas in seinem Leben schiefgelaufen war, daß er in Wahrheit den Verlust einer Tochter beklagte. Mitarbeiter, die von meiner Schwangerschaft gehört hatten, gratulierten ihm zu den »großartigen Neuigkeiten« oder schlugen ihm auf die Schultern: »Na, was wird's denn, ein Junge oder ein Mädchen?« Die meisten, die von der Totgeburt gehört hatten, vermieden das Thema aus Verlegenheit oder Verwirrung. Oder sie sagten etwas Bedeutungsloses zu Dean. »Sagen Sie Marion, daß es mir wirklich sehr leid tut um das Baby.« Oder: »Ich habe gehört, daß Marion das Kind verloren hat. Wie geht es ihr?« Dean bemerkte, daß nicht vorauszusagen war, wer etwas Dummes sagen und wer sich als feinfühlig und verständnisvoll erweisen würde. Er erfuhr, daß ein paar Mitarbeiter auch Kinder verloren hatten, aber nur selten davon sprachen. Jetzt boten sie ihre Tragödien als Geschenke an. Dean kam nach Hause und erzählte mir ihre Geschichten, und wir fühlten uns weniger allein.

Ein paar unserer Freunde und Verwandte hatten auch Kinder verloren. Ich schrieb langjährigen Freunden, deren Sohn im Winter zuvor tot zur Welt gekommen war, einen Brief. Sie lebten in England, aber jetzt fühlte ich mich ihnen wie durch physikalische Anziehungskraft über die Entfernung hinweg verbunden. Schon bald kam eine Antwort, ein acht Seiten langer Brief, den ich immer wieder las und den ich heute noch in meiner Nachttischschublade liegen habe. »Ich habe heute morgen deinen Brief bekommen«, schrieb Stella, »und gleich George im Büro angerufen. Es tut uns so leid für Dich. Ich weiß, daß Du eine furchtbare Zeit durchmachst, deshalb bin ich so froh, daß Du uns geschrieben hast. Ich weiß jetzt, daß niemand — wie mitfühlend er auch sein mag — diese Hoffnungslosigkeit und Verlassenheit nachempfinden kann, wenn er es nicht selbst erlebt hat. Ich kann mich noch erinnern, daß ich eines Nachts eine Jacke in Stücke geschnitten habe, die ich für das Baby gestrickt hatte. Und ich habe alle möglichen Sachen an die Wand geworfen! In dieser Nacht habe ich einen Spiegel durchs Zimmer geschmissen, aber zum Glück ist er nicht zerbrochen. Sieben Jahre Pech könnte ich wirklich nicht gebrauchen.«

Ein anderer mitfühlender Brief kam von einer Tante, die durch meine Mutter von der Totgeburt erfahren hatte. Ich hatte schon seit Jahren keinen Kontakt mit meiner Tante Bernice gehabt, aber jetzt begann ein Briefwechsel, der allmählich zu Telefongesprächen und Besuchen führte. Der erste Brief meiner Tante war wie die folgenden kurz, aber sehr verständnisvoll. Sie wußte aus Erfahrung, welche Worte halfen; wußte, was gesagt werden mußte und was nicht. Sie wußte es, weil ungefähr sechs Jahre zuvor einer ihrer drei jungen Söhne an Leukämie gestorben war.

Ich war meiner Tante dankbar, daß sie die Verbindung zwischen ihrem und meinem Leid herstellte. Es schien mir, daß sie genausogut meinen Verlust als unbedeutend im Vergleich zu ihrem hätte abtun können. Statt dessen betrachtete sie es als Bindeglied zwischen uns.

Ein Paar, das Dean seit seiner Kindheit kannte — er betrachtete sie beinahe als zweite Eltern, und ich mochte sie auch gern — besuchte uns überraschend und blieb lange genug, um uns etwas zu erzählen, was wir nicht wußten: Bevor sie ihre Tochter adoptierten, hatten sie zwei Säuglinge verloren, ein Mädchen und einen Jungen. Fran prophezeite mir, daß der Schmerz schließlich verschwinden würde. Von ihr konnte ich das hören, ohne wütend zu werden. Aber trotzdem war ich skeptisch. Was immer für sie stimmen mag, dachte ich, mein Schmerz wird nie vergehen.

Dean und ich hatten eine ganz andere Einstellung zur Welt als vorher. Eine der dramatischsten Auswirkungen unseres Verlustes bestand darin, daß wir mit ganz neuer Eifersucht und Feindseligkeit lebten. Diese Gefühle, die ich empfunden hatte, als ich im Krankenhaus fernsah, hielten an. Und da die Welt aus Kindern, Eltern, werdenden Eltern und Großeltern besteht, war es unmöglich, fernzusehen, eine Zeitung oder ein Buch zu lesen oder die Straße entlangzugehen, ohne eifersüchtig und wütend zu werden. Als es mir gut genug ging, daß ich einkaufen gehen konnte, stellte ich fest, daß der Supermarkt ein besonders schlimmer Ort für mich war. Jedesmal wenn ich einen Mann oder eine Frau einen Einkaufswagen schieben sah, in dem ein Kind saß, nahm ich die bloße Existenz von Eltern und Kind übel und konnte doch meinen Blick nicht abwenden. Ich weiß noch, wie eine Frau mich einmal fragend ansah und mir plötzlich siedendheiß klarwurde, daß ich gegen meinen Wagen gelehnt dagestanden und ihr Kind wie in Trance angestarrt hatte.

Ich mochte mich wegen meiner Eifersucht selbst nicht. Es schien so kleingeistig und schnitt mich von der Freude anderer ab und von dem Vergnügen, sondern nur eine wütende Eifersucht und Ärger. Ich wollte bei jedem Kind, daß es sich in mein Kind verwandelte oder verschwand. Wenn jemand anders ein gesundes Kind gebar, konnte ich nur denken: »Das ist ungerecht. Weshalb die und nicht ich?« War ich zufällig draußen, wenn die Schwiegertochter meiner Nachbarn zu Besuch kam — von Woche zu Woche dicker, denn sie erwartete ein Baby —, rannte ich sofort ins Haus. Später konnte ich nicht einmal einen flüchtigen Blick auf ihr Kind ertragen, das zur selben Zeit unter dem Herzen getragen worden war wie meins. Als ich an seinem Geburtstag die Fahne sah, die meine Nachbarin über der Garage drapiert hatte — ES IST EIN JUNGE —, konnte ich nur daran denken, daß sie auf mich hätte Rücksicht nehmen müssen und das Schild nicht hätte aufhängen dürfen. Ich wollte beschützt und in Watte gepackt werden.

Für Dean war der schlimmste Härtetest in diesem Sommer die Schwangerschaft seiner Sekretärin. Sie erwartete im August ihr

Kind, und er konnte sie jeden Tag bei der Arbeit betrachten, immer ein bißchen runder und der Mutterschaft immer ein bißchen näher. Wenn sie an ihrem Schreibtisch mit einer Freundin über diesen oder jenen Aspekt ihrer Schwangerschaft sprach, schloß Dean seine Tür, damit er es nicht hören mußte. Wenn sie über ihre Gewichtszunahme klagte, hatte Dean Mühe, seine wahren Gefühle nicht zu zeigen.

Zum Glück für Dean machten seine Eifersucht und seine Wut Unterschiede bei der Auswahl ihrer Ziele. Während er unter der Schwangerschaft seiner Sekretärin litt, wurde er viel weniger als ich neidisch auf ein Fernsehbild oder eine Fremde in einem Geschäft. Wenn wir außer Haus waren und ich eine Schwangere sah, beugte ich mich oft zu ihm und flüsterte: »Ich hasse deine Frau, du nicht?« »Nein, ich nicht«, erwiderte er dann, »und du auch nicht. Du haßt, was mit dir geschehen ist, aber du haßt nicht sie.« Für mich schien es immer unmöglich, diese Unterscheidung zu machen.

Manchmal versuchte Dean mich mit einer seiner Lieblingsbemerkungen zu trösten: »Diese Frau hat vielleicht ihr Kind«, sagte er dann, »aber du hast etwas, das sie nicht hat.« Es stimmte, was er sagte. Obwohl ich nur bitteren Trost dabei empfand, stimmte es. Ich hatte das Zustandekommen von Geburt und Tod erfahren, und obwohl ich dadurch eifersüchtig, wütend, ja sogar stumpf geworden war, hatte ich jetzt eine Ahnung von der Kostbarkeit des Lebens, die ich vorher nie registriert hatte. Manchmal sah ich andere Menschen um mich herum und staunte, daß wir überhaupt da waren. Besonders staunte ich über meine eigene und Deans Existenz.

KAPITEL 5

Autopsie

1

»Vor der Operation können wir es nicht sicher wissen, aber ich
glaube nicht, daß das Fibrom zu nah an Ihren Eierstöcken
liegt. Und es liegt vor allem nicht hinter der Gebärmutter, wo
wir nur schwer rankämen.«

Dr. Kagan, die von Dr. Barrie empfohlene Spezialistin, untersuchte mich langsam innen mit ihren Fingern und drückte von
außen. Sie bekräftigte Dr. Barries Ratschlag, vorerst nicht
schwanger zu werden, und warnte mich auch davor, das Fibrom jetzt nicht entfernen zu lassen. Es würde zweifellos genug Schmerzen verursachen, um später — wenn ich vierzig
oder fünfzig war — entfernt werden zu müssen. Außerdem bestand ein, wenn auch nur geringes, Risiko, daß der jetzt gutartige Tumor bösartig werden könnte, besonders während des
Klimakteriums. Sie unterhielt sich lange mit mir und erklärte
mir die Gefahren eines Eingriffs und die Risiken, die entstan-
den, wenn nicht operiert wurde. Obwohl sie optimistisch war,
daß sich meine Operation auf eine, wie sie sagte, Myomekto-
mie beschränken würde, ein Herausschneiden des Tumors, betonte sie, daß eventuell eine Hysterektomie unumgänglich sein
könnte.

»Sie müssen entscheiden, was gemacht werden soll. Ich muß zugeben, ich möchte nicht in Ihrer Lage sein.«

Ich hatte erwartet, daß sie mir einfach sagte, was gemacht würde und wann. Aber jetzt wurde von mir verlangt, die Risiken abzuwägen, Entscheidungen zu fällen, obwohl ich das Gefühl hatte, überhaupt keine Wahl zu haben.

Der Schmerz des Fibroms war bis auf eine Andeutung dessen, was er gewesen war, zurückgegangen, aber er war immer noch drohend: Wenn du zu weit gehst, warnte er, wird es dir leid tun. Ich achtete peinlich genau darauf. Ich trug Schuhe mit niedrigen Absätzen, fuhr nicht Fahrrad, vermied es meistens, Auto zu fahren, weil der Schmerz aufflackerte, wenn ich ein paarmal gebremst hatte. Wenn ich fahren mußte, legte ich ein Kissen über meinen Bauch, bevor ich mich anschnallte. Als Dean und ich im Juli meine Eltern besucht hatten, hatte ich während der Fahrt wieder hinten in unserem Wagen gelegen wie bei meiner Rückkehr aus dem Krankenhaus.

Ich konnte nur noch zwei alte Röcke mit elastischen Bündchen tragen — keine Jeans, keine Shorts. Langsam fragte ich mich, ob mein Bauch jemals wieder seinen normalen Umfang annehmen würde. »Es ist, als seien Sie noch ein paar Monate schwanger«, hatte Dr. Barrie mir zwei Wochen zuvor, Anfang August, erklärt. »Sie werden Ihre normale Kleidung nicht tragen können, bevor der Tumor entfernt worden ist. Ich glaube nicht, daß wir mit der Operation noch länger warten sollten. Nicht bei diesem Tumor, der sich weigert zu schrumpfen.«

»Ich habe Angst«, gestand ich jetzt Dr. Kagan verlegen, weil ich weinte.

»Ich weiß, und ich kann es Ihnen nicht verdenken.«

»Was würden Sie an meiner Stelle tun?«

»Ich würde mich operieren lassen, gar keine Frage.«

»Sie würden wirklich?«

»Ja.«

»Danke, ich hatte eigentlich gar keine Antwort von Ihnen erwartet. Ich werde es also machen. Ich werde tun, was Sie tun würden.«

»Stört es Sie, daß ich schwanger bin?«

Komischerweise hatte ich es gar nicht bemerkt. Jetzt sah ich ihren Umfang; vorher war ich mit mir selbst zu beschäftigt gewesen. Unter ihrem weißen Kittel war der Bauch zu sehen, und sie trug ein Umstandskleid. »Nein, es stört mich nicht.«

Tatsächlich erschien mir ihre Schwangerschaft als Vorteil, die bestmögliche Versicherung, daß die Chirurgin meine Ängste verstehen würde, meine Bitten, vorsichtig zu sein, so wenig wie möglich wegzuschneiden. »Wann ist es so weit?«

»Ende November.«

»Haben Sie schon Kinder?«

»Ja, ich habe Glück. Das wird mein zweites.«

»Und wenn sich Dr. Kagans Baby heftig bewegt, während sie operiert?« fragte ich Dr. Barrie, nachdem wir die Operation für den 23. September festgelegt hatten.

Sie lachte. »Babys treten nicht so fest.«

»Und wenn ihr der Bauch im Weg ist? Kann sie sich denn nach vorne beugen? Kommt sie nahe genug heran?«

»Es wird alles klappen, Marion, sie wird sich den Tisch nach ihren Bedürfnissen einstellen. Wenn irgendeine Gefahr bestünde, würde sie nicht operieren.«

Als Dr. Kagan mich zwei Tage nach der Operation in meinem Krankenzimmer besuchte, sonnte ich mich in dem Wissen, daß alles gutgegangen war. Ich hatte meine Gebärmutter noch; zwar zusammengeflickt, aber sie war noch intakt.

Dr. Kagan stärkte meine Hoffnung und ermutigte mich in meinen Plänen. Sie mahnte nicht einmal zur Vorsicht, weil meine Eileiter vernarbt sein könnten, wie Dr. Barrie ursprünglich gemeint hatte. Und sie glaubte sogar, daß ich ein Kind — normal

— ohne Kaiserschnitt — gebären könnte. Ich war überrascht, wieviel mir das bedeutete, wie sehr ich noch einmal die Chance haben wollte, ein Kind auf normalem Wege zur Welt zu bringen.

»Sprechen Sie noch einmal mit Dr. Barrie«, betonte sie erneut, als sie ging. »Beachten Sie, was sie Ihnen rät — und ich wünsche Ihnen eine gute Schwangerschaft.« Diese letzten Worte, so beiläufig hingeworfen, sagte ich mir immer wieder vor. Ich wertete sie als Prophezeiung.

Nach dem Eingriff blieb ich noch eine Woche im Krankenhaus. Die Aussicht aus meinem Fenster war während dieser Zeit eine angenehme Abwechslung, vollkommen unerwartet nach dem unansehnlichen Turm und Dach bei meinem ersten Aufenthalt. Eine friedliche Szene, eine Komposition in erster Linie aus Farben, Ordnung und Muster — und nicht aus Aktivitäten: Holzhäuser, unterschiedlich gestrichen, waren terrassenförmig auf einem Hügel von Straßen angeordnet; alte Bäume breiteten ihre grünen, roten, gelben und orangefarbenen Flecken über den Spitzdächern aus; eine Plakatwand schillerte in Violett- und Grüntönen oben auf dem Berg. Und nachts blinkten unter dem angestrahlten Schild rote und weiße Autolichter auf. Ich hatte einen weiten und hübschen Ausblick. Die Häuser und Autos behielten ihre Geheimnisse für sich, belasteten mich nicht damit, die Menschen in dieser Landschaft kennenzulernen — die Eltern, die schwangeren Frauen. Hier gab es keine Mütter, keine Väter, keine Säuglinge, keine heranwachsenden Kinder.

Mein Tumor war entfernt worden, aber meine Trauer war geblieben. Ich war erleichtert, daß ich die Operation hinter mir hatte, und ich war natürlich froh, daß sie so erfolgreich verlaufen war, aber das schwere Leid wandte sich weder von mir noch von Dean ab. Wenn — aus alter Gewohnheit — mein Phantasiekind versuchte, mit mir zu sprechen, schwieg ich und lernte, die elfenähnliche Stimme zu entmutigen und schließlich für immer zu ersticken. Niedergeschlagenheit, Wut und Eifersucht waren immer noch da — stärker als jede Hoffnung. Am 7. Oktober — das war der errechnete Geburtstermin gewesen — war ich niedergedrückt von der Leere und besessen von dem Gedanken, was hätte sein können. Und wie beim erstenmal verstärkte meine Genesung bittere Vergleiche. Hätte ich mich von einem Kaiserschnitt erholen müssen, hätte ich viele ähnliche Empfindungen — das Taubheitsgefühl auf meinem Bauch, wo die Nerven durchschnitten waren; das ängstliche Unterdrücken von Husten und Lachen; faszinierte Selbstuntersuchung und Vorsicht. Ich fürchtete sogar, meine Narbe auch nur leicht zu berühren. Sie hätte aufbrechen können. Wie konnte ich der Versuchung widerstehen, mir auszumalen, ich sei in der Situation einer frischgebackenen Mutter, die sich von einer Operation erholt? Ich dachte mir aus, wie hilflos sie bei der Sorge um ihr Neugeborenes sein würde — wie müde, wie schwer es wäre, das Kind zu halten und zu stillen. Ich brachte sogar schwesterliches Mitgefühl für ihre berechtigte Klage auf, daß ihr etwas entgangen war — das aufregende Gefühl, ein Kind selbst in die Welt zu pressen. Und wie ich sie trotzdem beneidete! Vor allen Dingen würde sie ein Triumphgefühl empfinden. Freude.

Ungefähr zu dieser Zeit begannen Dean und ich zu verstehen, wie unsinnig es war, um unser Kind zu trauern, während wir uns auf der anderen Seite weigerten, es voll anzuerkennen, und ihm in unseren Gedanken und Unterhaltungen keinen Namen gaben. Indem wir unserem Kind einen Namen verwehrten, negierten wir einen wichtigen Teil dessen, was es uns bedeutete. Gesetzlich hatte nie die Notwendigkeit bestanden, ihr einen

Namen zu geben — ihre Sterbeurkunde hatte keinen Namen erfordert, und es gab keine Geburtsurkunde —, und so hatten wir von unserem Kind seit seinem Todestag einfach als dem Baby gesprochen. Mit Hilfe unserer Psychotherapeutin — einer Sozialarbeiterin, die wir auf Dr. Barries Rat hin kurz nach der Totgeburt zum erstenmal aufsuchten und dann ab und zu in den nächsten zweieinhalb Jahren — waren wir jetzt langsam so weit zuzugeben, daß es Amelia war, die wir verloren hatten. Bis jetzt hatte ich immer versucht, mir ein Kind vorzustellen, das ich noch bekommen und dann Amelia nennen würde — so als hätte ich jemanden kennengelernt und mich nur umgedreht, um durch ein Fenster jemand anderen anzustarren. Aber dieser Name war unwiderruflich mit meinem Leid verbunden. Es war kein glücklicher Name mehr, wie ich es geplant hatte. Er gehörte zu dem Kind, das ich getragen hatte — es war ihr Name, ob nun offiziell oder nicht.

Den Namen für ein anderes Kind aufzuheben wäre auch an diesem Kind ein Unrecht gewesen. Es war wichtig, daß unser nächstes Kind um seiner selbst willen und nicht als Ersatz herbeigesehnt wurde. Das war etwas, was die Sozialarbeiterin Dean und mir nachdrücklich erklärte. »Wenn Sie ein anderes Kind haben«, sagte sie, »wäre es nicht gut, dieses Kind mit dem, das sie verloren haben, in Verbindung zu bringen. Trauern Sie jetzt richtig. Für jedes Paar und jeden Menschen bedeutet das etwas anderes. Fragen Sie sich selbst, was Sie tun müssen, um wieder bereit zu sein, ein anderes Kind willkommen zu heißen.«

Als wir einmal anfingen, von dem Baby als Amelia zu sprechen, stellten Dean und ich fest, daß weniger ein Schreckgespenst als vielmehr unsere Tochter gestorben war. Ich wich der Erinnerung an sie nicht mehr aus. Ich sah sie direkt an und gab endlich zu, daß ich niemals eine lebende Tochter namens Amelia haben würde.

Mein größter Trost zu dieser Zeit war die Aussicht auf eine neue Schwangerschaft, und ich war begierig, Dr. Kagans Optimismus zu rechtfertigen. Dr. Barrie hatte geraten, daß ich bald schwanger werden sollte, möglichst zwei Monate nach der Operation, und das kam meiner Ungeduld sehr entgegen. Dr. Barrie hielt es für wahrscheinlich, daß in meinem Körper weitere Fibrome entstehen könnten, und sie wollte, daß ich ihnen zuvorkam und ihnen keine Chance gab zu wachsen. Dieser Winter, sagte ich mir immer, dieser Winter ist ein guter Zeitpunkt. Obwohl ich ängstlich war, so schnell nach der Operation schwanger zu werden — die Narbe auf meinem Bauch war noch frisch, und die Wunde in meinem Inneren schmerzte noch — war meine Ungeduld stärker.

Aber Dean zögerte. Er war nicht einmal sicher, ob er es je wieder versuchen wollte. »Du mußt mich beide Möglichkeiten in Betracht ziehen lassen«, bat er mich. »Gib mir nicht das Gefühl, daß ich keine Wahl habe, ob ich einen weiteren Verlust riskieren möchte oder nicht.«

Als ich drängte, verlangte er Geduld. »Gib mir Zeit.«

Ich lag nachts neben ihm und sagte mir, daß er ein Recht hatte, einen erneuten Versuch abzulehnen, ein Recht, solche Angst zu haben. Aber wie vor unserer Heirat trieb mich der Gedanke, daß Dean und ich niemals ein Kind haben könnten, in einen dunklen leeren Raum. Und jetzt war es sogar noch schlimmer, denn es hatte Amelia gegeben, und wenn ich nie ein anderes Kind zur Welt brachte, würde ich den Rest meines Lebens einen Geist bemuttern.

2

Ich setzte mich auf, meine Beine baumelten vom Untersuchungstisch, und die Spannung in meinen Muskeln ließ nach. Es war sechs Wochen nach der Operation, und Dr. Barrie hatte gerade verkündet, daß es mir »hervorragend« ging, gut genug, um wieder zu arbeiten und Auto zu fahren.

»Sie sind wirklich zufrieden?«

»Ja, sehr, es heilt genauso, wie man es gerne sieht.«

»Welche Erleichterung. Ich erwarte nie eine gute Nachricht von Ihnen.« Dr. Barrie und ich lachten. »Wie geht es Dr. Kagan?«

»Sie hat jetzt Urlaub. Es ist bald so weit.«

»Ich glaube, ich schreibe ihr kurz. Ich möchte ihr gern noch einmal danken.«

»Ich bin sicher, sie würde sich freuen.« Dr. Barrie ging auf die Tür zu. Sie blieb dort stehen, und ich rutschte von dem Tisch und griff nach meiner Unterhose, die auf einem Stuhl beim Waschbecken lag. »Ich bin froh, daß Dean Sie gefahren hat, weil ich mich gern noch mit Ihnen beiden unterhalten möchte. Wir haben jetzt den Autopsiebericht, und es gibt einen Punkt, den ich mit Ihnen besprechen muß.«

Ich setzte mich auf den Stuhl. Autopsiebericht? Sie hatten die Autopsie doch schon vor Monaten durchgeführt!

»Ich dachte, das wäre gar kein Thema mehr. Ich dachte, da gäbe es nichts zu finden.«

»Nun, wir haben jetzt erst einen genauen Bericht erhalten, und ich möchte ihn mit Ihnen durchgehen.«

Was um alles in der Welt hatten sie gefunden? Was ist nicht in Ordnung? wollte ich fragen, aber ich wagte es nicht.

»Ich ziehe mich an«, sagte ich. Was immer Dr. Barrie zu sagen hatte, ich wollte es nicht allein hören. Ich wollte, daß Dean dabei war.

»Die Autopsie hat uns eine Erklärung dafür geliefert, warum Ihr Baby gestorben ist.« Dr. Barrie spricht die Worte ruhig aus, sachlich, als seien sie keine Granate, die zwischen Dean und mich geworfen wurde und gleich explodieren würde. Sie erklärte uns, daß unser Baby entweder an der Niemann-Pick- oder der Gaucher-Krankheit gestorben ist, beides genetisch bedingte Stoffwechselstörungen. »Dr. Jakolski, ein Genetiker am Massachussetts General Hospital, untersucht noch das fetale Gewebe, um die endgültige Diagnose zu stellen, aber es ist ziemlich sicher, daß es Gaucher war.«

Wir sehen uns ungläubig an, Dean nimmt meine Hand. »Was bedeutet das?« fragt er. »Sie haben uns doch gesagt, der Tod des Babys war einfach Pech, und jetzt meinen Sie . . .«

»Wir dachten, es sei einfach Zufall, aber Dr. Jakolski ist ziemlich sicher, daß es das nicht war. Sie müssen beide Träger für eine dieser Krankheiten sein, was bedeutet, daß es bei jeder Schwangerschaft eine 25-Prozent-Chance gibt — eins zu vier —, daß das Baby an dieser Störung leidet.«

Ich fange an zu weinen. Ich möchte nicht weinen, ich bin es selbst leid, daß ich soviel weine, aber ich kann es nicht verhindern, ich gebe nach, ich schaukle auf meiner Stuhlkante vor und zurück. »Vielleicht irren sich die Ärzte. Wieso sind sie sich so sicher?«

»Marion, Dr. Jakolskis Labor untersucht das Gewebe von Ihrem Baby, untersucht es mit sehr ausgeklügelten Methoden, unter Benutzung des Elektronenmikroskops, und das Gewebe zeigt die für diese Krankheit typischen Merkmale. Es sind Enzymstörungen, was bedeutet, daß ein bestimmtes zur Aufspaltung der Nahrung notwendiges Enzym fehlt. Sie müssen verstehen, daß Dr. Jakolski keinen Zweifel hegt, daß es sich um eine dieser Krankheiten handelt; er kann nur noch nicht genau sagen, welche verantwortlich ist, und wenn er es herausgefunden hat, werde ich Sie beide zu einer Blutuntersuchung bitten, um die Diagnose zu bestätigen. Träger sind leicht zu identifizieren, weil ihr Blut einen niedrigeren Enzymspiegel hat als normal. Ihr Baby hatte nichts von diesem Enzym, deshalb konnte es nicht überleben. Träger wie Sie haben genug von dem Enzym, um ein normales Leben führen zu können, aber ein vollkommener Mangel . . . nun, das ist tödlich.«

Dr. Barrie zeichnet ein Rechteck auf ein Stück Papier und unterteilt es in vier Teile, in die sie X und Os malt, um die möglichen genetischen Kombinationen aufzuzeigen. »Erinnern Sie sich an Ihren Biologieunterricht? An die Mendelschen Gesetze? Sie und Dean sind XO, wobei das O das rezessive Gen ist. Sie sind nicht krank, aber Ihr Enzymspiegel hat nicht den normalen XX-Wert. Bei jeder Schwangerschaft besteht eine Chance 2 zu 4, daß das Baby XO ist — Träger wie Sie; die Chancen stehen eins zu vier, daß Ihr Baby XX ist — vollkommen normal und kein Träger; aber die Chance von OO ist auch eins zu vier. Und so war Ihr Baby veranlagt.«

»Wir haben wirklich Glück, nicht?« murmele ich.

»Weshalb hat Dr. Mertz Gaucher nie erwähnt?« fragt Dean.

»Ich habe mit Dr. Mertz gesprochen, und er ist von der Diagnose ebenso schockiert wie ich. Gaucher tritt normalerweise noch nicht im Mutterleib auf, und er hat es nicht einmal in Erwägung gezogen.«

Dr. Barrie erklärt, daß Gaucher-Babys normalerweise im ersten Lebensjahr sterben. »Ihrem Kind wurden wirklich große Schmerzen erspart. Es war viel besser, daß es so früh gestorben ist. Gaucher-Babys können nicht richtig verdauen. Das Gehirn ist befallen, die Leber, die Milz. Sie haben ständig Schmerzen und können Sie weder sehen noch hören. Sie vegetieren dahin.«

»Weshalb hat die Fruchtwasseruntersuchung nichts ergeben?« Deans Stimme ist ebenso ruhig wie die von Dr. Barrie, aber ich spüre, wie er unter der Oberfläche brodelt. Er stellt die Frage, die ich nicht zu stellen wage: »Kann man das testen?«

»Man kann, aber es ist keine Routineuntersuchung. Es muß ausdrücklich verlangt werden, und wir wußten natürlich nicht, daß wir in Ihrem Fall Grund dazu haben.«

In irgendeinem verborgenen Winkel jubelte ich, rechne — wir leben noch in Hoffnung, denke ich, wir sind noch nicht in Stücke gesprengt worden. Aber ich spreche das nicht aus, sondern sage: »Wenn ich also schwanger werde und der Test gemacht wird, stehen die Chancen eins zu vier, daß ich erneut einen Schwangerschaftsabbruch überstehen muß. Wieder eine Horrorshow — wie wir sie gerade hinter uns haben.« Dr. Barrie sieht mich an und nickt.

»Wie sicher ist das alles?« fragt Dean. »Haben wir irgendeine Hoffnung, daß es keine dieser Erbkrankheiten ist?«

»Nein, erwarten Sie das nicht. Es ist fast sicher, daß es Gaucher ist, obwohl immer noch eine geringe Chance für Niemann-Pick besteht, aber es ist auf jeden Fall eins von beidem. Sehen Sie, das Gute daran ist, daß wir jetzt wissen, was geschehen ist und Ihre Frau daraufhin untersuchen können.«

»Ich sehe nichts Gutes daran«, bekenne ich. »Glauben Sie nicht, wir sollten aufgeben? Ist es nicht das, was Sie uns wirklich die ganze Zeit sagen wollen?«

»Nein, überhaupt nicht. Sie haben ein Hindernis vor sich, aber es ist nicht unüberwindbar. Wenn ich meinte, Sie sollten aufgeben, würde ich es Ihnen sagen.«

»Haben Sie das jemals einer Patientin geraten?«

»Ja, das habe ich. Aber Ihnen würde ich das nicht empfehlen. Dr. Jakolski möchte noch eine Gewebeprobe von dem Fetus, und soweit ich das verstanden habe, war das Krankenhaus wohl etwas langsam mit dem Zusenden des Gewebes.«

»Sie haben immer noch das Gewebe des Babys?«

»Ja, ein Teil des Lungengewebes wurde eingefroren und gelagert. Ich versuche jetzt, das Krankenhaus zur Eile anzutreiben, besonders da Sie möglichst bald wegen des Fibroms schwanger werden wollen. Sobald Dr. Jakolski das Gewebe hat und bestimmen konnte, mit welcher Krankheit wir es zu tun haben, können Sie Ihre Blutuntersuchungen machen lassen. Dann werde ich für Sie einen Termin bei ihm vereinbaren, damit Sie mit ihm darüber sprechen können. Er wird Ihnen sagen, welche Familienmitglieder sich untersuchen lassen sollten, falls sie Kinder haben möchten, und er kann ihnen einige Fragen besser beantworten als ich. Diese Krankheiten sind sehr selten; weder von der einen noch der anderen haben wir hier je einen Fall gehabt.«

Nachdem Dean und ich Dr. Barries Büro verlassen haben, setzen wir uns in der Halle hin und umarmen uns. »Wie kann uns das nur passieren?«

»Ich weiß es nicht«, seufzt Dean. »Ich weiß es nicht. Das Spiel läuft auf jeden Fall jetzt anders.«

Es lief anders; es war nicht mehr eine Sache von Schwangerwerden und auf das Beste hoffen. Jetzt würden wir bewußt einen Kampf gegen unsere eigenen Gene aufnehmen, in dem die Chancen eins zu vier standen. Eins zu vier. Wir wußten, was »eins« bedeutete, wir hatten es gerade durchgemacht.

Getrennt würden wir den Kampf nicht ausfechten müssen, aber solange wir ein Kind von uns beiden wollten, unser Fleisch und Blut, war es der einzige Weg, den wir einschlagen konnten. Zum erstenmal fragte ich mich, ob es Sinn hatte, es noch einmal zu versuchen.

In den nächsten Wochen stellte Dr. Jakolski fest, daß unser Baby zweifellos an Gaucher gestorben war, und die Blutuntersuchungen bestätigten, daß Dean und ich tatsächlich *beide* Träger dieser Krankheit waren. Wie seltsam es war, das über uns zu erfahren; zu erfahren, wie einzigartig jeder von uns bei der Empfängnis gesegnet und gleichzeitig verflucht worden war mit diesem »schlechten Gen«. Hätten wir uns nie getroffen, nie verliebt, nie unser Kind gehabt, wäre diese mysteriöse

Tatsache unserer Biologie vielleicht unser Leben lang verborgen geblieben. Niemand in unseren beiden Familien hatte jemals das Wort »Gaucher« gehört.

Als Dr. Barrie mir telefonisch die Ergebnisse der Blutuntersuchungen mitteilte, hatte sie auch noch andere Neuigkeiten. Es ging um eine neue Art von genetischem Test, der noch in der Experimentierphase war — er nannte sich Zottenhautbiopsie. Er war als Alternative zur Fruchtwasseruntersuchung entwickelt worden. »Er wird viel früher durchgeführt als die Fruchtwasseruntersuchung, in der neunten Woche«, erklärte sie, »und in Yale gibt es ein Projekt, das den Test für Paare wie Sie zugänglich macht. Ich war letzte Woche auf einer Konferenz, bei der einige der Ärzte von Yale darüber berichtet haben. Wenn Sie wollen, kann ich mit ihnen Kontakt Ihretwegen aufnehmen.«

»Funktioniert der Test für diese Krankheit?«

»Das müssen wir eben herausfinden. Ich bin nicht sicher, aber da man bei der Fruchtwasseruntersuchung auf Gaucher untersuchen kann, nehme ich an, daß die Zottenhautbiopsie ebensogut funktioniert. Ich glaube, Sie können optimistisch sein, aber Sie sollten noch nicht hundertprozentig darauf zählen. Möchten Sie, daß ich den Kontakt herstelle?«

»Ja, unbedingt.«

Nach ein paar Tagen hatte Dr. Barrie die Antwort: in Yale würde man Dean und mich gern untersuchen und Dr. Jakolski sah keinen Grund, warum der Test nicht für Gaucher benutzt werden könnte.

Trotz der Tatsache, daß die Testmethode immer noch als Experiment angesehen wurde und das Risiko einer Fehlgeburt höher war als bei der Fruchtwasseruntersuchung, hielt Dr. Barrie diese neue Untersuchungsmöglichkeit unter den gegebenen Umständen für angebracht. »Ich glaube, das ist wirklich die

Methode der Zukunft«, erklärte sie mir. »Eines Tages wird der Test vermutlich für die Allgemeinheit zugänglich sein und sogar der Fruchtwasseruntersuchung vorgezogen werden.«

Im Dezember trafen wir uns mit Dr. Jakolski. Er rief uns eines Tages an und fragte, ob wir damit einverstanden seien, zusätzlich Blutproben abzugeben. Er wollte noch ein paar wichtige Analysen durchführen, bevor er sich in der folgenden Woche mit anderen Gaucher-Experten in Washington, D.C., traf. Nichts, was uns persönlich betraf, gestand er, aber wichtig für die Erforschung dieser Krankheit. Er war so begierig auf die Blutproben, daß er anbot, dafür zu uns nach Hause zu kommen. »Ich habe ein bißchen Zeit«, meinte er, »und werde versuchen, Ihre Fragen zu beantworten.« Er entschuldigte sich und war bemüht, nicht zu aufdringlich zu sein.
Am Morgen nach seinem Anruf standen Dean und ich um halb acht an unserer Doppeltür und beobachteten, wie er den Weg von der Auffahrt zu der Vordertreppe heraufkam. »Mein Gott, der zerstreute Professor«, stöhnte ich.
Dr. Jakolski ging vorsichtig über die schneebedeckten Kopfsteine und trug ein Tablett mit leeren Teströhrchen wie einen wertvollen Gegenstand für religiöse Rituale. Er war so dünn, daß er schon hager wirkte, und seine buschigen Augenbrauen schienen zufällig an ihm kleben geblieben zu sein — wie Teile eines vom Wind zerfetzten Nestes. Sein Gesicht war so schmal, daß man es flach an einem vorstehenden Nasenrücken falten zu können schien. Sein Mantel war offen, und darunter trug er einen Anzug mit Krawatte. Außer seinem weißen Hemd war alles, was er trug, schwarz.
Er stellte das Tablett auf unseren Küchentisch und drapierte seinen Mantel über einen Stuhl. Sein Anzug hing ausgebeult an seinem knochigen Körper und wirkte irgendwie erschöpft, als würde zuviel von ihm verlangt, weil er Zeuge so vieler seltsa-

mer Begebenheiten wurde. »Ich wollte Sie schon den ganzen Sommer treffen«, eröffnete er uns. Später dachten Dean und ich, daß diese Bemerkung vielleicht darauf hinwies, daß Dr. Barrie schon viel früher von dem Problem Gaucher gewußt, aber beschlossen hatte, uns die Nachricht bis nach meiner Operation zu ersparen.

Während er sich die Hände wusch und eine Nadel vorbereitete, beantwortete Dr. Kakolski einige unserer Fragen über Gaucher. Er empfahl, daß unsere Geschwister sich testen lassen sollten, falls sie Kinder haben wollten. »Obwohl es höchst unwahrscheinlich ist, daß ihre Ehegatten auch Träger sind, verstehen Sie. Die infantile Gaucher-Krankheit, so wie Ihr Baby sie hatte, ist die schwerste Form der Krankheit und die seltenste. Es gibt auch noch andere Formen. Die verbreitetste verläuft meist unerkannt bis zum mittleren Alter, wenn Probleme mit der Milz auftreten. Die infantile Form ist immer tödlich, und zwar ungefähr innerhalb eines Jahres nach der Geburt. Sie verursacht nur selten den Tod in utero. Bisher wissen wir nur von zwei weiteren Fällen wie Ihrem auf der Welt.«

Dr. Jakolski band ein Stück Gummischlauch um meinen Oberarm und tastete in meiner Armbeuge nach der Vene. »Ich habe das schon eine Weile nicht mehr gemacht«, sagte er, aber die Nadel war schon drin, und er füllte erst ein Röhrchen, dann ein zweites und ein drittes mit Blut.

»Wie viele brauchen Sie?«

»Acht.«

Ich zog eine Grimasse und drehte meinen Kopf zur Seite. Ich sah Dean an. Er stützte sich mit einer Hand auf die Küchentheke, während er mit der anderen immer wieder ein Ende seines rötlichen Schnurrbartes zwischen Daumen und Zeigefinger zwirbelte. Diese Angewohnheit schien ihn gleichzeitig zu beruhigen und ihm beim Denken zu helfen. Er war schon fürs Büro gekleidet, hatte aber seine Anzugjacke ausgezogen und einen

Ärmel des Hemdes hochgekrempelt. Dr. Jakolski klebte ein Pflaster auf meinen Arm, und ich stand auf, um Dean meinen Stuhl am Tisch zu überlassen. »Das nächste Opfer, bitte.«

Während Dr. Jakolski eine neue Nadel vorbereitete, sie in Deans Arm stach und acht weitere Röhrchen mit Blut füllte, sprach er weiter mit dem Enthusiasmus eines Fanatikers für sein Thema. »Gaucher tritt bei Juden häufiger auf. Wie auch Tay-Sachs. Ungefähr einer von dreißig Ashkenazim — osteuropäische Juden — trägt das Tay-Sachs-Gen. Gaucher könnte sogar noch etwas häufiger vorkommen.«

»Dean, vielleicht bist du wirklich jüdisch.«

»Mach keine Witze, vielleicht ist es das deutsche Blut, von meiner Großmutter väterlicherseits.«

Dr. Jakolski lachte und ordnete das Tablett mit den Teströhrchen und den anderen Utensilien. Danach wusch er sich wieder die Hände. Ich schüttete für Dean und mich Saft in Gläser und Müsli in Schüsseln und zögerte, sie auf den Tisch zu stellen, so nah an das abgezapfte Blut.

»Mach schon«, drängte Dean und lachte mich an. »Nur wirf das Blut nicht um. Mein Arm ist ganz wund.«

»Dr. Barrie sagte mir, daß Sie die Zottenhautbiopsie in Betracht ziehen«, sagte Dr. Jakolski.

»Der Zeitpunkt der Fruchtwasseruntersuchung liegt zu spät«, antwortete ich, als müsse ich es erklären. »Letztes Mal war schon so weit, als das Baby kam, ich weiß also . . .«

»Ich stimme Ihnen und Dr. Barrie zu. Es ist der beste Weg für Sie.«

»Ich habe einen Artikel von einer Kinderärztin darüber gelesen. Sie behauptete, diese Methode könne Geburtsschäden oder eine Frühgeburt verursachen. Sie war dafür, bei der Fruchtwasseruntersuchung zu bleiben.«

»Sie denkt an die Babys, nicht an deren Mütter.«

»Das war auch meine Antwort«, meinte Dean.

»Auf jeden Fall glaube ich nicht, daß es solche Probleme geben wird«, fuhr Dr. Jakolski fort. »Sie sollten mit den Leuten von Yale sprechen und es dann selbst herausfinden.«

An der Haustür dankte uns Dr. Jakolski. »Rufen Sie mich jederzeit an, wenn Sie Fragen haben. Zögern Sie nicht. Ich möchte Ihnen in jeder Weise helfen, wenn ich kann. Nichts würde mich glücklicher machen, als Sie beide mit einem gesunden Baby zu sehen.«

Ich öffnete die Doppeltür, um ihn samt seinem Tablett mit den blutgefüllten Röhrchen hinauszulassen. »Und eines ist sicher«, schloß er. »Sie möchten bestimmt kein Kind mit Gaucher.« Er machte eine Pause. »In Vermont gibt es gerade ein Ehepaar, dessen Baby ist fast ein Jahr alt. Ich habe sie vor ein paar Wochen besucht.« Er schüttelte langsam den Kopf. »Es ist eine furchtbare Krankheit.« Unter seinen struppigen Augenbrauen richteten sich seine Augen für einen Moment in die Ferne — auf dieses andere Heim: die Eltern, das sterbende Kind. »Im Vergleich zu denen haben Sie Glück.«

KAPITEL 6

Erneuter Versuch

1

1984 hatten nur drei Medical Centers in den Vereinigten Staaten die Genehmigung der nationalen Gesundheitsbehörde, eine Zottenhautbiopsie bei Frauen durchzuführen, die ihr Baby austragen wollten. Es war ein Glück für Dean und mich, daß die Yale's School of Medicine, die in relativ geringer Entfernung von Boston liegt, eine davon war. Die meisten Medical Centers, einschließlich des Massachussetts General in Boston, durften bis dahin die Biopsie nur bei Frauen durchführen, die abtreiben wollten.

Als ich Dr. Dr. Embry, die Gynäkologin, die die Biopsien in Yale durchführte, anrief, mußte ich mich regelrecht zwingen, realistisch zu bleiben und nicht gleich zuviel zu erwarten. Aber das Gespräch verlief positiv. Dr. Embry machte mir soviel Mut, wie ich zu hoffen gewagt hatte. Sie sagte, daß keine Risiken von Frühgeburten oder Geburtsschäden im Zusammenhang mit der Biopsie bekannt seien und daß es auch keine Hinweise auf mögliche Probleme gab. Die Technik, die man in Yale anwandte, die sogenannte italienische Technik, war international bei über hundert Biopsien angewandt worden und die sicherste Methode mit der einfachsten Ausrüstung und dem geringsten Risiko einer Infektion. Dieser Punkt — die Infektion — war wichtig, sagte Dr. Embry, weil eine Gebärmutterinfektion den Verlust des Babys bedeuten konnte. Aber sie meinte, darum sollte ich mir keine großen Sorgen machen. Infektionen waren nur in ein paar Krankenhäusern im Ausland vorgekommen, aber nie in Yale, und waren wahrscheinlich durch das Umfeld im Krankenhaus und nicht durch den Vorgang an sich verursacht worden.

Von den dreißig Biopsien, die Dr. Embry durchgeführt hatte, hatten zwei Frauen keinen Abbruch geplant, und bis jetzt waren ihre Schwangerschaften ganz normal verlaufen. »Das wirkliche Risiko, das Sie in Betracht ziehen müssen, besteht nicht in Frühgeburt oder Geburtsschäden«, erklärte mir die Ärztin, »sondern in einer Fehlgeburt.« Das machte mir nicht viel Angst. Dean und ich hatten bereits beschlossen, daß von allen Risiken eine Fehlgeburt das geringste und am ehesten zu akzeptieren war.

Ich hatte mir alle Fragen, die ich stellen wollte, notiert. Es waren sehr viele. »Was ich nicht verstehe, ist, warum der Vorgang nicht immer zu Schäden führt. Ich meine, Sie entnehmen doch einen Teil der Plazenta.«

»Erstens nehmen wir nur einen winzigen Teil der Plazenta, ungefähr ein fünfhundertstel des existierenden Gewebes. Und wir glauben, daß sich die Villi, die kleinen haarähnlichen Fortsätze, die wir entfernen, regenerieren.« Dr. Embrys Stimme klang dünn und gespreizt, aber freundlich. Sie wich keiner Frage aus und versuchte auch nicht, das Gespräch schnell zu beenden. Ich schrieb alles mit, um später alles Dean erzählen zu können. Ich machte mir Gedanken um die Prozedur, in das Programm aufgenommen zu werden, aber Dr. Embry konnte mich auch in diesem Punkt beruhigen. Wenn ich schwanger wurde, würde ich automatisch angenommen. Mein genetisches Problem und die Geschichte der Totgeburt waren ausreichende Gründe.

Ich mußte nur Dr. Embry anrufen, wenn ich wußte, daß ich schwanger war.

»Wir werden die Biopsie morgens früh durchführen.« Dr. Embry redete, als sei meine Schwangerschaft bereits als sicher anzunehmen. »Sie werden wahrscheinlich einen Tag vorher nach New Haven kommen wollen. Wir können Ihnen bei der Hotelreservierung helfen, wenn es so weit ist. Wenn die Biopsie durchgeführt ist, müssen Sie nur etwa eine Stunde hierbleiben — bis wir eine Ultraschalluntersuchung durchführen können. Sie sollten dann noch einmal sechs Stunden später einen Ultraschall machen lassen, aber das kann auch Ihr Radiologe in Cambridge erledigen. Was die Gewebeproben betrifft — die Chromosomenuntersuchung, der Standardtest, der normalerweise durch die Fruchtwasseruntersuchung abgedeckt wird, wird hier in Yale durchgeführt. Den Gaucher-Test nimmt Dr. Jakolskis Labor vor. Wir können ihm die Probe per Kurier oder durch Sie zukommen lassen.«

»Werde ich nach der Biopsie keine Schmerzen haben? Oder zu müde sein, um zu reisen?«

»Nicht unbedingt. Die meisten Frauen können nach einer Stunde aufstehen und herumlaufen, noch bevor wir die Ultraschalluntersuchung gemacht haben. Sie müssen danach mit schwachen Blutungen rechnen, aber das ist die natürliche Folge, wenn während der Schwangerschaft der Gebärmutterhals oder die der Plazenda verletzt wird. Wie ich bereits sagte, besteht auch das Risiko einer Fehlgeburt. Deshalb müßten Sie sofort Ihre Ärztin benachrichtigen, wenn Sie starke Blutungen haben.«

Wie sollte ich wissen, wie stark die Blutung sein durfte? Und wenn ich in Panik geriet? »Muß ich zu einer Voruntersuchung kommen?«

»Nein, Sie sollten vorher nur eine Ultraschalluntersuchung und einen Routine-Gonorrhöe-Test hinter sich bringen, sonst nichts. Sie können das alles bei sich zu Hause machen lassen, und Ihre Ärztin kann mir die Ergebnisse telefonisch durchgeben.«

Was nun die existentielle Frage betraf, ob das Zottenhautgewebe für den Gaucher-Test verwendet werden konnte, so verwies Dr. Embry auf Dr. Jakolski. »Er ist der Fachmann. Ich habe eine positive Antwort von seinem Assistenten, aber ich würde ihm die Frage lieber direkt stellen.«

»Dr. Barrie hat ihn gefragt — und wir auch. Er meint, der Test wäre zuverlässig.«

»Gut. Natürlich können Sie davon ausgehen, daß das stimmt.«

Kein Arzt irgendwo auf der Welt hatte jemals die Zottenhautbiopsie als Test auf Gaucher durchgeführt.

Dean und ich kamen überein, daß ich, falls ich wieder schwanger werden sollte, wegen einer Biopsie nach Yale fahren würde. Da wir nun in diesem Zusammenhang eine zweite Schwangerschaft in Erwägung zogen, ist es unmöglich, mit Sicherheit zu sagen, was wir getan hätten, wenn wir uns lediglich auf die Fruchtwasseruntersuchung hätten verlassen müssen. Ich erinnere mich daran, daß wir mehr als einmal gesagt haben, ohne die Biopsie wäre eine zweite Schwangerschaft nicht in Frage gekommen. Aber ich weiß nicht, ob wir nicht trotzdem all unseren Mut zusammengenommen hätten.

Obwohl die Biopsie möglich war, konnte Dean sich zunächst nicht zu einem zweiten Versuch entschließen. Ich selbst war mir klar, daß ich schwanger werden wollte.

»Nehmen Sie sich die Zeit, die Sie brauchen«, empfahl Dr. Barrie und rückte damit unerklärlicherweise von ihrem Standpunkt ab, möglichst wenig Zeit verstreichen zu lassen. »Selbst wenn Sie bis zum nächsten Herbst warten, ist es in Ordnung.«

Dean und ich begrüßten diesen neuen Aspekt erleichtert. Wir vermuteten, daß unsere Sozialarbeiterin hinter den Kulissen gewirkt hatte, obwohl Dr. Barrie es verneinte. Ich für meinen Teil war froh zu hören, daß ein paar Monate Wartezeit das Risiko neuer Fibrome nicht drastisch erhöhten; und ich hoffte, daß sich Dean jetzt weniger unter Druck gesetzt fühlen und offener und eher bereit sein würde.

Als der Januar vorbei war, der Jahrestag von Amelias Empfängnis, redete ich mir abergläubisch ein, daß es sowieso ein schlechter Monat für einen erneuten Versuch gewesen wäre. Aber der »nächste Herbst« war ein längerer Aufschub, als ich mir wünschte, deprimierend weit weg. Die Zeit verging, und ich war meinem Ziel, Mutter zu werden, kein Stück näher. Vor einem Jahr hatte ich gedacht, wenigstens werde ich nicht älter als fünfunddreißig sein, wenn das Baby zur Welt kommt. Jetzt waren es nur noch ein paar Monate bis April und meinem sechsunddreißigsten Geburtstag.

Ich mußte Dean nicht sagen, daß ich auf ihn zählte und hoffte, daß er sich entschließen würde. Er wußte es. Ihm war klar, daß ich mich einfach weigerte zu glauben, wir würden es nie wieder versuchen.

Und dann im Februar war er plötzlich bereit. Er kam nach mehreren Monaten des teilweisen Rückzuges wieder auf mich zu.

Aus Angst, daß es ein paar Monate dauern würde, bis ich wieder empfing, zeichnete ich wieder eine Temperaturkurve. Ich wußte, daß ich, je länger es dauerte, um so überzeugter wäre, daß die Operation eine neue Empfängnis doch beeinträchtigt hatte. Langsam klammerte ich mich an einen heimlichen Termin, ein Datum mit einem bestimmten Zauber. Ich wollte, wenn schon nicht an meinem Geburtstag, dann wenigstens bis zum Jahrestag von Amelias Tod schwanger sein.

Ich hatte mir angewöhnt, die Zeit an den Ereignissen zu messen, die für Amelias kurzes Dasein wichtig gewesen waren —

der Tag ihrer Empfängnis, der Tag ihres Todes, der Tag, an dem sie hätte kommen sollen. Ich markierte ihre Geschichte, dieses flüchtige Versprechen und die niederschmetternde Enttäuschung, mit einer Serie bitterer Gedenktage. An diese Daten erinnerten sich weder meine Familie noch meine Freunde. Ihre Bedeutung war streng privat.

Als meine Mutter mich einen Tag nach Amelias Todestag anrief, dachte sie wohl kaum daran, welche besondere Bedeutung dieses Wochenende für Dean und mich hatte. Sie wäre überrascht gewesen, ja schockiert, zu erfahren, daß wir uns bewußt auf dieses Wochenende vorbereitet hatten. Ich dadurch, daß ich den Brief an Amelia beendete, Dean durch sein Versprechen, ihn zu lesen. Tatsächlich wußte meine Mutter ebensowenig wie der Rest unserer Verwandtschaft, daß wir dem Kind einen Namen gegeben hatten.

Sie hatte bei ihrem Anruf andere Dinge im Kopf. Vorrangig war die Nachricht, daß die Mutter meines ersten Mannes gestorben war.

Ich hatte meine Ex-Schwiegermutter zum letztenmal ein Jahr zuvor gesehen, vor meiner Reise nach Florida. Ich hatte gewußt, daß sie krank war und ich sie vielleicht nie wiedersehen würde. Damals hatte sie mich mit der Decke überrascht, die sie für mein Baby gehäkelt hatte. »Du siehst wunderbar aus«, hatte sie erklärt. »Die Schwangerschaft bekommt dir.« Als ich sie später anrief, um ihr von der Totgeburt zu erzählen — ich wußte, daß sie auch einmal ein kleines Mädchen verloren hatte —, wollte ich sie wegen der Decke beruhigen.

»Keine Sorge«, sagte ich, »ich werde sie schon eines Tages brauchen.«

»Ich habe noch die Decke, die sie gemacht hat«, erklärte ich meiner Mutter und brach in Tränen aus. Und dann erinnerte ich sie daran, daß Dean und ich gerade den Todestag unseres Babys hinter uns gebracht hatten, allerdings erwähnte ich weder den Brief noch die Tatsache, daß das Baby einen Namen hatte.

»Vielleicht solltet ihr mal über eine Adoption nachdenken«, schlug sie vor. »Ich habe eine Freundin, deren Tochter gerade ein Kind adoptiert hat, und sie ist im siebten Himmel.«

Es überraschte mich nicht, daß meine Mutter uns diesen Rat gab. Viel Freunde und Verwandte, die uns helfen wollten, hatten dieses Thema angeschnitten. So einfach, so wunderbar schien der Vorschlag, einfach *die* Lösung. Aber allein das Wort machte mich schon nervös und erweckte meine Ablehnung. Dean und ich wollten kein Baby adoptieren, wir wollten »unser eigenes« — und wir hatten noch eine Chance. Meine Periode war sogar schon ein paar Tage überfällig, und ich dachte, daß Dean und ich es vielleicht doch noch bis zu dem Stichtag, den ich uns insgeheim gesetzt hatte, geschafft hatten.

»Ich hoffe, daß ich schwanger bin«, erzählte ich meiner Mutter. Ich hatte es gar nicht erwähnen wollen, aber jetzt stellte ich meine vage Hoffnung der Idee einer Adoption entgegen.

»Das ist wunderbar, Liebes«, erwiderte meine Mutter. »Ich halte dir die Daumen. Kann ich dir von Nery erzählen?«

Nery? Was, fragte ich mich, konnte meine Mutter mir über meine Schwägerin erzählen wollen? Sie war im fünften Monat schwanger mit ihrem zweiten Kind, und ich hatte meiner Mutter vom Beginn ihrer Schwangerschaft an gesagt, daß ich es nicht ertragen konnte, viel darüber zu hören. Irgend etwas war nicht in Ordnung, dachte ich. »Nery? Was meinst du?« hakte ich nach. »Stimmt etwas nicht?«

»Doch, alles stimmt. Sie hat heute etwas Schönes erfahren. Der Bericht von der Fruchtwasseruntersuchung ist gekommen.«

Ich will es nicht hören, dachte ich, ich will es nicht hören.

»Alles vollkommen in Ordnung.«

Ich versuchte verzweifelt, das Gefühl, das von mir erwartet

wurde, aufzubringen, die Freude, die ich für meine Schwägerin und meinen Bruder empfinden sollte, brachte es aber nicht fertig.

»Es ist ein gesundes kleines Mädchen«, schwatzte meine Mutter weiter.

Ein Mädchen! Seit ich wußte, daß Nery schwanger war, hatte ich immer gedacht: lieber Gott, bitte laß es einen Jungen sein, laß es einen Jungen für sie sein und kein Mädchen. Es war unglaublich, aber das Baby sollte am 7. Oktober genau ein Jahr nach Amelias errechnetem Geburtstermin, auf die Welt kommen.

»Sie sind sehr aufgeregt.«

»Ja, das glaube ich.«

Unglücklicherweise gehörte meine Mutter zu der Kategorie von Verwandten und Freunden, die sich oft als wenig sensibel für das, was Dean und ich durchmachten, erwiesen. Ihr mangelndes Einfühlungsvermögen war teilweise dadurch bedingt, daß sie keine Erfahrung mit Fehlgeburten oder dergleichen hatte — das erklärte sie immer wieder —, aber es war auch ein Schutz gegen ihre eigene Enttäuschung. Sie hat wahrscheinlich in Ansätzen bemerkt, wie tief ich gelitten habe, aber sie wollte es nicht ganz verstehen, weil der Tod meines Kindes sie auch schmerzte. Unsere Beziehung wurde noch komplizierter durch eine leichte Strömung von Schuldzuweisungen, die in beide Richtungen floß. Jeder von uns machte unvernünftigerweise den anderen für den Verlust von Kind und Enkelkind verantwortlich. Ich war sogar eifersüchtig auf die Beziehung meiner Mutter zu mir — weshalb sollte sie eine schöne, gesunde Tochter haben und ich nicht? So unsensibel wie sie war, dachte ich manchmal, verdiente sie gar keine Tochter, ich hätte meiner niemals so weh getan.

Ich brauchte Nachsicht, man mußte Rücksicht auf mich nehmen. Ich glaube heute, daß das das Vorrecht jeden Opfers einer Tragödie ist, und nur das Opfer kann sagen, was es braucht — welche Zugeständnisse gemacht werden müssen, wie lange Nachsicht geübt werden muß. Wenn ich es nicht ertragen konnte, Einzelheiten über die Schwangerschaft meiner Schwägerin zu hören und nicht lange in einem Zimmer bleiben konnte, in dem meine Mutter und eine Freundin der Familie Geschichten über ihre Enkelkinder austauschten, brauchte ich keine Erklärungen abzugeben. Ich mußte mich auch nicht entschuldigen, wenn ich es nicht über mich brachte, für meinen sechs Jahre alten Neffen ein Geburtstagsgeschenk zu kaufen. Meine Mutter versuchte, mich zu verstehen, sie wollte Geduld mit mir haben, und manchmal gelang es ihr auch, aber es fiel ihr nicht leicht. Hin und wieder endeten ihre Bemühungen in unpassenden Bemerkungen und Gesprächen, in denen sie nach Fehlern suchte. Ich zog mich mehr und mehr von ihr zurück. Die Distanz zwischen uns wuchs ironischerweise zu einer Zeit, in der ich das Gefühl der Familienzusammengehörigkeit am meisten brauchte. Ich hatte versagt bei dem Versuch, Nachkommen das Leben zu schenken, und brauchte daher die Familie, die ich bereits hatte, mehr denn je.

Die Entdeckung der genetischen Störung verstärkte sowohl für Dean als auch für mich die beiden in Widerstreit stehenden Gefühle: die Sehnsucht nach der Familienzugehörigkeit und das gleichzeitige Gefühl der Isolation. Sowohl Deans als auch meine Mutter reagierten auf das genetische Problem, als sei es eine Anklage; Deans Mutter schien abweisend zu sein und kein Mitgefühl für unsere Niedergeschlagenheit zu haben; meine Mutter war in erster Linie mit der Herkunft des »schlimmen« Gens beschäftigt und beeilte sich festzustellen, daß es von der Seite meines Vaters kommen mußte. In gewisser Weise waren Dean und ich die bunten Hunde der beiden Familien geworden. Wir waren anders, hatten einen Makel, der jeden unsicher machte. Da sich mein Bruder und seine Frau Nery gerade zu dem Zeitpunkt, als Dean und ich von dem Gaucher-Problem erfuhren, ein zweites Kind wünschten, hatte ich ihnen einen langen Brief geschrieben, in dem ich ihnen alles erklärte, soweit ich es selbst verstanden hatte, und Dr. Jakolskis Empfehlung weitergab, daß mein Bruder sein Blut untersuchen lassen sollte. Ich verabscheute es, einen solchen Brief schreiben zu müssen. Mein Bruder und seine Frau stehen mir nicht besonders nahe, und ich hatte das Gefühl, als sei ich gezwungen, ihnen etwas Schmerzliches und Privates zu offenbaren. Ich fühlte mich wie eine Zeugin, die vor Gericht ihren Rock heben oder die Bluse öffnen muß, um ihre blaue Flecken zu zeigen. Ich wußte, daß mein Bruder und seine Frau keine Probleme haben würden; sie hatten bereits ein Kind und würden noch eins bekommen können. Ich zweifelte nie daran und war eifersüchtig. Ich habe ihnen nie meine Schwierigkeiten gewünscht, aber ich wollte auch keine haben. Ich ärgerte mich über die Erleichterung, die sie zweifellos empfunden haben müssen, als sie erfuhren, daß sie nicht wie Dean und ich gebrandmarkt sind. Wie konnten sie nicht erleichtert sein, daß sie anders als wir waren? Und sie waren anders. Die Blutuntersuchungen zeigten, daß zwar mein Bruder Träger für Gaucher war, aber seine Frau nicht — wie statistisch zu erwarten war. Die Sorgen waren vorbei. Im Januar war Nery schwanger geworden, und als sie wegen ihres Alters eine routinemäßige Fruchtwasseruntersuchung vornehmen ließ, war Gaucher kein Thema.

Dean war noch mehr von seiner Familie isoliert, da noch durch seine Eltern kategorisch an der katholischen Doktrin über Abtreibung festgehalten wurde. Seine Mutter hatte bei mehr als einer Gelegenheit verkündet: »Abtreibung ist Mord.« Dean erzählte seinen Eltern nichts von unseren Plänen, im Falle einer zweiten Schwangerschaft eine Biopsie vornehmen zu lassen, und verschwieg unsere Absicht, einen kranken Fetus abzutreiben. Deans Eltern wußten nicht einmal, daß ich eine Fruchtwasseruntersuchung hatte machen lassen. Manchmal glaube ich jedoch, daß sie mehr vermuteten, als sie verlauten ließen. Sie stellten keine Fragen, deren Beantwortung sie schockiert hätte. Obwohl sie sich auch wünschten, daß ich noch einmal schwanger wurde, wollten sie nie wissen, ob es irgendeiner Möglichkeit gab, ein ungeborenes Kind auf Gaucher hin zu untersuchen. Sie unterschieden sich in dieser Haltung auffallend von anderen engen Verwandten oder Freunden. Ihre Ignoranz machte mich wütend; ich hatte das Gefühl, daß sie nie bereit waren, unsere schlimme Lage anzuerkennen — wirklich anzuerkennen. Ihre religiösen Vorschriften waren ihnen so wichtig, daß ihr Mitleid und Verständnis auf ein Minimum beschränkt zu sein schien. Ihre Regeln hatten Priorität, erst dann empfanden sie das Bedürfnis, ihrem Sohn Schutz und Hilfe zu gewähren.

Mir erging es wie dem Sterblichen im Märchen, der sich etwas wünscht, aber die Bedingungen nicht richtig festlegt: An Amelias erstem Todestag wußte ich, daß ich schwanger war. Eine Blutuntersuchung am 7. Juni bestätigte es, aber es gab von Anfang an Probleme.

Das Ergebnis meiner Blutuntersuchung war nicht so, wie es sein sollte. Ich war schwanger, daran bestand kein Zweifel, aber mein Körper hatte die Hormone, die während einer Schwangerschaft verstärkt auftreten, nicht in ausreichendem Maß produziert. Dr. Barrie befürchtete, es könne sich um eine Bauchhöhlenschwangerschaft handeln, die möglicherweise auf Narben von meiner Operation zurückzuführen war. Es bestand nicht nur die Gefahr, daß ich das Kind verlor, sondern daß ich mich erneut einer Operation unterziehen mußte.

Das Ergebnis eines zweiten Tests, der ein paar Tage später vorgenommen wurde, war »ermutigend«, wie Dr. Barrie sagte, aber immer noch nicht ganz zufriedenstellend. Dr. Barrie war jetzt der Meinung, daß ich wahrscheinlich keine Bauchhöhlenschwangerschaft hatte, aber sie wollte, daß ich bei Dr. Abram eine Ultraschalluntersuchung machen ließ, um sicher zu sein. »Wenn es eine Extrauterinschwangerschaft ist«, warnte sie mich, »muß ich Sie sofort ins Krankenhaus einweisen.«

Bei der Untersuchung konnten Dean und ich nicht nachvollziehen, was Dr. Abram zwischen den Streifen auf dem Schirm sah, aber sie behauptete, sie könne einen Fetus und einen Herzschlag erkennen; es war keine Extrauterinschwangerschaft. Und sie entdeckte auch keine Fibrome. Was sie, wenn auch nur ein wenig, beunruhigte, war die periphere Lage des Fetus, die Art, wie die Plazenta in eine Ecke der Gebärmutter gedrängt war, anstatt mehr in der Mitte zu liegen. »Das ist vielleicht gar kein Problem. Sie sollten sich keine Sorgen deswegen machen. Aber wir wollen die Sache im Auge behalten.«

In der Woche nach der Untersuchung brachte ein dritter Bluttest ein vollkommen normales Ergebnis, das meine Zuversicht unterstützte und die Frage, die in Yale beantwortet werden sollte, wieder an erste Stelle rückte. Aber am 20. Juni geriet wieder alles ins Wanken. Ich fuhr über die Mount Auburn Street in Cambridge, als ich plötzlich eine warme Flüssigkeit zwischen meinen Beinen spürte und entdeckte, daß ich in einer Blutlache saß. Ich fuhr zur Notaufnahme des Mount Aubrun Hospital, das glücklicherweise nur ein paar hundert Meter entfernt lag. Ich hatte an diesem Tag keine Fehlgeburt, wie ich befürchtet hatte, aber das Ergebnis blieb unerklärlich. Und ich war ebenso wie Dean, der vom Büro ins Krankenhaus gerast war, alarmiert.

Der Termin in Yale war auf Montag, den 2. Juli, festgelegt, das war in der zehnten Schwangerschaftswoche. Mit der Post hatte ich eine Einwilligungserklärung erhalten, die ich durchlesen, unterschreiben und mitbringen sollte.

ZOTTENHAUTBIOPSIE ZUM ZWECK PRÄNATALER DIAGNOSE

stand da. ZULASSUNG ZUR TEILNAHME AN EINEM FOR-
SCHUNGSPROJEKT DER MEDIZINISCHEN FAKULTÄT DER
UNIVERSITÄT YALE — YALE-NEW HAVEN HOSPITAL. Allein
die Überschrift machte mich schon nervös. Und trotzdem war
ich erleichtert, das Formular in der Hand zu haben und zu wissen, daß die Wissenschaftler keinen Rückzieher machten. Ich
hatte diese Schwangerschaft schließlich aufgrund des Verspre-
chens von Dr. Embry gewagt.

Ich wollte auf gar keinen Fall, daß mein Entschluß ins Wanken
geriet, deshalb las ich die beiden Seiten nur widerwillig:

»Sie sind eingeladen, an einem Forschungsprojekt teilzunehmen, das die Zottenhautbiopsie als Methode zur pränatalen
Diagnosestellung von genetischen Erkrankungen beim Fetus
und außerdem die Risiken dieser neuen Methode und die Ge-
nauigkeit der Diagnosestellung untersucht. Bei der Zottenhautbiopsie wird zwischen der 7. und 13. Schwangerschaftswoche
— gerechnet von der letzten normalen Menstruation — eine
winzige Gewebeprobe aus der Plazenta entnommen . . .

Bei der Biopsie liegen sie auf einem gynäkologischen Stuhl,
und Ihre Beine ruhen auf Stützen. Nach einer gründlichen Rei-
nigung Ihrer Vagina wird ein dünnes Röhrchen mit einer daran
befestigten Pinzette durch den Gebärmutterhals in die Plazenta
eingeführt und ein paar Villi entfernt. Die Biopsie bringt nur
minimale Unannehmlichkeiten mit sich und dauert lediglich
ein paar Minuten. Nach der Biopsie müssen Sie noch etwa 3 bis
4 Stunden unter Beobachtung bleiben. Während wir die Biopsie durchführen, überwachen wir sie mit Ultraschall, und bevor Sie das Krankenhaus verlassen, führen wir noch einmal eine Ultraschalluntersuchung zur Kontrolle durch . . .

Die Zottenhautbiopsie ist neu, und die Risiken sind noch nicht
vollständig bekannt. Es besteht ein geringes Risiko (unter 5
Prozent) einer Infektion in der Gebärmutter. Wir treffen alle
Vorsichtsmaßnahmen, aber falls dennoch Komplikationen in-

folge einer Infektion auftreten sollten, muß die Schwangerschaft abgebrochen werden. Sie werden dann mit Antibiotika behandelt. Es besteht eine äußerst geringe Möglichkeit, daß eine Infektion oder Blutung nachfolgend die Fruchtbarkeit beeinflussen können oder daß eine Entfernung der Gebärmutter notwendig wird.

Schädigungen des sich entwickelnden Babys sind bisher unbekannt. Die Erfahrungen mit der Biopsie in Europa und Asien sind auf weniger als 300 Schwangerschaften beschränkt, und nur ein paar Babys wurden nach einem solchen Test ausgetragen. Die Neugeborenen haben sich als gesund erwiesen, und die Babys, die noch nicht auf der Welt sind, scheinen sich im Mutterleib normal zu entwickeln. In einer von 10 Schwangerschaften jedoch kam es zu Komplikationen und Fehlgeburten. Einige dieser Fehlgeburten wären vielleicht sowieso aufgetreten — im ersten Drittel der Schwangerschaft kommt es häufig zu Fehlgeburten —, aber einige wurden durch die Biopsie verursacht. Wie groß das Risiko für Sie ist, kann noch nicht mit Sicherheit gesagt werden. Wir glauben aufgrund unserer eigenen Arbeit und der in anderen Krankenhäusern, daß es geringer ist als eins zu zehn.«

Dean und ich erzählten fast niemandem von meiner Schwangerschaft — weniger als zehn engen Freunden und keinen Verwandten. Es war für uns unmöglich, wieder dieselbe erwartungsvolle Freude und Anteilnahme zu ertragen wie während meiner ersten Schwangerschaft. Wir trauten nur wenigen Menschen zu, daß sie verstanden, weshalb wir unsere Hoffnung für uns behielten. Wir wollten warten, bevor wir die Neuigkeit anderen mitteilten. Warten, bis wir sicher sein konnten, daß alles in Ordnung war. Nach dem Ergebnis der Biopsie wäre der richtige Zeitpunkt, unsere Familien und die restlichen Freunde in unser schönes Geheimnis einzuweihen. Wir zogen nie die extreme Isolation in Betracht, die wir ertragen mußten, falls die Sache schiefging.

Vier Tage vor meinem Termin in Yale untersuchte mich Dr. Abram noch einmal. Sie konnte wie zuvor den Fetus sehen und diesmal sogar den Puls entdecken. »Siehst du, wie das Herz schlägt, Dean?« fragte ich.
Ja, er erkannte es auch.
Wir erinnerten Dr. Abram daran, daß wir am Montag, nach unserer Rückkehr aus Yale, noch einmal zu einer Nachuntersuchung wiederkämen. Ich konnte nicht sagen, was sie von unserem Plan, an dem Yale-Programm teilzunehmen, hielt, aber ich vermute, daß es ihr gefiel, an dem Experiment teilzuhaben. »Werden Sie Dr. Paulson sehen?« fragte sie. »Wir haben zusammen studiert.«
Dr. Abram äußerte nur selten etwas, das nicht mit ihrer Tätigkeit in Zusammenhang stand, daher überraschte und freute mich ihre private Frage. »Nein, an diesem Projekt arbeitet kein Dr. Paulson. Ich kenne nur Dr. Embry, die die Biopsie durchführen wird, und Dr. Cooper, den Leiter.«
»Nun, falls Sie Dr. Paulson doch treffen sollten, grüßen Sie ihn von mir. Und viel Glück.«

Ich weiß noch, wie wir am frühen Sonntagabend nach New Haven fuhren. Dean saß am Steuer, und ich versuchte, ihn zu dirigieren, indem ich die Namen von Kreuzungen vorlas. Ein Teil von mir war erfüllt von der Neugier und der Begeisterung eines Touristen. Ich wollte das Hotel finden, spazierengehen, ein Restaurant zum Abendessen aussuchen. Aber es war unmöglich, auch nur für einen Moment den Zweck unserer Reise zu vergessen, zu entspannen und nicht an den nächsten Morgen zu denken. Ich fragte mich ständig, ob alles glatt laufen würde.

Da die Biopsie zum erstenmal als Gaucher-Test angewandt wurde, gab es keine einschlägigen Erfahrungen. Dr. Barrie und Dr. Cooper hatten sich nicht in allen Punkten sofort einigen können. Wer schließlich das Gewebe untersuchen sollte, war zu einem richtigen Streitpunkt geworden. Als ich dem Projekt zustimmte, waren beide Seiten davon ausgegangen, daß Dr. Jakolski die Untersuchung durchführen würde. Sein Labor hatte von Yale bereits zur Kontrolle die Gewebeprobe einer gesunden Plazenta bekommen, so daß Dr. Jakolski vor meinem Test Enzymwerte für eine normale Biopsie festlegen konnte. Aber in der Woche, bevor ich nach Yale fuhr, eröffnete uns Dr. Cooper, daß er die Gewebeprobe lieber an ein Labor in New York schicken würde. Mit diesem Labor hatte Dr. Cooper schon öfter zusammengearbeitet. Dr. Barrie blieb dabei, daß das Gewebe von Dr. Jakolski untersucht werden sollte, weil er derjenige war, der die Ursache von Amelias Tod festgestellt und mein und Deans Blut untersucht hatte. Außerdem konnten wir mit ihm am leichtesten Kontakt aufnehmen. Dr. Barrie und er kannten sich bereits, und Dean und ich konnten ihm die Gewebeprobe selbst bringen und mußten sie nicht einem Kurier anvertrauen.

Nach zahlreichen Telefongesprächen war beschlossen worden, daß Dr. Jakolski den Gaucher-Test und das Labor in New York einen Gegentest durchführen würde, falls die Gewebeprobe einen zweiten Test erlaubte.

Jetzt bereitete mir ein Gedanke Sorgen: Was passiert, wenn die Labors widersprüchliche Ergebnisse erzielten? War das möglich?

Als wir im Colony Inn eincheckten, einem Hotel, das uns als Patienten des Yale-New Haven Hospital Rabatt gewährte, fühlte ich mich, als hätte ich die Pflichten eines Fremden übernommen. Egal wie oft man in der Zeitung von Leuten gelesen hat, die wegen einer neuen medizinischen Behandlung in eine fremde Stadt fahren — man rechnet doch nie damit, selbst auf diese Wanderschaft zu gehen. Aber jetzt waren wir selbst betroffen.

Es war ein warmer, sonniger Morgen, als Dean und ich zu Fuß vom Hotel ins Krankenhaus gingen. New Haven war deprimierend und uninteressant, genauso wie ich die Stadt von einem früheren Besuch in Erinnerung hatte. Acht Jahre waren seitdem vergangen, acht Jahre! Ich war noch mit meinem ersten Mann verheiratet gewesen, hatte Dean noch nicht einmal gekannt und keine Ahnung davon gehabt, welche Schwierigkeiten ich haben würde, Mutter zu werden.

Wenigstens war die Prozedur rasch vorüber. Meine Gedanken weilten schon bei der Rückfahrt zum genetischen Labor des Massachussetts General Hospital, in dem Dr. Jakolskis Assistent schon auf uns warten würde; dann kam noch der Termin bei Dr. Abram um halb fünf. Der Weg, den ich noch zurücklegen mußte, bevor ich mich zu Hause hinlegen und mit dem Gedanken trösten konnte, daß ich den Tag überlebt hatte, ohne das Baby zu verlieren, erschien mir endlos. Außerdem sollten wir erst innerhalb einer Woche eine Antwort erhalten.

Ich war immer aufgeregt vor Arztterminen, aber diesmal war es noch schlimmer als sonst. Das Wort »Experiment« blinkte in meinem Kopf wie ein Warnschild auf der Autobahn. Es schien unfaßbar, daß wir die Betroffenen waren, denen keine andere Wahl blieb, und daß meine Schwangerschaft zu einem bedeutenden Ereignis in medizinischen Kreisen geworden war. Trotz allem waren Dean und ich in gewisser Weise stolz darauf, daß ich ein medizinischer »Erstling« war; wir hatten es uns mit einiger Scheu gegenseitig gestanden — es schien uns beiden ein wenig verrückt.

Ich mochte Dr. Embry vom ersten Augenblick an. Als sie Dean und mich in ihr Büro bat, war es offensichtlich, daß die

Schwierigkeiten ihrer Patienten sie in ständige Sorge und Aufregung versetzten.

Dr. Embry saß hinter dem riesigen Holzschreibtisch, der ihr kleines Büro beinahe ganz ausfüllte, und überreichte mir eine Kopie der Einwilligungserklärung für das Projekt zum Unterschreiben. Da ich für den Ultraschall eine volle Blase brauchte, bat sie mich, soviel wie möglich von dem Orangensaft zu trinken, der in einem Karton auf ihrem Tisch stand. Während ich ihrer Bitte nachkam, bot sie mir und Dean die Möglichkeit, noch Fragen über die Biopsie zu stellen und unsere Absicht, die Gewebeprobe an Dr. Jakolski zu schicken, nachdrücklich zu bestätigen.

Nachdem sie mir versichert hatte, daß Dean während der Biopsie bei mir bleiben durfte, führte uns Dr. Embry in einen anderen Raum. Ich kam mir vor wie manchmal im Traum: gefangen in einem Strom von Ereignissen, die man nicht aufhalten kann; verängstigt, aber neugierig.

Das Untersuchungszimmer war mit einem Kleiderschrank und Regalen an den Wänden möbliert. Der Untersuchungstisch und das Ultraschallgerät standen in der Nähe der Fenster.

Ein Mann in weißer Jacke machte sich an dem Gerät zu schaffen und stellte irgend etwas ein. »Das ist Dr. Paulson«, stellte Dr. Embry vor. »Er wird auf das Ultraschallbild achten, während ich die Gewebeprobe entnehme.«

»Oh, Dr. Paulson! Dr. Abram bat mich, Sie zu grüßen.«
Er preßte nachdenklich seine vollen Lippen zusammen. Zuerst schien ihm der Name nichts zu sagen. Und dann meinte er zerstreut: »O ja, natürlich. Sicher. Grüßen Sie sie auch.«

Ich streifte meine Unterhose ab, legte mich auf den Tisch und zog meinen Rock über den Bauch, während Dr. Embry eine Decke über meine Beine breitete. Dean lehnte an der Wand am Fußende des Tisches, aber nicht nah genug, daß ich ihn mit der Hand erreichen konnte. Dr. Embry stand auf derselben Seite dicht neben dem Tisch und ihr gegenüber, an meiner rechten Seite, saß Dr. Paulson neben dem Bildschirm. Ich begann gerade meine volle Blase zu spüren, als Dr. Embry meinen Bauch mit Gel einschmierte und das Abtastgerät dagegendrückte.

Die Zeit schien beinahe stillzustehen, während ich darauf wartete, daß Dr. Paulson das Bild fand, das er brauchte, um Dr. Embry das Startzeichen für die Biopsie geben zu können. Ich wußte, daß Dr. Embry mich jeden Moment auffordern würde, die Beine zu spreizen, und ich wollte nur, daß dieser Moment bald kam, denn ich erwartete einen scharfen, unvorhergesehenen Schmerz.

Aber die Ultraschalluntersuchung dauerte endlos, und Dr. Embry schwieg.

Dr. Paulson sprach als erster zu mir. »Sehen Sie diesen runden Bereich?« fragte er und deutete auf eine gestreifte Fläche, die ungefähr ein Viertel des Bildschirms einnahm. »Sie haben eine Zyste am Eierstock.«

Ich konnte nicht glauben, was ich da hörte. Wovon spricht er? dachte ich und suchte nach einer beruhigenden Erklärung.

»Dr. Barrie sagte, der Corpus Luteum sei geschwollen. Meinen Sie das?«

»Nein. Es ist eine Zyste, und zwar ziemlich groß.«

Ich blickte Dean an, um zu sehen, ob er auch alarmiert war — er war es.

»Sehen Sie«, sagte ich zu Dr. Paulson in bittendem Ton, während sein halbes Grinsen und die feuchte Zufriedenheit in seinen Augen meinen Haß gegen ihn aufkeimen ließen. »Ich habe eine Menge durchgemacht. Ich kann das nicht verstehen. Sie müssen mir alles genau erklären.« Es ist Krebs, dachte ich immerzu. Er wird mir sagen, daß ich Krebs habe. Meine Panik tobte in mir wie ein Wirbelsturm. Ich bin sicher, daß die Ärzte ihn zwischen sich spüren konnten. Keiner von beiden sprach oder bewegte sich.

»Ich bin erst letzten September an einem Fibrom operiert worden, und jetzt behaupten Sie, ich hätte eine Zyste?«

»Das ist kein Grund zur Besorgnis«, erklärte Dr. Paulson schließlich. »Die bekommen viele Frauen während der Schwangerschaft. Sie müßte danach verschwinden.«

Warum, verdammt noch mal, hatte er das nicht gleich gesagt? dachte ich. Und in meinem Kopf wirbelten die Gedanken durcheinander. Weshalb hatte Dr. Barrie die Zyste nicht erwähnt? Was, wenn sie sich wie das Fibrom nicht zurückbildete? Welchen Schaden konnte sie während meiner Schwangerschaft anrichten?

»Wie kommt es, daß Dr. Barrie und Dr. Abram nie eine Zyste entdeckt haben?«

»Ich weiß es nicht. Vielleicht war sie einfach noch nicht da.«

»Aber Marion war vor vier Tagen bei Dr. Abram«, warf Dean ein.

»Ich habe keine Ahnung, warum sie sie nicht gesehen hat. Aber jetzt ist sie jedenfalls da.«

Ich versuchte mich zu beruhigen, mich auf die Biopsie einzustellen, die Sache mit der Zyste zu verdrängen. Das kann warten, sagte ich mir. Du wirst noch Zeit genug haben, dir darüber Gedanken zu machen. Dr. Paulson hätte die Anomalie nicht gerade in diesem Augenblick erwähnen sollen, dazu gab es keine Veranlassung.

»Anzeichen von Oligohydramnie.«

»Ja, das sehe ich.«

Dr. Embry und Dr. Paulson unterhielten sich über mich hinweg. Ich begann mich zu fragen, was ihre Unterhaltung bedeutete, als Dr. Embry mich mit ruhiger, besänftigender Stimme, die mich erneut in Alarmbereitschaft versetzte, ansprach. »Ich fürchte, wir können nicht weitermachen, Marion.« Dean trat auf den Tisch zu. Ich griff nach seiner Hand.

»Was meinen Sie damit?« fragte ich. Ich konnte spüren, daß

ich sie entgeistert anstarrte. Die beiden Ärzte wirkten auf mich wie zwei Katzen, die sich zum Sprung auf eine Maus bereit gemacht hatten.

Ich atmete schnell. »Warum nicht?«

»Marion, die Plazenta ist nicht so groß, wie sie eigentlich sein sollte.«

Ich wandte mich von dem Monitor ab. Die vagen Umrisse, das fleckige Grau und die weißen Streifen sagten mir nichts.

»Sind Sie sicher? Woher wollen Sie das wissen? Alles war in Ordnung, als ich bei Dr. Abram war.«

»Wir sind sicher. Nach neuneinhalb Wochen müßte mehr dasein. Der Fetus sieht gut aus für neuneinhalb Wochen, aber die Plazenta ist definitiv anomal.«

Ich beginne zu schluchzen. Anomal. Anomal. Wir sind schon wieder in Schwierigkeiten. »Können Sie es nicht wenigstens versuchen?«

»Das können wir nicht, Marion, wirklich nicht. Sie würden eine Fehlgeburt haben, weil die Plazenta ohnehin so klein ist.«

Wie kann mein Kind dann leben? Wie wird es ernährt?

»Wird es am Leben bleiben?« höre ich mich fragen.

»Nun, es kann noch eine Weile durchhalten, aber wenn es so bleibt, wird der Fetus geschädigt.«

Warum betrügt mich mein Körper? Warum?

»Wird es sterben?«

»Das hängt davon ab, ob sich die Situation ändert. Aber ich will ehrlich sein: Es kann schon zu Schädigungen gekommen sein.«

Dr. Embry beantwortet meine Fragen, und ich möchte, daß Dr. Paulson weggeht. Ich fühle mich, als sei ich für ihn ein Versuchskaninchen — ein Salamander auf einem Felsen. Mein Leid scheint ihn überhaupt nicht zu berühren.

»Warum bleiben Sie nicht eine Weile liegen«, schlägt Dr. Embry vor. »Und dann kommen Sie in mein Büro, und wir sprechen über alles, bevor Sie nach Hause fahren. Ich werde mit Dr. Cooper reden.«

»Ich komme gleich mit Ihnen. Ich möchte hier nicht länger bleiben.«

»Sind Sie sicher, daß Sie aufstehen können?«

»Ja, ich bin in einer Minute in Ihrem Büro.«

Nachdem Dr. Embry und Dr. Paulson gegangen sind, stehe ich auf. Ich ziehe meine Unterhose an und streiche den Rock glatt. Dean und ich umarmen uns und denken die ganze Zeit darüber nach, wie wir jetzt nach Hause gehen können, ohne unser Vorhaben erledigt zu haben. Wo führt das alles hin?

»Sie sollten bis Ende der Woche warten und dann wieder eine Ultraschalluntersuchung machen lassen.« Dr. Embry stützt ihr Kinn in die Hand und sieht Dean und mich mitleidig an. »Vielleicht verschwindet das Problem von selbst. Es ist eine ungewöhnliche Situation. Wir sehen so etwas nicht sehr oft, und es ist schwer, den weiteren Verlauf vorherzusagen.« Sie sitzt vor ihrem Tisch nahe bei uns, so nahe, daß ihre Knie beinahe meine berühren. Ich verstehe den langen Fachausdruck nicht, mit dem sie meinen Zustand bezeichnet, und weder Dean noch ich fragen nach. »Wir können die Biopsie bis zur zwölften Woche durchführen, wir haben also wenigstens noch zwei Wochen Zeit. Sorgen Sie dafür, daß Dr. Abram mit Dr. Paulson in Verbindung tritt, und wenn die beiden der Meinung sind, daß alles in Ordnung ist, nehmen wir Sie wieder auf. Bitte bleiben Sie mit mir in Kontakt. Lassen Sie mich wissen, wie es steht.«

Zwischen den hohen Gräsern und morschen Bäumen flattert ein Sumpfvogel auf. Immer wenn ich an diesen Nachmittag denke, denke ich an diesen Vogel, der aus dem dichten Gebüsch aufgeschreckt worden war und blitzartig in die Lüfte schoß. Dean und ich hätten es nicht ertragen, von New Haven aus direkt nach Hause zu fahren. Unserer Situation schien nur eines angemessen zu sein: einen Strand zu finden und am Meer spazierenzugehen. Auf der Karte von Rhode Island suchten wir uns einen Strand aus, den keiner von uns kannte — Misquamicut —, und als wir dort ankamen, waren wir begeistert. Wir parkten unseren Wagen und gingen über das Gras an der Straße zum Strand. Und da schreckten wir den Sumpfhordenvogel aus der Kühle des Gebüschs auf. Der Tag war heiß und strahlend hell. Der Vogel erinnerte mich daran, daß es das, was ich am Leben liebte, immer noch gab — außerhalb meiner Verzweiflung.

Dean und ich spazierten am Wasser entlang, lauschten dem Rauschen der Wellen und blickten über den sauberen Sandstreifen, der sich meilenweit ausstreckte und ohne Wochenendbesucher ziemlich verlassen wirkte. Wir sprachen kaum, wir brauchten es nicht. Unsere Traurigkeit begleitete uns wie das Licht, dieses blendend weiße Strandlicht. Diese Umgebung war als einzige weit genug, um unsere Enttäuschung aufzunehmen. Ich bin nicht religiös im üblichen Sinn des Wortes, aber ich weiß, daß wir dort die Liebe und das Mitgefühl gefunden haben, die wir suchten und brauchten, um den Rest des Tages zu überstehen. Ich kann mir nicht vorstellen, daß wir ohne diesen Spaziergang hätten nach Hause fahren können.

Als ich an diesem Tag spät nachmittags Dr. Barrie von zu Hause aus anrief, beruhigte sie mich wegen der Zyste — sie war — trotz der Aussage von Dr. Paulson, der mich von etwas anderem überzeugen wollte — nichts anderes als das vergrößerte Corpus Luteum, von dem ich bereits wußte. Es war absolut normal und würde sich sicher nach meiner Schwangerschaft zurückbilden, wenn nicht sogar schon früher. Aber meine Aussichten für die Schwangerschaft waren eine andere Sache.

»Mit welchem Wort haben sie meine Schwangerschaft beschrieben? fragte ich sie. »Irgendein langer Fachausdruck.«

»Oligohydramnie?«

»Genau. Was heißt das?«

»Oligo — wenig, zu wenig. Hydro — Wasser, Flüssigkeit. Es ist ein griechisches Wort. Zu wenig Flüssigkeit. Es ist nicht genügend Fruchtwasser in der Gebärmutter. Wir sehen so etwas nur selten. Es ist ungewöhnlich, daß so etwas geschieht. Sehr ungewöhnlich.«

»Hängt es mit der Blutung zusammen, die ich hatte?«

»Ich glaube nicht. Es sei denn, daß beides in Zusammenhang mit der peripheren Lage des Fetus steht.«

»Warum hat Dr. Abram nichts festgestellt? Finden Sie nicht, ich sollte zu jemand anderem gehen?«

»Ich weiß nicht, warum sie die Komplikation nicht erkannt hat. Vielleicht war das Bild nicht deutlich genug. Möglicherweise hat sie auch nicht nach derselben Sache gesucht wie die Ärzte in Yale. Sie werden jedenfalls keinen angeseheneren Radiologen finden. Es hätte keinen Sinn, Sie zu einem anderen zu schicken.«

»Glauben Sie, daß sich etwas ändern wird? Die Flüssigkeitsmenge?«

»Wir können nichts mit Sicherheit prognostizieren. Sie sollten warten, bis Sie bei Dr. Abram waren.«

»Dr. Embry sagt, daß es zu schweren Geburtsschäden kommen kann — Nierenschäden, Herzschäden, Lungenschäden.«

»Ja, das stimmt.«

»Warum passiert das uns? Nach allem, was wir durchgemacht haben?«

»Ich weiß es nicht. Es gibt keinen Zusammenhang. Es ist ganz einfach Pech.«

In den folgenden Tagen wurden Dean und ich durch die Falle, in der wir saßen, immer kraftloser — wie zwei Tiere, die in Fangeisen kämpfen. Wir machten uns auf das Schlimmste gefaßt, aber trotzdem versuchten wir bis zu meinem Termin bei Dr. Abram am Freitag daran zu glauben, daß eine Veränderung eintreten würde, eine so dramatische Veränderung, daß die Gefahr einer Schädigung minimiert und die Biopsie und ihr Ergebnis wieder zu unserer Hauptsorge würde. Wir grübelten schweigend jede Minute darüber. Vom ersten Augenblick meiner Schwangerschaft an hatte es Probleme gegeben, aber jetzt war die innere Anspannung noch schlimmer, da sich die drohenden Übel vervielfacht hatten. Wir hatten große Schwierigkeiten, uns auf unsere Arbeit zu konzentrieren, und wir fühlten uns sehr einsam in unserem Kummer, da wir so gut wie niemanden ins Vertrauen gezogen hatten. Wenn wir mit unseren Eltern oder Verwandten telefonierten, gaben wir vor, glücklich und wohlauf zu sein. Für Dean, der sich noch weniger Freunden anvertraut hatte als ich, war die Isolation beinahe vollkommen. Wir hatten langsam das Gefühl, daß wir unsere Verschwiegenheit zu weit getrieben hatten.

Als Dr. Abram uns nach der Untersuchung mitteilte, daß sich nichts geändert hatte, wurde uns klar, an welche winzige Hoffnung wir uns seit der Fahrt nach Yale geklammert hatten. Die Falle öffnete sich nicht.

»Es tut mir leid«, seufzte Dr. Abram. »Es ist immer noch nicht so, wie es sein sollte. Der Fetus wächst, aber die Gebärmutter nicht.«

»Warum haben Sie uns auf das Problem nicht vor Yale hingewiesen?« fragte Dean.

»Ich habe damals bemerkt, daß die Gebärmutter ein wenig zu klein war, aber ich hielt das nicht für gravierend. Ich habe keinen Grund zur Sorge gesehen.«

»Und jetzt? Sind Sie auch der Meinung, daß es anomal ist?«

»Ich bin auch der Meinung, daß es anomal ist. Die Gebärmutter wächst nicht mit. Sie ist definitiv kleiner, als sie sein dürfte.«

»Und die Plazenta?«

»Ist auch sehr klein.«

»Die Biopsie kann also nicht durchgeführt werden. Das wollen Sie doch damit sagen, oder?«

»Ich fürchte ja. Wenn es am Montag nicht möglich war, kann jetzt auch nichts unternommen werden.«

»Wir möchten gern, daß Sie Dr. Paulson anrufen und die Sache mit ihm besprechen.« Dean sprach die Bitte aus, auf die wir uns vorher geeinigt hatten.

»Das werde ich tun, aber ich glaube nicht, daß Sie sich Hoffnungen machen sollten. Aber auf der anderen Seite dürfen Sie aber auch nicht aufgeben. Sie können nächste Woche wiederkommen, und wir sehen uns die Sache noch mal an.«

»Wozu? Ändert sich bei solchen Schwangerschaften normalerweise etwas? Gibt es einen Grund, etwas zu erwarten?«

»Normalerweise ändert sich nichts, das stimmt.«

»Und was geschieht?«

»Es kommt früher oder später zu einer Fehlgeburt.«

»Kommt es immer zu einer Fehlgeburt?«

»Nein. Ich habe einen Fall von Oligohydramnie erlebt, der mit einer Frühgeburt endete — viel zu früh. Vierundzwanzig Wochen.«

»Vierundzwanzig Wochen!« Deans Stimme war laut. »Das ist die beste Aussicht? Soll das etwa ermutigend sein? War das Kind gesund?«

»Das weiß ich nicht.«

»Stimmt es, daß die Schädigungen um so wahrscheinlicher sind, je früher dieses Problem auftaucht?« fragte ich.

»Das ist richtig. Wenn dieses Phänomen später auftritt, können wir versuchen, die Geburt einzuleiten, bevor der Embryo geschädigt wird.«

»Diese Frau, von der Sie gesprochen haben — wann hat es bei ihr angefangen?«

»Ich weiß es nicht mehr.«

»Ich höre überhaupt nichts Ermutigendes«, murmelte Dean.

»Und was ist mit Gaucher?« fragte ich. »Daran müssen wir auch denken.«

»Ja, ich weiß«, nickte Dr. Abram, »aber da Sie bereits einen Verlust erlitten haben, hasse ich schon den Gedanken daran, daß Sie diese Schwangerschaft abbrechen.«

Dean erwiderte: »Aus demselben Grund hasse ich den Gedanken daran, sie fortzusetzen.«

Mein Telefongespräch mit Dr. Embry war auch nicht ergiebiger.

»Gibt es irgendeinen Grund, auf eine Veränderung zu hoffen?« fragte ich.

»Um ganz ehrlich zu sein: Ich halte eine Veränderung für unwahrscheinlich. Aber vielleicht wollen Sie trotzdem warten.«

»Die Biopsie kann aber nach der nächsten Woche nicht mehr durchgeführt werden, das stimmt doch?«

»Nun, an und für sich schon. Ich würde sagen, Sie haben noch anderthalb Wochen Zeit. Aber dann gibt es ja immer noch die Fruchtwasseruntersuchung.«

»Aber wir haben uns doch für die Biopsie entschieden, weil wir einen späten Schwangerschaftsabbruch vermeiden wollten. Und wie kann man eine Fruchtwasseruntersuchung machen, wenn ohnehin zu wenig Fruchtwasser da ist?«

»Das ginge trotzdem.«

»Warum machen Sie die Biopsie nicht? Ich bin so dankbar, daß man mich in das Programm aufgenommen hat, und ich möchte nicht feindselig klingen, weil jetzt alles nicht so läuft, aber machen sich die Ärzte in Yale nicht einfach nur Sorgen, daß ich die Statistik verderbe?«

Dr. Embry antwortete mir sanft, ohne jede Emotion: »Nein, Marion, das ist wirklich nicht der Fall. Wir können die Biopsie einfach nicht durchführen. Es ist zu wenig Gewebe da. Sie hätten eine Fehlgeburt. Wir haben gar keine Wahl.«

»Oh . . . verstehe. Das war mir wirklich nicht klar. Haben Sie irgendeine Idee, was die Ursache sein könnte?«

»Nein, eigentlich nicht, aber ich frage mich, ob dieses Baby nicht vielleicht auch Gaucher hat. Es ist nicht ausgeschlossen, daß Gaucher der Grund für diese Anomalie ist. Aber das ist nur eine Theorie.«

»Dean und ich denken an einen Schwangerschaftsabbruch. Ich weiß, daß uns niemand diese Entscheidung abnehmen kann, aber sagen Sie mir bitte, ob Sie es unter den gegebenen Umständen für ratsam halten?«

»Ja, es scheint ratsam. Sie haben recht, ich kann Ihnen nicht sagen, was Sie tun sollen, das kann niemand. Aber an Ihrer Stelle würde ich mit Sicherheit an einen Abbruch denken.«

In dieser Nacht schlug ich »Oligohydramnie« im Wörterbuch nach. »Mangel an Fruchtwasser«, stand da. »Führt in manchen Fällen zu Schädigungen des Embryos durch Verkleben von Embryo und Embryonalhülle.« Das war neu. Die Ärzte hatten das nicht einmal erwähnt, aber es ergab einen Sinn.

»Hör auf, im Wörterbuch nachzulesen«, murrte Dean. »Es ist kein Medizinbuch. Wer weiß, wie genau es ist?«

Aber was machte das schon? Es gab genügend Aussagen von den Ärzten. »Herzschaden.« »Nierenschaden.« »Wir können nicht genügend Bewegung erkennen.« Vielleicht liegt es an dem Platzmangel in der Gebärmutter.« »Schwere Frühreife.« »Wahrscheinlich ist es schon zu Dauerschäden gekommen.« »Nein, der Zustand wird sich kaum ändern.«

Wir hatten ursprünglich für den 9. Juli das Biopsie-Ergebnis erwartet, eine Woche nach dem Besuch in Yale. Aber der Tag verging ohne Antworten — nur Fragen. Dr. Barrie sprach davon, daß wir die Biopsie aufgeben, aber die Schwangerschaft fortsetzen sollten in der Hoffnung, in der 16. Woche eine Fruchtwasseruntersuchung durchführen zu können, wenn der geringe Flüssigkeitsspiegel einen Test erlaubte. »Wir können dann immer noch abbrechen, wenn es sein muß«, sagte sie. »Obwohl es riskanter ist als jetzt, ist es immer noch sicher.« Keiner der Ärzte schien auch nur im geringsten daran zu glauben, daß wir noch die Biopsie in Yale machen lassen konnten. Die Gebärmutter entwickelte sich nicht normal und würde es auch nicht mehr tun.

Dienstag, den 10. Juli, gingen Dean und ich zu der Sozialarbeiterin, die wir seit Amelias Tod besuchten. Es war mir unmöglich, mit ihr zu sprechen, ohne zu weinen. In Deans Stimme lag dagegen eine eisige Ruhe. »Dr. Barrie meint, wir sollten die nächste Ultraschalluntersuchung abwarten«, erklärte er, »aber wir haben das Gefühl, es ist wie beim letztenmal, als sich auch nichts änderte und sie die Qual mit noch mehr Untersuchungen und noch mehr schlechten Nachrichten hinausgezögert haben. Das Beste, was uns ein Arzt in Aussicht stellen konnte, ist, daß das Baby, wenn es nicht stirbt, zu früh kommen wird, und zwar höchstwahrscheinlich mit schweren Gesundheitsschäden. Das Schlimmste ist, daß wir jetzt keinen Gaucher-Test in Yale machen können — und später wahrscheinlich auch nicht. Eine Fruchtwasseruntersuchung haben wir jedenfalls nie vorgehabt. Wir haben auf die Antwort von Yale gesetzt. Wie können wir eine Schwangerschaft fortsetzen, die zu einem Alptraum geworden ist? Wie können wir das, nach allem, was wir schon erlebt haben? Jeden Tag, den wir warten, wird es schlimmer. Ich habe manchmal das Gefühl, ich verliere die Beherrschung.« Ich dachte daran, wie sehr Dean mit sich gekämpft hatte, bevor er sich mit einer zweiten Schwangerschaft einverstanden erklärt hatte, und sagte: »Es ist ganz einfach so, daß wir, wenn diese Schwangerschaft fortgesetzt wird, vielleicht nie wieder die Energie oder den Mut haben, es noch einmal zu versuchen. Unsere beste Hoffnung für die Zukunft ist, es jetzt zu beenden.«

Dr. Barrie war einverstanden, den Abbruch selbst durchzuführen, so daß ich nicht in eine Klinik gehen mußte. Der erste freie Termin im Brigham and Women's Hospital war am 19. Juli. Ich war also wieder einmal schwanger und sah einem Ende statt einem Anfang entgegen. Dieser Zustand war beinahe unerträglich — ich wünschte doch so verzweifelt ein Kind. Als ich Fieber bekam, überraschte mich das nicht. Ich beschloß zu Hause zu bleiben, bis die Schwangerschaft vorbei war, und erzählte schließlich meiner Vorgesetzten — der Anwältin, für die ich am meisten arbeitete —, was ich durchmachte. »Nehmen Sie sich soviel Zeit, wie Sie brauchen«, gestattete sie mir.
Als meine Mutter an diesem Dienstag anrief, um zu fragen, weshalb sie in letzter Zeit so wenig von mir gehört hatte, erzählte ich ihr den Grund. »Ich bin schwanger, und es läuft wieder nicht normal. Auf eine andere Art diesmal. Am Donnerstag ist der Abbruch.« Meine Mutter weinte.
Deans Eltern wollten wir erst nach dem Eingriff anrufen und ihnen erzählen, daß wir wieder ein Baby verloren hatten. Und um keine Auseinandersetzung über moralische Fragen zu riskieren, wollten wir sagen, ich hätte eine Fehlgeburt gehabt.
Die Fahrt ins Krankenhaus am Mittwoch, um Einwilligungserklärungen zu unterschreiben, war nur ein lästiges Ereignis mehr, eine unverzichtbare bürokratische Pflicht.
»Wenn die Ärzte danach fragen«, warnte mich Dr. Barrie am Telefon, »sagen Sie bloß nicht, daß Sie krank sind. Solange sie jetzt kein Fieber haben.«
»Habe ich nicht.«
»Gut, dann bleibt's bei morgen.«
Vom Krankenhaus fuhr Dean mich zu Dr. Barries Praxis we-

gen einer Prozedur, die vor dem Abbruch durchgeführt werden sollte. Hier hörte ich ein neues komisches Wort: Laminaria. Das ist Blattang. Stengel davon. Dr. Barrie wollte solche Stengel in die Öffnung meines Gebärmutterhalses einführen, wo sie sich über Nacht ausdehnen würden, indem sie Flüssigkeit aus meinem Körper absorbierten. Dadurch würde die Öffnung geweitet und der Abbruch leichter und weniger schmerzhaft. Die Schachtel lag auf dem Schrank im Untersuchungszimmer. »Product of Japan« stand darauf. »Hier, so sehen sie aus«, erklärte Dr. Barrie und hielt einen dünnen braunen getrockneten Stengel hoch, der etwa so lang wie eine extra-lange Zigarette war. Wie bei einem Tampon war ein Faden daran befestigt.

»Wird das weh tun?«

»Nicht sehr.«

Eine Schwester reichte Dr. Barrie zu, was sie brauchte — Tupfer, Zange, die braunen Stäbchen. Ich lag da und versuchte, an nichts zu denken. Wieder ein Ende.

Dr. Barrie schon das erste Stäbchen Laminaria in die Öffnung meiner Gebärmutter. Der Schmerz ließ mich aufheulen. Hatte sie gewußt, wie weh es tun würde? Dann führte sie das zweite Stäbchen ein, was noch mehr schmerzte als das erste. Ich begann zu weinen, plötzlich überwältigt von Selbstmitleid.

»Das dritte lassen wir«, sagte Dr. Barrie.

An diesem Nachmittag und Abend war ich technisch immer noch schwanger, aber mit dem Tang in mir war die Schwangerschaft in gewisser Weise bereits zu Ende. Der Umgebung des Fetus war etwas Irreparables angetan worden. Ich konnte das nicht eine Sekunde lang vergessen. Ich wollte, daß jetzt alles schnell ging. Ich dachte immer nur daran, daß ich mich auf dem Bett ein paar Tage zusammenrollen konnte, wenn alles vorüber war, um mir wieder ins Gedächtnis zu rufen, wer ich war.

Als ich am nächsten Morgen aufwachte, drückte die aufge-
quollene Laminaria schmerzhaft auf meine Blase und Scheide.
Zur Toilette gehen half nicht, und der Druck stieg während der
Fahrt ins Krankenhaus stetig an. Im Krankenhaus versicherte
mir die Schwester, daß dieser Druck eine normale Folgeer-
scheinung der Laminaria war. »Ihre Ärztin muß jeden Moment hier sein. Sie kann Ihnen dann die Stäbchen sofort her-
ausnehmen.«

Während Dean auf dem Flur wartete, ging ich in einem Raum
mit Schränken und Holzbänken auf und ab. Ich zog mir eins
der blaßblauen Krankenhaushemden an, die sauber und ordentlich gefaltet auf einem Regal gestapelt waren. Neben den
Hemden steckten auf dem Regal blaue Slipper in Plastiktüten,
diese elastischen Dinger aus Gummi, die ich bei meinem ersten
Krankenhausaufenthalt schon benutzt hatte. Ich zog meine
Sandalen aus und ein Paar Slipper an und räumte meine Kleider von der Bank. Neben mir stand ein großes Faß mit Rollen,
das zur Hälfte mit Krankenhaushemden gefüllt war. FÜR GE-
BRAUCHTE KRANKENHAUSHEMDEN stand auf einem Schild
darüber, ein Pfeil zeigte nach unten. Das war erst für später.
Die Oberschwester begleitete drei Frauen in den Umkleideraum und erteilte ihnen dieselben Instruktionen wie mir vorher. Ich fand einen leeren Schrank für meine Kleider und ging
auf den Flur, um mich zu Dean zu setzen.

Als Dr. Barrie kam, machte mir ihr vertrautes, melodiöses singendes »Hallo« Mut. »Sie können bei dem Eingriff nicht bei
Ihrer Frau bleiben«, eröffnete sie Dean.

Ich küßte und umarmte ihn zum Abschied. »Ich warte hier im
Flur«, versprach er.

»Das ist so ein deprimierender Platz für dich zum Warten.«

»Keine Sorge, das macht mir nichts.«

Eine Schwester brachte mich in einen Raum mit vier Betten —
schmale, bahrenähnliche Betten auf Rädern — und sagte, ich

solle mich auf das an der Tür legen. Auf dem von mir am weitesten entfernten Bett am Fenster lag eine Frau mit einer Infusionsnadel im Arm. Neben ihr stand eine Schwester. Sie richtete den Schlauch und sprach leise auf die Patientin ein. »Nur etwas für Sie zur Entspannung«, erklärte meine Schwester, als sie mir in die Innenseite meines Unterarms eine Nadel stach. Die Schwester hatte kurze blonde Haare, und ihre Lippen schienen ständig zu lächeln. Sie gab mir ein Gefühl von Sicherheit. Ich versuchte, mich auf ihre Bewegungen und das Murmeln der anderen Schwester zu konzentrieren. Ich wartete darauf, daß Dr. Barrie den Tang herausnahm und den Druck linderte.

Nach einigen Minuten führte mich die Schwester in einen angrenzenden Raum, wo ich mich wieder hinlegte. Diesmal saß Dr. Barrie auf einem niedrigen Hocker zu meinen Füßen. Dr. Barrie bat mich, »nach unten zu rutschen« und meine Füße in die Stützen zu setzen. Der Muttermund-Spiegel, der meine Vagina offen hielt, war unangenehm, aber dann zog Dr. Barrie vorsichtig die Laminaria heraus. Der Druck ließ nach.

»Ich werde Ihnen jetzt eine Novocain-Injektion in den Gebärmutterhals geben«, erklärte Dr. Barrie. »Das hilft.« Die Schwester reichte mir ihre Hand, und ich griff danach.

»Haben die Laminaria geholfen?«

»Ja, ein bißchen, aber ich fürchte, wir brauchen die Spritze trotzdem.«

Der Einstich schmerzte, aber nur leicht. Ich stellte mir den Gebärmutterhals dunkel und weich vor, wie das Fleisch einer Schnecke. Ich malte mir aus, wie die fleischige Öffnung auseinander gezwungen wurde.

»Es dürfte jetzt nicht mehr sehr weh tun«, sagte Dr. Barrie. »Ich beginne mit dem Absaugen.« Aus einer Maschine am Fußende des Tisches kam ein lautes, rhythmisches saugendes Geräusch. Ich umklammerte die Hand der Schwester fester. Etwas drang in mich ein, unangenehm, und mein Körper wand sich. »Es ist wichtig, daß Sie ruhig liegen«, warnte Dr. Barrie. Zwei oder drei Minuten vergingen. Das Geräusch des Saugers. Der Schmerz. Der unterdrückte Bewegungsdrang. Und dann: »Das ist alles. Es ist vorbei.«

Es ist vorbei. Ich hatte meine Lider in der Erwartung des Schmerzes und der Möglichkeit, daß etwas schiefging, fest zusammengepreßt. Es ist vorbei. Ich öffnete die Augen und sah die Schwester, die mich anblickte. Da merkte ich, daß meine Hand immer noch ihre umklammerte. Langsam lockerte ich meine Finger, und sie zog ihre Hand sanft zurück.

Dr. Barrie stellte sich neben mich. Ich wußte, daß sie weggehen würde, aber der Gedanke widerstrebte mir. »Danke«, murmelte ich. »Danke, daß Sie es selbst gemacht haben.«

»Es war kein Problem. Es wird Ihnen bald wieder gutgehen. Aber Sie müssen anrufen, wenn Sie starke Blutungen, Krämpfe oder Fieber haben. Die Schwester wird Ihnen Anweisungen geben. Und ich muß Sie in zwei oder drei Wochen sehen. Lassen Sie sich einen Termin geben. Ich sage Dean, daß Sie wohlauf sind.«

Die Schwester zog die Nadel aus meinem Arm und führte mich wieder zurück zu dem Bett im Nebenzimmer. Sie legte eine Binde zwischen meine Beine. »Ich möchte, daß Sie sich eine Weile ausruhen. Wie geht es Ihnen?«

Ich begann zu weinen.

»Möchten Sie über die Sache reden?«

»Ich bin einfach traurig.«

Die Schwester sah mich an und nickte, ohne etwas zu erwidern. Und schließlich flüsterte sie: »Warum machen Sie nicht die Augen zu und ruhen sich ein paar Minuten aus?« Ich befolgte ihren Rat. Ich konnte nicht hören, wie sie wegging und andere in den Raum kamen. Ich öffnete meine Augen halb und sah, wie eine Schwester eine Patientin zu dem Bett am

Fenster brachte. Ich weinte leise. Ich war dankbar, daß ich mich nicht bewegen mußte, und wünschte nur, Dean hätte bei mir sein können, es wäre tröstlich gewesen, mich an ihm festzuhalten. Ich dachte über die andere Patientin nach. War sie wie ich? Hatte sie ihr Baby gewollt? Wartete ihr Mann draußen? Hatte sie überhaupt einen Mann? Ich hatte Mitleid mit uns beiden.

»Wie geht es Ihnen?«

Die Schwester lächelte. Ich fühlte mich sicher in dem Raum und wollte gar nicht aufstehen. Die Schwester zog mein Nachthemd hoch und überprüfte die Binde. »Alles in Ordnung«, sagte sie. »Fühlen Sie sich gut genug, um sich hinzusetzen? Ich habe ein paar Informationen für Sie zum Lesen.« Sie half mir, mich aufzusetzen, und reichte mir ein Blatt Papier: WAS SIE NACH EINER ABTREIBUNG ODER EINER FEHLGEBURT ZU TUN UND ZU ERWARTEN HABEN. Es waren zehn numerierte Absätze. Der letzte lautete: BEACHTEN SIE. Rufen Sie den Arzt an, wenn eins oder mehrere der folgenden Symptome auftreten: 1) Temperatur höher als 38° C, 2) starke, anhaltende Schmerzen, 3) starke Blutungen.« Ich drehte das Blatt um. Auf der Rückseite standen dieselben zehn Absätze, aber in spanisch.

»Haben Sie noch irgendwelche Fragen?«

»Glauben Sie, daß ich am Montag wieder arbeiten kann?«

»Wenn keins dieser Probleme auftaucht und sie nicht zu müde sind, würde ich sagen ja. Aber Sie sollten mit ihrer Ärztin darüber sprechen.«

Sie half mir aufzustehen. »Wie fühlen Sie sich? Nicht schwindelig?«

»Ich bin okay. Danke für Ihre Hilfe. Sie waren sehr nett.«

Auf dem Flur umarmte ich Dean.

In dem Umkleideraum befanden sich noch immer die drei Frauen. Alle trugen jetzt die blauen Nachthemden, saßen auf den Bänken und unterhielten sich. Sie beobachteten mich, als ich den Schrank öffnete und meine Sachen herausnahm. Schließlich sah ich eine von ihnen an. »Wie war es?« fragte sie. »Hat es sehr weh getan?«

Ihre Angst überraschte mich. Ich hatte wohl angenommen, daß sie so etwas schon einmal durchgemacht hatte. Ich war froh, sie beruhigen zu können.

»Es tut wirklich nicht sehr weh. Es geht sehr schnell.«

Auf einmal erzählte ich den drei Frauen, wie sehr ich mir das Baby gewünscht hatte.

»Das ist wirklich traurig«, sagte eine von ihnen — alle drei nickten.

Ich wollte ihr Mitgefühl, ja, aber ich wollte sie auch anklagen, indem ich ihnen von meinem Elend erzählte. Ich hatte den Eindruck — berechtigt oder nicht —, daß sie ungewollte normale Schwangerschaften abbrachen. Ich wollte sie nicht verurteilen und dachte an ihr Recht, sich für eine Abtreibung zu entscheiden, und doch machten sie mich wütend. Ich war eifersüchtig, weil sie hatten, was ich haben wollte, und zornig, daß sie dieses Geschenk wegwarfen. Für sie aber war es ein ungewolltes Geschenk — ich verstand das und war auch dafür, daß sich die Frauen selbst entscheiden konnten. Obwohl ich wußte, daß Abtreibungsgegner bei anomalen Schwangerschaften ebenso kompromißlos sein konnten wie bei normalen, glaubte ich doch, daß es die Tausenden von Abtreibungen normaler Schwangerschaften waren, die die Gemüter erhitzten. Da Dean und ich keinen zweiten Versuch gewagt hätten, ohne die Möglichkeit, einen geschädigten Fetus abzutreiben, hatte ich wirklich Angst, das Recht auf Abtreibung zu verlieren. Die rechtliche Kontroverse war für mich und Dean zu einem persönlichen Problem geworden. Keine Freiheit schien je so kostbar gewesen zu sein.

Ich wünschte den Frauen viel Glück und ging zu Dean.

2

Wenn ich an die ersten paar Tage nach der Abtreibung denke, ist mir nicht meine Depression am lebhaftesten in Erinnerung, sondern meine ungeheure Energie.

»Ich kann es nicht glauben!« wiederholte Dean immer wieder. »Wo nimmst du die Kraft nur her?«

Da er nach wie vor niedergeschlagen war, fühlte ich mich beinahe schuldig wegen meines Optimismus. »Ist es schwer für dich?«

»Nun, ein bißchen vielleicht.«

»Ich bin so erleichtert. Und mein Kopf ist nicht mehr verstopft. Dieses Gefühl, das ich habe, wenn ich schwanger bin — als hätte ich Watte im Kopf —, ist schon weg. Außerdem blicke ich nach vorn. Ich glaube wirklich, daß wir eines Tages ein Kind haben werden. Wenn wir es nur oft genug versuchen.«

Ich war besessen von dem Gedanken an die nächste Schwangerschaft. Und die nächste. Und die nächste. So viele, wie sein mußten, um ein gesundes Kind zur Welt zu bringen.

Ich hatte mir eine Theorie zurechtgelegt, die Erfolg garantierte: Du weißt, du kannst schwanger werden. Ganz einfach sogar. Darum brauchst du dir keine Sorgen mehr zu machen. Selbst wenn du also viele Verluste hinnehmen mußte — drei oder vier oder fünf —, kannst du es weiter versuchen, und am Ende wirst du Erfolg haben. Du bist jetzt realistisch. Du weißt, daß du das vielleicht noch ein paarmal durchmachen mußt, bevor du ein Kind hast. Das nächste Mal bist du besser vorbereitet.

Ich verglich mich mit Frauen aus der Generation meiner Großmutter. In der Zeit vor der hochentwickelten Medizin kamen Fehl- oder Frühgeburten und auch der Tod im Kindbett viel häufiger vor. Du brauchst keinen außergewöhnlichen Mut, sagte ich mir, nur den Mut, den alle Frauen hatten.

Nach der Lektüre der Memoiren von der Romanschriftstellerin Eudora Welty hatte ich begonnen, über die Frauen von früher nachzudenken. Dean wußte, wie sehr ich Autobiographien von Schriftstellern mochte und hatte mir das Buch ein paar Tage vor der Abtreibung zur Aufmunterung geschenkt. Ich hatte Weltys Bericht über ihre Mutter gelesen, die um die Jahrhundertwende beinahe nach der Geburt ihres ersten Kindes — einer Totgeburt — gestorben war. Obwohl sie auf die Hilfe eines Landarztes angewiesen war, der sie zu Hause versorgte, hatte sie es wieder versucht. Das machte mir Mut, und ich verspürte weniger den Drang, mich selbst zu bemitleiden. Und ich fühlte mich weniger allein.

Aber Dean war noch nicht so weit, meine Ansicht zu teilen. Er weigerte sich noch, an eine dritte Chance zu glauben, und gestand mir wie nach Amelias Tod, daß er das Risiko eines weiteren Verlustes nicht mehr eingehen wollte. »Dräng mich nicht«, bat er wieder, »ich brauche Zeit zum Nachdenken.«

Ich wußte, daß wir das Problem schon einmal gelöst hatten, und der Ablauf war dergleiche: Ich war ungeduldig und bereit, mich kopfüber in ein neues Wagnis zu stürzen; Dean zögerte, tastete sich langsam an die Dinge heran und faßte dann einen Entschluß. Aber ich fürchtete mich davor, daß er diesmal nein sagen würde.

»Versuchen Sie, sich in der Mitte zu treffen«, schlug unsere Therapeutin vor. »Dean, Sie müssen ab und zu eine Diskussion über das Thema zulassen, damit Marion nicht den Mut verliert, und Sie müssen offen sein. Marion, Sie sollten Dean zugestehen, daß seine Ängste verständlich sind.«

Die Kluft zwischen uns war ein schmerzlicher Gegensatz zu der Nähe während meiner Schwangerschaft, als ich so verwundbar und Dean so fürsorglich gewesen war.

Wenn ich jetzt zurückblicke, wundert mich nur, daß dann doch alles so schnell ging.

Im Oktober, drei Monate nach der Abtreibung, wollte Dean es wieder versuchen. Ende November war ich schwanger, obwohl ich es erst Mitte Dezember merkte. Ich wartete bis einen Tag vor Weihnachten mit dem Bluttest, und Weihnachten konnte ich das Ergebnis nicht bekommen, da das Labor geschlossen war. Ich war froh, meine Hoffnung über die Feiertage aufrechterhalten zu können.

Einen Tag nach Weihnachten rief ich Dr. Barrie an. »Ja, Sie sind schwanger«, sagte sie. »Und Ihre Blutwerte sind diesmal ausgezeichnet, genau wie sie sein müssen.«

Zwei Tage später untersuchte sie mich. »Entspannen Sie sich«, sagte sie. »Alles in Ordnung. Ihre Gebärmutter ist groß genug, und ich kann kein Fibrom entdecken.«

Sie begann vorauszudenken. »Da Yale eine Fruchtwasseruntersuchung zur Bestätigung für die Biopsie haben will, sollten wir einen Termin in der sechzehnten Woche vereinbaren. Und wir sollten auch einen Untersuchungstermin für die zwölfte Woche festmachen.«

»Ich möchte nicht so weit vorausdenken. Ich würde lieber warten, bis wir die Ergebnisse von Yale haben.«

»Ich finde wirklich, wir sollten die Termine jetzt festlegen.«

Tu es nicht, dachte ich. »Was ist, wenn es wieder damit endet, daß ich alle Termine absagen muß wie letztes Mal? Das macht es dann noch schlimmer.«

»Ich will nicht drängen, aber diese Termine sind schwer zu bekommen, besonders der für die Fruchtwasseruntersuchung. Sie müßten sich sofort darum kümmern, wenn wir das Ergebnis der Biopsie erhalten.« Dr. Barrie macht eine Pause. »Wissen Sie, ab einem gewissen Punkt müssen Sie einfach anfangen, Ihre Schwangerschaft als normal zu betrachten.«

»Ich weiß.« Das klang einfältig. »Es scheint mir nur jetzt unmöglich. Vielleicht kann ich es später.«

Dr. Barrie nahm die kleine kreisförmige Tabelle von ihrem

Tisch. Ich wußte, was das war, und ich wollte sie aufhalten, tat es aber nicht. »Ihr Termin ist der 21. August.«

Danach tat ich so, als hätte ich den Tag nicht gehört, nur den Monat. Aber als im folgenden Sommer Deans neue Sekretärin am 21. August einen kleinen Jungen zur Welt brachte, erzählte ich Dean endlich von diesem Termin. »Es ist nur ein Datum«, tröstete er mich. »Wie jedes andere. Es war nie wirklich wichtig für uns.« Er glaubte das tatsächlich, aber ich nicht. Für mich war es nicht »nur ein Datum«, und das ist es auch heute noch nicht.

Nach der Untersuchung gestattete ich mir, nur über ein Datum nachzudenken, und das war der 25. Januar, der Termin für die Biopsie in Yale. Dean und ich hatten bereits für den Abend davor ein Zimmer im Colony Inn bestellt.

Ich suchte in meinem Büchern nach einem Bild von einem einen Monat alten Embryo. So sieht es jetzt aus. Dann schlug ich das Bild eines zwei Monate alten Fetus auf. So wird es aussehen, wenn ich nach Yale fahre. Ich betrachtete die federartigen Villi besonders aufmerksam.

Bis jetzt war nichts schiefgelaufen. Letztes Mal hatte es von Anfang an Pobleme gegeben. Jetzt war alles anders. Ich blätterte das Buch durch und betrachtete sogar die hinteren Bilder, die eigentlich noch tabu hätten sein sollen.

Ich hatte damals eine neue Nichte bekommen. Meine Schwägerin hatte sie am 3. Oktober, dem Geburtstag meines Vaters, zur Welt gebracht. Als sie mich aus dem Krankenhaus anrief, wollte ich eigentlich gar nicht wissen, wie es ihr und dem Baby ging. Statt mich über das Baby zu freuen, wie ich es bei der Geburt meines Neffen getan hatte, fühlte ich mich hintergangen und zog mich zurück. Ich weigerte mich, Photos von meiner Nichte anzusehen. Als ein Umschlag mit Schnappschüssen in der Post war, sollte Dean sie für mich ansehen und dann in einer Schublade verstecken. Als meine Mutter anrief, gratulierte ich ihr nicht, sagte kein Wort über das Baby. Ich lehnte meine Nichte ab, fand keine Freude an ihrer Geburt.

Zu der Zeit, als meine Nichte geboren wurde, fand ich einen Werbeprospekt für Kindermöbel in unserem Postkasten. Ich war an solche Reklame gewöhnt und ziemlich abgehärtet dagegen — Dean auch. Ich warf solche Werbesendungen immer weg, bevor Dean sie sehen konnte, und wie er mir kürzlich erzählt hat, machte er dasselbe, wenn er sie als erster fand.

Aber an diesen speziellen Prospekt erinnere ich mich, weil er an meiner Hand festzukleben schien — ich las ihn und war nicht in der Lage, ihn wegzuwerfen. Schließlich setzte ich mich hin und weinte. Es waren die beiden Worte ganz oben in Großbuchstaben, die mich so trafen: ERSTER GEBURTSTAG.

Dean arbeitete in diesem Herbst sehr hart, und Weihnachten war er erschöpft und unzufrieden mit seinem Job. Er nahm sich eine Woche frei, um sich zu Hause auszuruhen. Damit es mehr wie ein richtiger Urlaub war, verbrachten wir das Wochenende vor Neujahr in einem neuen Hotel am Copley Square in Boston. Es war eine neue Erfahrung für uns, nach Boston zu fahren, um in einem Hotel zu übernachten wie ein Touristenehepaar. Aber noch ungewöhnlicher war an diesem Wochenende das Wetter. Riesige Eisblöcke, die auf den Platz gebracht worden waren, um für Bostons »First Night« in Skulpturen verwandelt zu werden, schmolzen unter den Händen der Bildhauer. Die Temperatur lag um 21° C. Es war, als hätte sich durch irgendeinen Irrtum der Sommer noch nicht verabschiedet. Und wir hatten ihn entdeckt und ihn festgehalten, Dean und ich und all die anderen, die da draußen standen und sich mit ungläubigem Lächeln ansahen.

In dieser Nacht drehten wir in unserem Hotelzimmer im dreißigsten Stock unsere Lehnsessel zur Fensterfront. Wir saßen da, unterhielten uns und betrachteten das Panorama von Charles und Cambridge und den weiter entfernten Städten und den dunklen Ring aus Bergen am Horizont. In diesem Augenblick war es schwer, nicht optimistisch zu sein.

»Kennst du das Bild von den Kindern meines Bruders?« fragte Dean.

»Ja.« In Gedanken konnte ich die beiden kleinen Mädchen und den Jungen sehen. Er war nur ein paar Monate älter, als Amalia gewesen wäre. Die drei saßen in einer Reihe auf einer Steinstufe vor einem Kamin. Der kleine Johnny war blond, hellhäutig und zart.

»Es sind niedliche Kinder, nicht?«

»O ja, wirklich.«

»Vielleicht klappt es dieses Mal. Ich wäre gern Vater . . . weißt du das?«

»Ich weiß.«

Ich malte mir ein Telefongespräch aus: Ich rief meine Eltern an, sagte ihnen, daß ich schwanger war, ich in Yale gewesen sei und wußte, daß mit dem Baby alles in Ordnung war. Ich fragte mich, ob Dean wohl auch an so etwas dachte. Ich habe ihn nie danach gefragt. Es gab Grenzen — wir konnten nicht ertragen, uns alles anzuvertrauen, und wir konnten nicht ertragen, alles zu hören.

Während meiner zweiten Schwangerschaft hatten drei meiner Freundinnen gesagt, daß sie »dieses Mal ein gutes Gefühl« hätten. Bei diesem dritten Mal wagten sie keine Prophezeiungen. Aber alles schien so gut zu verlaufen, und unter der angespannten Schicht Realismus, die unsere Gedanken bedeckte, hegten Dean und ich Hoffnung.

Montag, den 14. Januar, elf Tage vor meinem Termin in Yale, fuhr ich zu Dr. Abrams Praxis wegen einer Ultraschalluntersuchung. Dean hatte angeboten, mich dort zu treffen, aber ich fühlte mich sicher genug, allein zu fahren. »Es ist Quatsch, sich Sorgen zu machen«, sagte ich ihm. »Es dauert nur ein paar Minuten, und diesmal wird alles prima sein.«

Ich hatte während der Fahrt eine Thermosflasche mit Apfelsaft neben mir stehen und zwang mich, an roten Ampeln zu trinken. Inzwischen wußte ich, wieviel und wie schnell ich trinken mußte, damit meine Blase für die Untersuchung bei Dr. Abram voll war.

»Meine Blase ist voll«, erklärte ich der Praxishilfe.

»Dr. Abram wird gleich zu Ihnen kommen.«

»Marion Wasserman?« Dr. Abrams Assistentin erschien im Wartezimmer, und ich folgte ihr über den Flur.

Ich lag auf dem Untersuchungstisch und betrachtete die fleckigen grauen Muster auf dem Monitor. »Ich werde hier anfangen.« Dr. Abrams Assistentin drückte den Sensor auf meinen Bauch. Ich überlegte, ob ich wohl den Puls sehen könnte.

»Ich kriege kein Bild.«

»Wie meinen Sie das?«

»Ich weiß nicht warum, aber ich sehe den Embryo nicht. Ich habe aus irgendeinem Grund Schwierigkeiten. Ich glaube, ich bringe Sie in den anderen Untersuchungsraum. Das Gerät hier ist etwas anders. Dr. Abram wird bestimmt ein Bild bekommen.«

Sie glaubt es nicht, sagte mir eine innere Stimme, die ich nicht hören wollte, sie gibt zu schnell auf. Du bist einfach nervös, beruhigte mich eine andere Stimme.

In dem anderen Raum legte ich mich wieder hin, und die Assistentin schaltete das Gerät ein. Als Dr. Abram hereinkam, wollte ich sicher sein, daß sie sich an mich erinnerte: »Ich werde wieder nach Yale fahren. Sie erinnern sich doch? Wegen der Biopsie. Ich bin hier, um sicher zu sein, daß alles okay ist, bevor ich fahre.«

Sie lächelte und nickte, beugte sich über mich und preßte den Sensor auf meinen Bauch. Als sie an meiner Schulter vorbei auf den Bildschirm blickte, den ich nicht sehen konnte, war ihr Gesicht ausdruckslos.

Ich packte ihren nackten Unterarm und hielt ihn fest. »Stimmt was nicht? Ich habe langsam das Gefühl, daß etwas nicht in Ordnung ist.«

Sie sah mich an und lächelte wieder. »Alles ist okay.«

Ich lockerte meinen Griff um ihren Arm.

»Ich bin einfach nervös«, entschuldigte ich mich. »Ich habe soviel durchgemacht.«

»Das weiß ich.« Dr. Abram betätigte einen Schalter an dem Apparat und drückte dann wieder auf meinen Bauch.

»Es ist kein Fetus da.«

»Was?«

»Es ist kein Fetus da. Das geschieht manchmal. Es ist nicht ungewöhnlich. Der Embryo entwickelt sich nicht.«

»Sie meinen, es ist nicht in Ordnung? Ist wirklich wieder etwas nicht so, wie es sein sollte? Wie können Sie so sicher sein?«

»Ich bin sicher. Es ist kein Fetus da. Sie werden eine Fehlgeburt haben.«

Ich begann zu weinen.

»Es wird irgendwann klappen, das weiß ich. Ich habe Frauen gesehen, die das vier- oder fünfmal durchgemacht haben. Eines Tages werde ich Sie hier mit einer ganz normalen Schwangerschaft sehen. Sie können das jetzt nicht glauben, aber ich bin ganz sicher.«

»Ich bin schon sechsunddreißig.«

»Das ist jung. Eine meiner Patientinnen hat gerade mit dreiundvierzig ihr erstes Baby bekommen.«

Ich will nicht mein erstes Baby mit dreiundvierzig zur Welt bringen. Ich will dieses Baby, aber dieses Baby gibt es gar nicht.

»Ich rufe Dr. Barrie an und teile es ihr mit. Wenn Sie auch mit ihr sprechen wollen, können Sie sie von meinem Apparat aus anrufen. Aber lassen Sie sich Zeit. Bleiben Sie ein paar Minuten hier liegen.«

Dr. Abram verließ den Raum und schloß die Tür. Ich konnte auf dem Flur Frauenstimmen hören. Ich setzte mich, ballte meine Hand zur Faust, hob sie hoch und schlug dann auf den Tisch.

Ich hatte Angst, mich zu bewegen, aufzustehen, die Tür zu öffnen.

Am Telefon erklärte mir Dr. Barrie, daß Dr. Abram keinen Zweifel hatte — sie war sicher, daß kein Fetus da war. Niemand konnte mit Sicherheit sagen, warum das geschehen war, aber es war der Weg der Natur, einen Embryo zu eliminieren, der sich nicht richtig entwickelte.

»Wann wird die Blutung einsetzen?«

»Vermutlich bald, es könnte aber auch noch ein paar Tage dauern. Ich glaube, wir sollten einen Eingriff vornehmen. Das ist einfacher für Sie.«

»Sie meinen, wie letztes Mal?«

»Genau.«

»Im Krankenhaus?«

»Ja, wie letztes Mal.«

»Werden Sie es wieder machen?«

»Ja natürlich.«

»Ist es Ihr erstes?« Ich saß im Empfangsbereich von Dr. Abrams Praxis und wartete ungeduldig auf Dean, weil ich nicht in der Lage war, selbst nach Hause zu fahren. Eine grauhaarige Frau schwatzte mit ihrer Nachbarin, die sichtbar schwanger war.

»Mein zweites.«

»Worauf hoffen Sie?«

»Auf einen Jungen, unbedingt einen Jungen. Es wäre schön, wenn man es sich aussuchen könnte, nicht?«

Ich verließ die Praxis; im Treppenhaus blieb ich stehen und starrte durch ein Fenster auf den Hof. Das düstere graue Tageslicht begann langsam zu schwinden.

»Sie hat es ein verkümmertes Ei genannt.« Ich drehte mich um und sah ein Paar von der Praxis die Treppe herunterkommen — Hand in Hand. »Sie sagt, es hat aufgehört, sich zu entwickeln«, erklärte die Frau. »Ich werde eine Fehlgeburt haben.«

Verkümmertes Ei. Der Ausdruck brachte mir etwas Rundes, Blasses ins Gedächtnis. Klein und wächsern in der Größe einer Erbse. Ein verkümmertes Ei. Dr. Abram hatte diesen Ausdruck bei mir nicht benutzt, aber er paßte.

Ein kalter Windstoß fegte durchs Treppenhaus, als der Mann die Haustür öffnete. Die Frau sah mich an. Ich überlegte, ob ich etwas sagen sollte — ein Wort des Mitgefühls. Ich wollte ihr etwas mitteilen, damit sie sich weniger allein fühlte. Ich erinnere mich noch, wie überrascht ich von ihrem gefaßten Gesichtsausdruck war. Es muß ihr erstes Mal sein, dachte ich, sie hat sich ihre Situation schon klargemacht und akzeptiert. Sie ist bereit, es wieder zu versuchen. Sie ist noch zuversichtlich.

Und dann war Dean im Hof. Er ging schnell auf die Tür zu, die Aktentasche in der Hand und die Wollmütze über die Ohren gezogen. Ich rannte zu ihm hinaus, und wir umarmten uns so fest, wie es nur ging. Dann saßen wir auf einer der Betonbänke und hielten uns an den Händen. Die Kälte war mir egal. Ich wollte nicht nach Hause.

Am nächsten Morgen setzte ich als Termin für den Abbruch Freitag fest, das war in vier Tagen. Früher war nichts frei gewesen, und wegen meines neuen Jobs war ich eigentlich ganz froh. Seit September unterrichtete ich an der Tufts University.

So konnte ich am Donnerstag meinen Unterricht abhalten und nach einer Ruhepause am Wochenende Montag wieder arbeiten. Alles, ohne auch nur einmal auszufallen.

Ich hatte das Gefühl, daß ich im ersten Semester müde und deprimiert gewirkt hatte. Wie sollte das meinen Studenten entgangen sein? Ich mußte mich sehr zusammennehmen, um die Kraft für die geringsten Anstrengungen aufzubringen, und oft war es mir nicht gelungen. Die fünf Minuten von meinem Büro zum Unterrichtszimmer schienen mir wie Meilen. Ich dachte daran, ein besonderes Buch mit zum Unterricht zu nehmen, um den Studenten eine bestimmte Stelle vorlesen zu können, aber der Gedanke an das zusätzliche Gewicht in meiner Aktentasche genügte schon, um das Vorhaben nicht in die Tat umzusetzen. Ich war entschlossen, dieses Semester effektiver zu arbeiten und nicht zuzulassen, daß mein Unterricht durch private Probleme litt. Da ich nicht Mutter werden konnte, schien es doppelt wichtig zu sein, daß ich mich in meiner Arbeit bewies. Für meine neuen Studenten würde ich ein glücklicheres Gesicht aufsetzen, auch wenn es mir schwerfiel.

Der Abbruch sollte in der Ambulanz des Brigham and Women's Hospital durchgeführt werden. In der Abteilung, in der ich schon einmal gewesen war, war erst in der folgenden Woche ein Termin frei. Ich wollte die Sache hinter mich bringen, und außerdem wartete mein Körper vielleicht nicht noch eine ganze Woche.

»Was ist, wenn es kommt?« hatte ich Dr. Barrie gefragt. »Werde ich Schmerzen haben?«

Sie hatte mir erklärt, daß ich wahrscheinlich Krämpfe und ziemlich unangenehme Blutungen haben würde. »Mir wäre es lieber, daß wir eingreifen, bevor es von selbst abgeht«, sagte sie. »Wenn Sie eine Fehlgeburt haben, heben Sie alle größeren Gewebestücke auf und rufen Sie mich sofort an.«

Ich redete mir ein, daß mein Körper bis Freitag warten würde.

»Warum läßt du dich in deinem Kurs nicht vertreten?« fragte eine Freundin. »Warum belastest du dich so?«

Mittwoch mußte ich wie im Juli vor dem Abbruch ins Krankenhaus wegen der Aufnahmeformalitäten. »Sie werden nicht drumherum kommen«, meinte die Assistentin im Health Center zu mir. Das sprichwörtliche Salz auf die Wunde.

Nachdem Dr. Barrie mich noch einmal untersucht hatte, fuhr ich zum Krankenhaus und verbrachte mehrere Stunden mit Warten — um Blut- und Urinproben abzugeben, die Fragen des Anästhesisten zu beantworten und Formulare auszufüllen. Der Narkosearzt zählte mir, obwohl ich darauf bestand, keine Vollnarkose zu bekommen, alle Möglichkeiten auf, die ich in Betracht ziehen sollte, bis ich schließlich so verängstigt und verwirrt war, daß ich Dr. Barrie anrief, um mir Rat zu holen. »Keine Vollnarkose«, bestimmte sie. »Machen Sie sich keine Sorgen, Sie bekommen nichts, was ich nicht angeordnet habe.« Ich zwang mich durch die ganze Krankenhausroutine und fühlte mich dabei weit weg von dem, was ich tat, beinahe wie ein Schlafwandler. Nur dieser Anästhesist konnte meine Selbstbeherrschung aufbrechen. Bei ihm mußte ich stark gegen das Weinen ankämpfen.

Im Labor erkannte ich die Frau mit dem verkniffenen Gesicht. Sie war vor über einem Jahr auch dagewesen, als ich wegen der Operation hier war. »Setzen Sie sich«, befahl sie, ohne aufzusehen, nahm meine Papiere und schob sie in einen Korb auf ihrem unordentlichen Schreibtisch. Ich dachte an die Angst, die ich damals vor der Operation gehabt hatte. Wenigstens war das keine Operation, kein Messer, keine Vollnarkose, kein Aufenthalt über Nacht.

Aus einer der beiden Türen mit der Aufschrift Toilette kam ein älterer Mann mit einem vollen Glasfläschchen. Er lehnte sich einen Moment gegen die Wand. Der runde, fensterlose Wartebereich wirkte abgeschottet und düster, obwohl er zu ebener Erde lag.

Der Arm der Frau wand sich wie ein Fangarm auf die Papiere zu. »O'Connor«, sagte sie, ohne ihren Kopf dem Patienten zuzuwenden, oder die Stimme zu erheben. »O'Connor«, wiederholte sie.

Eine junge Frau, die neben mir saß, stand langsam von ihrem Stuhl auf. Ihr riesiger Bauch zog meine Aufmerksamkeit magnetisch an, und auch andere Patienten starrten darauf. Es war beinahe, als könne man das Baby sehen, das sie darin trug.

Ich bin auch schwanger, dachte ich. Bin ich wirklich? Wenn man ein verkümmertes Ei in sich hat, ist man dann schwanger? Ich sah zu, wie die Frau in den Waschraum ging; stellte sie mir mit ihrem dicken Bauch auf der Toilette vor. Ich fragte mich, wie es wohl wäre, an ihrer Stelle zu sein . . .

Als ich am nächsten Nachtmittag die lange Steintreppe zum Haupteingang der Tufts University hinaufging, hatte ich Krämpfe und war müde. Ich war fast so weit, mich auf die kalten Stufen zu setzen. Ich wollte in mein Büro, um mir noch schnell den Lehrplan für meinen Kurs anzuschauen. Es war jetzt wirklich Winter geworden. Ich hielt die Kapuze meines Mantels fest unter dem Kinn zusammen, damit sie mir nicht vom Kopf flog. Jeder Schritt — ich verlagerte langsam das Gewicht von einem Fuß auf den anderen, achtete darauf, mich an dem Metallgeländer festzuhalten und die vereisten oder zugeschneiten Stellen zu vermeiden — verursachte ein Ziehen, das vom Bauch aus durch meinen ganzen Körper strahlte. Ich war nicht sicher, ob das etwas zu sagen hatte. Du bist überängstlich, sagte ich mir.

Im Büro suchte ich schnell den Plan und ging dann auf die Damentoilette. Die Binde, die ich vorsichtshalber in mein Höschen gesteckt hatte, war blutig.

Wie schlimm würde es werden? Wie schnell kam es wohl? Ich konnte jetzt nicht unterrichten. Es war unmöglich.

Ich rief bei Dr. Barrie an, und sie empfahl mir, Dean anzurufen und mich von ihm wegen einer Notoperation zum Brigham and Women's Hospital fahren zu lassen. Dr. Barrie würde Dr. O'Shea alarmieren, die im Krankenhaus Dienst hatte.

»Beeil dich«, bat ich Dean am Telefon. Obwohl Dr. Barrie gesagt hatte, daß kein Grund zur Panik bestand, hatte ich Angst. Dean würde mit dem Taxi vermutlich vierzig Minuten bis zur Universität brauchen, und der Weg ins Krankenhaus war noch einmal so weit.

Keiner meiner Kollegen in Tufts wußte, daß ich schwanger war, und selbst jetzt, als ich um Hilfe bitten mußte, achtete ich darauf, nur ja nicht zu vielen Leuten von meinem Problem zu erzählen. Zum Glück waren die Kollegen, denen ich mich jetzt anvertraute, hilfsbereit: Einer übernahm meinen Kurs, und eine andere bot mir an, mir bis zu Deans Ankunft Gesellschaft zu leisten. Ich konnte bei ihr im Büro sitzen, wo ich sicher davor war, mich mit anderen unterhalten zu müssen. Sie hatte selbst auch Schwangerschaftsprobleme gehabt und konnte mich verstehen.

Als sie um halb vier ging, weil sie zum Unterricht mußte, machte ich mir langsam Sorgen um Dean. Wo blieb er bloß? Ich ging über den Flur in mein Büro und sah die Notiz, die mein Kollege an die Tür geklebt hatte und die Dean mitteilen sollte, wo er mich finden konnte. Die Tür stand offen, und die Nachricht hing mehr im Zimmer als außerhalb. Mein Zimmerkollege sah auf. »Stimmt etwas nicht?« Er wußte nichts von meinem Problem und war mitten in einer Unterredung mit einem Studenten.

»Hat mein Mann hier nach mir gesucht?«

»Vor ungefähr fünfzehn Minuten war jemand hier. Sehr in Eile. Groß und blond.«

Es begann zu schneien. Dean war nicht da. Ich rannte die drei Treppen hinunter und war jetzt vollkommen außer Atem. Warum, zum Teufel, hatte ich nicht daran gedacht, daß Dean die Nachricht vielleicht nicht fand? Einen Moment stand ich ohne Mantel im Schnee. Ich war wie gelähmt; es war zu kalt, um da stehenzubleiben, und gleichzeitig hatte ich Angst, wieder die Treppen hinaufzugehen. Geh ganz langsam, ermahnte ich mich, während meine Gedanken rasten.

»Er ist bei der Campuspolizei«, berichtete mir die Abteilungssekretärin. »Er ist ziemlich aufgeregt.«

Sie rief die Polizei an, und ein paar Minuten später saß ich mit Dean in einem Polizeiwagen, der uns zu meinem Auto brachte. Es war mir klar, daß Dean die Beherrschung verloren hätte, wenn er nicht immer noch um meinetwillen hätte tapfer sein wollen. »Ich hatte keine Ahnung, wo du warst«, klagte er. »Keiner wußte es. Ich dachte, du seiest vielleicht schon ins Krankenhaus gebracht worden. Vielleicht sogar in ein ganz anderes. Ich hatte Angst, ich hatte solche Angst.« Während er über die verschneiten Straßen durch den Feierabendverkehr nach Boston steuerte, entschuldigte ich mich immer wieder. Die Panik, in die ich ihn versetzt hatte, muß entsetzlich gewesen sein — ich konnte seine Nervosität immer noch spüren. Später, als wir abends zu Hause im Bett lagen, sagte Dean mir noch einmal, welche Angst er ausgestanden hatte. Aber diesmal weinte er.

In der Notaufnahme wurden Dean und ich in einen fensterlosen Raum gebracht, der die Form eines Tortenstücks hatte, dessen Spitze abgeschnitten worden war. Ich zog ein Krankenhaushemd an und plazierte mich auf einen gepolsterten Tisch mit Stützen. Unter mir lag sauberes Papier und ein Kissen, und die Schwester fand auch eine Decke, die mich warmhielt. Der Vorhang, der den Tisch abgrenzte, war aufgezogen. Die Vorhänge und der Boden waren voller Blut- und Jodflecken. Es klingt zwar seltsam, aber mich beruhigten diese Flecken. Hier wurden die Dinge schnell ausgeführt und kein langes Getue gemacht. Rein. Raus. Das war es, was ich wollte. Bringt es zu Ende. Laßt mich nach Hause.

Zwei Schwestern stellten sich vor. Die ältere, die mehr im Befehlston sprach, sagte mir, daß sie mir Valium intravenös zur Entspannung verabreichen würden. Obwohl ich normalerweise Medikamente ablehnte, wollte ich das Valium. Ich wußte, daß ich es brauchte, um ruhiger zu werden. Der Tag war ein Alptraum gewesen.

Die jüngere Schwester zupfte an den Venen auf meinem linken Handrücken. »Ihre Venen sind nicht besonders ausgeprägt«, erklärte sie. Das hatte mir noch keine Schwester gesagt.

»Die anderen Male, als ich hier war, hat man es am Handgelenk gemacht.«

Die Schwester starrte mich stumm an und stach die Nadel ein zweites, dann ein drittes Mal in dasselbe Loch. Die Stelle brannte, als sei die Nadel in Säure getaucht worden. Ich weiß nicht, wie oft sie noch zugestoßen hätte, wenn ich sie nicht angeschrien hätte, endlich aufzuhören. Als sie zurücktrat, führte die ältere Schwester die Nadel ganz leicht in eine Vene an meinem rechten Handgelenk ein. Ich hätte ihnen sagen sollen, daß ich keine Anfänger will, dachte ich, das brauche ich wirklich nicht.

Die Schwestern verließen den Raum. Der schalldichte Raum war bis auf ein Surren irgendwo in der Decke ruhig. Bald kam die ältere Schwester mit Dr. O'Shea zurück, die mich und Dean freundlich begrüßte. Dann war es wie das letzte Mal, nur ohne die Novocainspritze. Ich hörte einen rhythmischen Motor und spürte Krämpfe, von denen mir schlecht wurde. Als es vorbei war, ließen die Ärztin und die Schwester mich mit Dean allein, damit ich mich »eine Weile ausruhen konnte«.

»Die Nadel tut weh«, beklagte ich mich bei Dean. »Kannst du

ihnen nicht sagen, daß wir gehen wollen?« Dean klopfte an die innere Tür und sprach mit der Schwester.

»Sie kann ohne Dr. O'Shea nichts entscheiden«, berichtete er. »Sie läßt sie rufen.«

Nach fünf oder zehn Minuten drohte ich, mit der Infusion aufzustehen, obwohl ich wußte, daß das nicht ging, weil die Halterung an dem Tisch befestigt war. Dean klopfte wieder an die Tür.

»Sie steht auch ohne Erlaubnis auf«, hörte ich ihn sagen. Ein paar Minuten später kam Dr. O'Shea, und die Schwester entfernte die Nadel.

Während ich mich anzog, bemerkte ich die großen frischen Blutflecken auf dem Boden am Fußende des Tisches. Das war es, was Schwangerschaft für mich und Dean bedeutete. Blut. Nur Blut und Schmerzen. Und nichts kam dabei heraus.

Damals entdeckte ich, daß man sich an solche Verluste nicht gewöhnte. Man wird nicht routinierter. Meine Theorie nach meiner zweiten Schwangerschaft war naiv gewesen. Ich hatte angenommen, daß mich nach jedem neuen Verlust mein Optimismus weitertreiben würde. Ich hatte sogar tatsächlich angenommen, daß der dritte Verlust leichter zu bewältigen sein würde als der zweite.

Wie sich herausstellte, war genau das Gegenteil der Fall. Ein drittes Mal ein Kind zu verlieren war sehr schlimm. Ein spürbares Gewicht zog mich nach unten, und es war unerträglich schwer geworden. Ich sah mich selbst: nach vorne gebeugt mit einem prall gefüllten Sack über der Schulter, den ich auf dem Rücken balancierte. Jede Ausbuchtung in dem Sack war ein werdendes Kind. Der Nikolaus trägt Spielzeug, er kann es absetzen und zusehen, wie die Geschenke geöffnet werden. Was ich trug, konnte ich niemals absetzen und niemals weitergeben. Und die Last war plötzlich bleiern geworden. Ich stolperte oder stand ganz still. Manchmal kamen mir ohne ersichtlichen Grund die Tränen.

Ich fragte mich — ganz ehrlich, ob ich jemals riskieren wollte, dieser Last von Verlusten noch weitere hinzuzufügen. Ein Teil von mir wollte nicht aufgeben, aber ein anderer Teil von mir sagte: »Nein, tu es nie wieder. Wenn die Schwangerschaft nicht gut verläuft, wirst du unter dem Gewicht zusammenbrechen.«

Wenn ich nur ein paar Jahre aussetzen könnte, dachte ich. Aber ich konnte nicht. Im April wurde ich siebenunddreißig.

Nach drei Wochen erhielt ich einen Telefonanfurf von Dr. Barrie. Das Telefon klingelte, als ich nach der Rückkehr von der Arbeit gerade meinen Schlüssel ins Schloß steckte.

»Hallo.« Als ich Dr. Barries singende Begrüßung hörte, fiel mir wieder ein, daß es Mittwoch war und ich am Freitag zur Nachuntersuchung bei ihr bestellt war. Sie ruft an, um den Termin zu ändern, dachte ich, aber als ich mich gerade wunderte, weshalb sie einen solchen Anruf nicht an ihre Sekretärin delegierte, sagte sie etwas Seltsames. Als hätte mich jemand geschoben, setzte ich mich auf den Küchenstuhl — den Mantel hatte ich noch an. »Wir haben den pathologischen Befund der Plazenta bekommen. Sie ist anomal.«

Was ist jetzt? Was will sie mir sagen?

»Sie hatten das, was wir eine Molenschwangerschaft nennen. Das ist eine Erkrankung des Pazentagewebes, die in manchen Fällen bösartig sein kann. Aber ich habe mit dem Pathologen gesprochen, und er macht sich in Ihrem Fall keine Sorgen. Es ist die gutartigste Form.«

Ich mußte mich anstrengen, Dr. Barries Ausführungen weiter zu folgen. Ich habe Krebs, dachte ich. Eine leichte Art, aber Krebs. »Gutartigste Form.« Das bedeutet am wenigsten bösartig.

»Wir müssen jede Woche Ihr Blut untersuchen, bis Ihre Beta-Zellenwerte drei Wochen lang gleich null sind. Dann machen wir ein halbes Jahr lang monatlich einen Test. Es wird alles in Ordnung kommen. Ich mache mir keine Sorgen. Selbst die schlimmeren Fälle, die ich gesehen habe, wurden geheilt. Es dauert nur eine Weile. Und ich muß Sie bitten, ein Jahr lang nicht schwanger zu werden.«

»Schwanger! Das ist kein Problem mehr. Das war es. Ich bin fertig mit den Versuchen. Ich möchten nicht mehr schwanger werden.«

»Nun, das müssen Sie nicht jetzt entscheiden.«

Ich hörte Dean an der Tür. Er kam in die Küche, und ich wußte, daß er sofort ahnte, daß etwas nicht stimmte. »Es ist Dr. Barrie«, erklärte ich und stützte meinen Kopf in die Hand. Ich sah zu ihm auf, während ich versuchte, die weit entfernte Stimme der Ärztin weiter zu verstehen.

»Ich kann Ihnen am Freitag mehr erklären«, sagte sie.

»Was ist? Was ist los?« fragte Dean. »Sag es mir.«

»Würden Sie bitte Dean die Sachlage erklären? Er ist gerade hereingekommen und wird verrückt, weil er nicht weiß, was wir besprechen.«

Dean nahm den Hörer und hörte schweigend zu. Als er einhängte, begann ich zu weinen. Ich hatte furchtbare Angst.

»Ich glaube nicht, daß du Krebs hast«, sagte Dean. »Ich glaube, du hast da etwas mißverstanden.«

Aber warum hatte Dr. Barrie »gutartigste Form« gesagt und nicht »gutartig?« Und warum wollte sie, daß ich mich röntgen ließ? »Nur Routine«, hatte sie gesagt. »Das Ergebnis wird negativ sein, aber es gehört in solchen Fällen zur Routine. Wenn die Zellen bösartig sind, treten sie manchmal in der Lunge auf.«

Ich blieb die ganze Nacht wach. Und als ich am nächsten Abend nach der Arbeit nach Hause kam, hatte sich meine

Überzeugung, daß ich Krebs hatte, so gnadenlos gefestigt, daß ich während der Fahrt weinte.

Am Freitag im Health Center bat ich Dean, zuerst allein mit Dr. Barrie zu sprechen und herauszufinden, ob ich Krebs hatte oder nicht. Dean war am Tag zuvor in eine Buchhandlung gegangen und hatte etwas über Molenschwangerschaft nachgelesen. Er glaubte, erfahren zu haben, daß mir nichts Schlimmes fehlte. Jetzt kam er in der Wartehalle auf mich zu, nachdem er mit der Ärztin gesprochen hatte, und ich fürchtete mich davor, zu erfahren, was er gehört hatte.

»Es ist okay. Du hast es falsch verstanden. Es ist definitiv nicht Krebs.«

Und dann zeigte uns Dr. Barrie Bilder von Molengewebe. Das Spektrum der verschiedenen Arten: gutartig mit kaum erkennbaren Einbuchtungen oder »Molen«; und Krebsgewebe mit großen traubenähnlichen Molen. »Molenschwangerschaften sind selten«, führte Dr. Barrie aus. »Es taucht nur eine unter rund zweitausend Schwangerschaften auf. Wenn es einmal dazu gekommen ist, ist Ihr Risiko einer weiteren Molenschwangerschaft beträchtlich höher. Aber ich kenne auch eine Ärztin, die eine sehr ernste Molenschwangerschaft hatte. Sie hat danach ein Kind adoptiert, aber später selbst ein gesundes Kind zur Welt gebracht. Man muß eine weitere Schwangerschaft nicht ausschließen.«

»Ja, aber dazu kommt das genetische Problem. Es ist wie verhext. Es gibt zu viele Hindernisse. Ein Kind zu bekommen scheint für mich der helle Wahnsinn zu sein. Sehen Sie mich an, ich bin ein Wrack.«

»Nun, Sie können sich ja dagegen entscheiden. Aber auf jeden Fall sollten Sie ein Jahr warten. Sie brauchen die Entscheidung also nicht jetzt zu treffen.«

»Was ist, wenn ich trotzdem schwanger werde?«

»Sie werden keinen Eisprung und keine Periode haben, bis sich alles regelt, also können Sie nicht schwanger werden. Aber selbst wenn Ihre Beta-Zellenwerte auf null sind, müssen Sie mit den Blutuntersuchungen weitermachen, bis Sie sechs Monate lang negative Ergebnisse hatten. Wenn Sie in diesem halben Jahr schwanger werden sollten, können wir die Testergebnisse nicht gültig bewerten. Dann haben wir nie die Gewißheit, daß Sie vollkommen gesund sind.«

»Weshalb haben Sie gesagt, ich sollte ein ganzes Jahr warten?«

»Das raten wir. Ich hatte jedoch auch schon Patientinnen, die nicht warten wollten. Nach sechs Monaten wurden sie . . .«

»Nun, das kommt für mich sowieso nicht in Frage. Ich will nicht mehr schwanger werden.« Ich war selbst erstaunt, als ich diese Worte aussprach und merkte, wie ernst ich sie meinte. Ich bettelte nicht um Mitleid oder Trost oder um einen Protest von Dean. Ich war mir sicher. Das letzte, was ich wollte, war, daß Dean oder Dr. Barrie oder sonst jemand versuchte, mich zu einer weiteren Schwangerschaft zu überreden. Mein brennender Wunsch, ein Kind zu bekommen, war schließlich zerstört worden, abgebröckelt, verweht.

»Wir haben vor, im Juni nach Europa zu reisen. Wir werden drei Wochen unterwegs sein. Nach drei Jahren voller Qualen haben wir uns entschlossen, etwas Wunderbares und Aufregendes zu erleben und nicht mehr über Krankheiten nachzudenken oder Fehlgeburten zu betrauern. Diese Blutuntersuchungen sind doch kein Hindernis, oder?«

»Nun, ich hätte gerne, daß Ihr Wert null oder wenigstens nahe null ist, bevor Sie fahren. Aber ich glaube, das wird bis dahin der Fall sein — es klappt bestimmt. Aber lassen Sie das erst in ein paar Wochen entscheiden, wenn wir mehr wissen.«

Die kranken Zellen täuschten meinen Körper — er produzierte Hormone ähnlich wie in den ersten Wochen nach der Empfängnis. Welche Ironie doch in allem lag! Nach drei Verlusten und meiner Entscheidung, nie wieder einen Versuch zu wagen, weigerte sich mein Körper zu verstehen, daß ich nicht mehr schwanger war. Wie jemand, der eine langsame Scheidung durchsteht, war ich gezwungen, mich mit Einzelheiten einer Vergangenheit auseinanderzusetzen, die längst überwunden war. Jedesmal wenn ich zu einer Blutuntersuchung ging, fühlte ich mich in der Kette medizinischer Offenbarungen gefangen, die vor über zwei Jahren mit meiner ersten Schwangerschaft begonnen hatte. Fast jedesmal wartete neben mir auf den Wartestühlen im Labor eine sichtbar schwangere Frau, oder eine junge Mutter saß da und liebkosten einen Säugling. Ich erinnerte mich an meinen allerersten Besuch, als man mich um eine frische Urinprobe gebeten hatte und ich so ungeduldig und eifrig auf die Ergebnisse wartete.

Als meine Beta-Werte sich allmählich normalisierten und jede Woche besser wurden, war ich mehr und mehr bereit zu glauben, daß diese letzte Sorge bald überstanden war. Es war für mich immer noch schwierig, mir ein Leben vorzustellen, das nichts mehr mit Blut zu tun hatte. Aber ich begann langsam, mir wieder ins Gedächtnis zu rufen, daß ich einmal glücklich und gesund gewesen war, und ich sehnte mich jetzt danach zurück.

KAPITEL 7

Ende des Kampfes

1

»Ich fahre — es passiert auf dem ganzen Weg zu meiner Arbeit — und werde langsamer, ich sehe die Straße nicht einmal, sondern starre nur auf den Bürgersteig. Gestern war dort ein Vater mit seinem kleinen Jungen. Es ist, als hätte ich früher die Menschen nie bemerkt oder nie richtig angesehen. Dieser Mann und sein Kind hatten beide Brillen und blonde Haare, glatt wie Stroh, richtig hellblond. Und sie waren klein und untersetzt, alle beide. Sie waren sich so verdammt ähnlich! Das ist mein einziger Gedanke: Sie sehen sich so ähnlich, und sie nehmen es einfach hin. Sie wissen nicht einmal, wie erstaunlich es ist. Ich betrachte sie ganz genau, es ist, als stünde ich neben ihnen auf dem Bürgersteig und säße nicht in meinem Wagen — und doch umklammern meine Hände fest das Lenkrad, und mein gesunder Menschenverstand gebietet mir, auf den Verkehr zu achten. Gestern mußte ich zum erstenmal wirklich anhalten.«

»Welche Leute betrachten Sie?« fragt meine Therapeutin.

»Diese Paare — Väter und Söhne, Mütter und Töchter. Der Schlüssel ist, daß sie sich ähnlich sehen. Es muß nicht mal ein kleines Kind sein — es kann eine Frau im Alter meiner Mutter mit einer Tochter in meinem Alter sein. Ich bin besessen davon, Ähnlichkeiten zwischen Eltern und Kindern festzustellen. Schwangere Frauen stören mich natürlich auch noch, auch sie starre ich an — und kleine Mädchen, die so aussehen, wie ich mir Amelia vorstelle — mir wird dann so elend, daß ich wegsehen möchte, aber ich kann meinen Blick nicht abwenden.«

»Erzählen Sie mir noch einmal, wie Sie sich Amelia vorstellen.«

»Wie ich als kleines Mädchen war — wellige braune Haare, grüne Augen, schelmisch, hübsch. So stelle ich mir Amelia vor. Aber dann frage ich mich immer, ob sie nicht vielleicht wie Dean ausgesehen hätte: blond, hellhäutig — vielleicht wäre sie sogar ein Rotschopf. Deans Vater hat rötliche Haare, und Deans Bart schimmert auch rot. Ich fühle mich so betrogen, weil ich nie erfahren werde, wie meine Tochter aussieht.«

»Was ist das für ein Gefühl, wenn Sie sich diese Menschen betrachten?«

»Es sind gar keine richtigen Menschen für mich. Mehr Requisiten. Objekte. Wenn ich sie so anstarre, spüre ich einen merkwürdigen Drang, eine physische Erregung; mein Atem kommt dann stoßweise. Ich wette, Kleptomanen haben dieses Gefühl, bevor sie etwas stehlen.«

»Was wollen Sie von diesen Leuten?«

»Was ich will?«

Ich schließe die Augen und denke nach, wiederhole die Frage noch einmal. Was will ich von all diesen Fremden?

»Ich möchte an ihrer Stelle sein«, gestehe ich schließlich. »Das ist es. Ich möchte sie sein. Ich will in sie hineinschlüpfen und haben, was sie haben.«

Nach dieser Unterhaltung starrte ich nur noch selten fremde Leute an. Was brachte es mir denn auch? Sie konnten mir niemals geben, was ich vom Leben erhofft hatte. Das verstand ich jetzt.

Aber die Alternative zu dieser Angewohnheit war, mich selbst zu betrachten — meinen Körper zu akzeptieren und meine Zukunft. Und beides schien leer zu sein.

Mein Phantasiekind war verschwunden. Dort, wo es einmal Unterhaltung gegeben hatte, herrschte jetzt Stille. Nicht nur die Stille, mit der ich seit Amelias Tod gelebt hatte, als ich begann, mich dieser inneren Stimme zu verschließen. Jetzt war die Phantasie selbst tot, es gab keine Tagträume mehr. Manchmal spürte ich mein Phantasiekind noch, und mir wurde übel wie beim Anblick eines Fremden, dem ein Körperteil fehlt, ein Auge oder eine Hand.

Und da war auch eine Taubheit. Die Welt und ich hatten nicht mehr dasselbe Verhältnis zueinander wie früher. Ich wandte mich von entstehendem und jungem Leben ab, weil ich mir wie ein Eindringling vorkam. Mein Bruder und meine Kusine brachten Leben aus sich selbst hervor, wie ein Zauberer bunte Tücher aus einem Hut zum Vorschein brachte. Aber ich war wie das letzte Glied, eine falsche Spur. Wenn ich mir den Stammbaum der Familie vorstellte, dann ragte mein Name seitlich heraus und nichts verband sich mit ihm.

Überall bemerkte ich Dinge, die mich an meine Andersartigkeit erinnerten. Romane und Filme schmerzten mich, wenn sie Familienkonflikte oder ähnliches zum Thema hatten — was, wie ich feststellte, sehr oft der Fall war. In diesem Frühling gab mir das neue Grün der Welt — die Erneuerung, an dem ich in den letzten beiden Jahren so innig Anteil hatte — das Gefühl, ein Fremdkörper zu sein, nicht zur Natur zu gehören. Und als in diesem August unsere beiden »zahmen« Kardinalvögel mit einem kürbisfarbenen Grünschnabel an unserer Futterstelle erschienen, mischte sich unter meine natürliche Freude über diesen Anblick die Eifersucht. Man stelle sich vor! Ich war eifersüchtig auf eine Vogelmutter!

Auch der Sex schien sich verändert zu haben. Nie wieder würden Dean und ich uns mit der Absicht lieben, ein Kind zu zeugen. Wir mußten jetzt ein Kondom oder ein Diaphragma benutzen, und so würde es immer sein. Nach der Fehlgeburt hatte ich einige Monate lang überhaupt keinen Spaß am Sex, im Gegenteil, er deprimierte mich.

»Du hast es jahrelang getan, ohne daß du auf eine Empfängnis gehofft hast«, sagte Dean. »Erinnerst du dich nicht mehr? Es hat dir Spaß gemacht.«

»Ich weiß, aber ich scheine mich nicht mehr darauf besinnen zu können, wie ich mich damals gefühlt habe.«

»Ich werde dir helfen, dich zu erinnern.«

Ich hielt an meiner Entscheidung, nie wieder schwanger zu werden, fest.

Ich war wie ein verwundeter Soldat, der von der Front heimkehrt. Ich war nicht siegreich, und das Leben verlief nicht mehr normal, aber es war eine Erleichterung, nicht mehr kämpfen zu müssen.

Trotz der Erleichterung, die ich empfand, verdächtigte ich mich, ein Feigling zu sein. Ich fragte mich lange Zeit, ob ich meine Entscheidung nicht voreilig getroffen hatte, da ich sowieso vor Ablauf eines Jahres nicht schwanger werden durfte. War es falsch von mir, fragte ich mich, daß ich diesem Kampf ein für allemal entsagen wollte? Dr. Barrie hatte nicht ausdrücklich gesagt, daß es unverantwortlich war, eine weitere Molenschwangerschaft zu riskieren, weshalb also erschien es mir verrückt?

Als ich Dean nach seiner Meinung fragte, sagte er, ich hätte »51 Prozent der Stimmen«, weil es mein Körper sei; er akzeptierte mein »Nein«.

»Aber was willst du?« fragte ich.

»Ich weiß nicht, was ich sagen würde, wenn du es weiter versuchen wolltest. Vielleicht würde ich mich weigern.«

Ich wußte nicht, was oder wer mich in meiner Entscheidung

bestärken sollte, aber ich wußte, daß ich mehr als nur Zeit brauchte. Ich brauchte etwas, das ich allein nicht finden konnte und das Dean und Dr. Barrie mir nicht geben konnten.

Es war im Mai, ein paar Wochen vor unserer Reise nach Europa — ich hatte schließlich meine Periode bekommen und Dr. Barrie hatte unserem Urlaub zugestimmt — als mir unsere Hausärztin durch Dr. Barrie ihr Mitgefühl ausdrückte und Hilfe anbot.

Ich mochte unsere Hausärztin. Sie war ungefähr in meinem Alter und mir ähnlich, regte sich aber nicht so leicht auf, und strahlte wie Dean Sicherheit aus. Sie war ohne jede Anmaßung und die einzige meiner Ärzte, die ich in Gedanken bei ihrem Vornamen nannte, obwohl ich sie nicht damit ansprach. Und sie hatte etwas an sich, was sie auf eine sympathische Art naiv erscheinen ließ. Ich hatte immer das Gefühl, daß sie innerlich lachte, sich aus Sympathie über den großen kosmischen Streich lustig machte, der uns allen gespielt wurde.

Erst nachdem ich mit ihr gesprochen hatte, hörte ich auf, meine Entscheidung zu hinterfragen.

Ich saß in ihrer Praxis und war darauf vorbereitet, ihr meine grauenvollen Erlebnisse zu erzählen und zu hören, was sie von dem Risiko einer erneuten Schwangerschaft hielt. Aber sie überraschte mich. Sie sagte, mein Blickpunkt sei falsch. Ich stellte die falschen Fragen.

»Ich weiß nicht, wie die Statistiken über Molenschwangerschaften sind«, gab sie zu. »Dr. Barrie kann Ihnen etwas darüber erzählen. Aber meine Vermutung ist, daß ungefähr eine 25-prozentige Chance besteht, daß etwas schiefgeht, so wie bei Ihrer letzten Schwangerschaft. Ich glaube nicht, daß die Risiken insgesamt bedeutend gestiegen sind. Warum machen Sie sich solche Sorgen? Das ist nicht das Problem, über das Sie nachdenken sollten. Wichtig ist, wie Sie und Dean über die Bedeutung einer weiteren Schwangerschaft denken. Das sollte Ihr weiteres Leben bestimmen — nicht die Schulbuchansichten über diese oder jene Komplikation.«

Wir unterhielten uns zwei Stunden. Ich erinnere mich, daß ein Arzt an ihre Tür klopfte und fragte, ob sie mit zum Essen käme. Sie schickte ihn weg.

Sie wollte erfahren, was Dean und ich gefühlsmäßig durchgemacht hatten — medizinische Einzelheiten interessierten sie nicht. Sie stellte Fragen, die ich von einer Ärztin niemals erwartet hätte.

»Wie sah das Baby aus, als Sie es hielten? Wie groß war sie? Welche Farbe hatte ihre Haut? Hatte Dean Freunde, an die er sich wenden konnte, während Sie im Krankenhaus waren? Inwieweit wurde Ihr Berufsleben beeinträchtigt? Wenn Sie wieder schwanger würden, wovor hätten Sie dann Angst? Werden die Ängste von Anfang an dasein? Werden sie nachlassen, wenn Sie in Yale waren, oder erst nach der Fruchtwasseruntersuchung? Und was fürchten Sie zu versäumen? Angenommen, Sie könnten ein Kind adoptieren — warum ist es so wichtig, eine Schwangerschaft zu erleben?«

Ich bemühte mich, die letzte Frage zu beantworten, und als ich die Wahrheit aussprach, mußte ich weinen. Ich sagte ihr, daß ich an dem Wunder, Leben hervorzubringen, teilhaben wollte — ein neues Wesen aus der Leere hervorzubringen. Ich wollte das Hochgefühl der Schwangerschaft erleben: das Gefühl, das einen über sich selbst erhebt und in den geheimnisvollen Kreis des Schaffens zieht.

»Ich weiß, daß die Liebe, die ich während der Schwangerschaft spürte, zum Teil Eigenliebe war, aber es war auch Liebe zu einem neuen Menschen und Liebe zu der Welt und der Art, wie alles funktioniert. Schwanger zu sein war wie eine mystische Erfahrung. Wie kann ich aufhören, mir das zu wünschen?«

Meine Ärztin schloß einen Moment fest die Augen, und ich erkannte plötzlich, daß sie ihre Tränen zurückhielt. Dann sah sie mich an, und das Lachen, das ich immer in ihren Augen bemerkt hatte, hatte sich in Schmerz verwandelt. Als sie nach einem Taschentuch griff, verzerrte sich ihr dünner Mund zu einem halben Lächeln. »Das passiert mir sonst nie. Es ist das erste Mal.«

Sie tupfte ihre Tränen ab und putzte sich die Nase.

»Bitte.« Ich zögerte — ein Patient konnte eigentlich nicht den Arzt trösten. »Bitte machen Sie sich keine Gedanken.«

»Ich hatte auch Schwangerschaftsprobleme«, gestand sie. »Jahrelang, und ich habe über all das, was Sie gesagt haben, auch nachgedacht.«

»Davon wußte ich nichts.« Ich saß da, schüttelte den Kopf und erinnerte mich an einen Tag im letzten Sommer, als ich meine Ärztin aus einiger Entfernung gesehen hatte. Sie war mir wie das Idealbild einer schwangeren Frau vorgekommen — sie war durch ihre Schwangerschaft wirklich schöner geworden. Ich war so eifersüchtig und mißgünstig gewesen. Ich hatte angenommen, daß ihr alles leichtfiel.

»Ich kenne die Sehnsucht, von der Sie sprechen«, fuhr sie fort. »Ich habe versucht, sie zu verdrängen.«

»Haben Sie je das Gefühl gehabt, daß diese Sehnsucht etwas ist, an dem Sie nichts ändern können, etwas, das in Ihnen steckt? Ich meine wie eine Art Programm, das darauf ausgerichtet ist, die Art zu erhalten?«

»Ja, daran habe ich gedacht. Glauben Sie daran?«

»Ja.« Ich spielte mit dem feuchten Taschentuch und riß es unbewußt in Stücke, bis mein Schoß und der Teppich um meinen Stuhl mit Papierfetzen übersät waren. »O Gott, was habe ich nur mit Ihrer Praxis gemacht.«

»Und das war das letzte Papiertaschentuch. Wir haben keins mehr.« Sie lachte und drehte die leere Schachtel auf ihrem Schreibtisch, so daß ich hineinsehen konnte. Ich lachte auch und versuchte die Papierschnipsel auf meinem Schoß zu einem Ball zusammenzuknüllen.

»Ich glaube, meine größte Angst ist, daß ich den Rest meines Lebens verbittert sein werde, weil mir diese Erfahrung fehlt. Ich möchte mich nicht in Bitterkeit verlieren.«

»Ich werde Ihnen von einem Paar erzählen, das ich kenne. Es sind keine Patienten, sondern Freunde. Sie haben dreimal ihr Baby verloren. Ihr erstes Kind war eine Tochter, die zehn Tage nach der Geburt starb. Bei der zweiten und dritten Schwangerschaft kam es im zweiten Drittel zu Komplikationen. Sie waren so von Leid erfüllt, daß das Leben stillzustehen schien, und sie konnten den Gedanken an eine vierte Schwangerschaft nicht mehr ertragen. Aber sie adoptierten ein kleines Mädchen, und trotz allem Leid begann das Leben für sie von neuem. Sie haben keine Schwierigkeiten mehr.«

»Drei Verluste? Genau wie wir?«

»Drei Verluste.«

»Ich habe immer das Gefühl, so etwas passiert nur uns.«

Meine Ärztin lächelte, und einige Sekunden saßen wir nur da und musterten uns nachdenklich.

»Ich kann Ihnen und Dean nicht raten, was Sie tun sollen . . .«

»Ich weiß.«

». . . aber ich wüßte keinen besseren Weg für Sie, sich aufzurappeln und eine Adoption anzustreben. Bevor ich meinen Sohn zur Welt gebracht habe, habe ich auch über Adoption nachgedacht, und wie Sie hielt ich die Idee nicht für gut genug. Ich war mißtrauisch. Nun, ich weiß jetzt, daß es genauso gut gewesen wäre. Ich bin ganz sicher. Wenn ich meinen Sohn im Arm halte, bin ich absolut davon überzeugt, daß die Liebe, die ich für ihn empfinde, nichts damit zu tun hat, daß ich ihn geboren habe. Ich denke oft, daß eines der Geheimnisse um ihn darin besteht, daß es scheint, als sei er ein Geschenk des Himmels. Er ist ein eigenes kleines Wesen, so unabhängig, so fertig.

Es wird ein solches Wunder sein zu sehen, was aus ihm wird, zu beobachten, wie er sich in den kommenden Jahren entwickelt. All diese Gefühle wären dieselben bei einem adoptierten Kind. Und denken Sie daran, wenn das Kind zu Ihnen kommt, sind Sie seine Mutter — es wird keinen Unterschied machen. Ich kann es einfach nie fassen, wie sehr mein Kind mich braucht, wie vollkommen hilflos es ist.«

Als ich aufstand, um zu gehen, erhob sich die Ärztin ebenfalls. »Ich möchte Sie umarmen«, gestand sie. Wir hielten uns fest, mehr Freunde als Ärztin und Patientin. »Viel Glück.«

Als ich ihre Praxis verließ, fühlte ich mich sicherer. Ich wußte, daß meine Erleichterung etwas Gutes war, das ich mir selbst zum Geschenk gemacht hatte. Ich hatte endlich Grund, in Frieden nach vorne zu sehen und neue Pläne zu schmieden. Was immer eine Schwangerschaft Dean und mir einmal bedeutet haben mochte, es war Zeit, es hinter uns zu lassen. Nur der Gedanke daran schien Freude in sich zu bergen, die Realität war erschreckend, und der Kreis von Trauer und Genesung konnte, wenn er nicht unterbrochen wurde, die Jahre sinnlos machen, die uns noch blieben, um Eltern zu werden.

KAPITEL 8

Die Situation akzeptieren

1

Adoption war in meinen Gedanken immer etwas für andere Leute gewesen, nicht für Dean und mich. Die zweitbeste Lösung, hatte ich gedacht. So weit wird es nie kommen.

Doch in dem Moment, als ich mich gegen eine weitere Schwangerschaft entschied — bei dem Telefonat mit Dr. Barrie —, ahnte ich — wenn auch nur im Unterbewußtsein —, daß ich mich für eine Adoption entschließen könnte. Eine Adoption war das Sicherheitsnetz, das mich auffing, wenn meine Versuche scheiterten und ich keinen neuen Start mehr wagte. Einer der Vorteile, eine absolute Entscheidung gegen eine erneute Schwangerschaft zu treffen, bestand darin, daß Dean und ich uns dann ganz auf die Adoption konzentrieren konnten.

Nach Amelias Tod — im Sommer vor meiner Operation, die mich hätte unfruchtbar machen können — hatte ich eine Adoptionsagentur um Informationsmaterial gebeten. Ich hatte Dean diese Broschüre nie gezeigt oder mit ihm darüber gesprochen, sondern alles weggeräumt in der Überzeugung, daß ich sie nie brauchen würde. Jetzt, zwei Jahre später, kramte ich sie wieder hervor und las alles noch einmal.

Nur der Gedanke daran, wie langwierig ein Adoptionsverfahren sein konnte, reichte schon fast, mich mutlos zu machen. Ich war es leid, mit Hindernissen konfrontiert zu werden, leid, Geduld zu haben. Aber genau dieses niederdrückende Gefühl und das Bewußtsein, daß bereits soviel Zeit ergebnislos verstrichen war, trieb mich jetzt zur Eile an — so schnell wie möglich eine gute Agentur für eine Adoption zu finden und sich zu bewerben. Wenn mein Mut sank, half mir der Gedanke, daß in diesem Kampf mein Körper und meine Gesundheit nicht auf dem Spiel standen. In diesem Sinne würde es im Vergleich zu dem, was ich durchgemacht hatte, einfach sein.

Dean war nicht sehr begeistert. Als ich mit ihm über Adoption sprach, baute sich eine Schranke zwischen uns auf; wir hätten ebensogut durch eine dieser Plexiglasscheiben sprechen können, die manche Taxifahrer zu ihrem Schutz haben.

Nicht daß er etwas gegen die Idee hatte, Adoptivvater zu werden — im Gegenteil, er hatte eine Adoption im Gegensatz zu mir nie nur als Notlösung betrachtet. Sein Problem war dasselbe wie nach den ersten beiden Verlusten: Zögern vor dem erneuten Versuch, Eltern zu werden; Angst vor Enttäuschung. Bevor wir nach Europa fuhren, hatten Dean und ich die Sozialarbeiterin um Hilfe gebeten. Dean hatte mich gebeten, die Frage der Adoption bis zu unserer Rückkehr zurückzustellen, aber ich hatte meine Zustimmung verweigert. Wie in der Vergangenheit schlug uns die Sozialarbeiterin einen Kompromiß vor. »Weshalb einigen Sie sich nicht darauf, daß Sie das Problem nur ansprechen, wenn es unbedingt notwendig ist? Wer weiß, Dean, wenn Sie erst einmal unterwegs sind, möchten Sie vielleicht ihre Meinung dazu äußern.«

Nach unserer Reise gingen wir bis in den Herbst hinein ab und zu zu dieser Sozialarbeiterin und sprachen mit ihr über unsere verschiedenen Ängste: Deans Angst, sich noch einmal vergeblich zu bemühen, und meine Angst, ein Kind, das ich nicht selbst zur Welt gebracht hatte, nicht voll zu akzeptieren. Es

war ein Trost, diese Probleme mit derselben Frau zu besprechen, die uns in unserer schwersten Zeit zur Seite gestanden
hatte. Hier war eine Person, der wir unbedingt zutrauen konnten, daß sie unsere Vorsicht verstand.

Während sie uns diese Hilfe leistete, sammelte ich Informationsmaterial, telefonierte, schrieb Briefe, las Bücher und ging
sogar zu einer Einführungsveranstaltung bei einer Adoptionsagentur. Und im November war Dean einverstanden, mit mir
zwei andere Agenturen zu besuchen und schließlich auch das
Paar zu treffen, von dem unsere Ärztin mir erzählt hatte, daß
es nach drei Totgeburten ein kleines Mädchen adoptiert hatte.
Aber Dean behauptete immer noch, daß er noch nicht so weit
war — und es vielleicht nie sein würde —, sich um ein Kind zu
bemühen.

Eines Abends, ein paar Wochen vor Silvester — bald würde
das Jahr 1986 anbrechen —, drängte ich Dean wieder, aber die
Barriere zwischen uns ließ sich nicht einreißen. Er blieb weiterhin dabei, daß er sich vielleicht entscheiden würde, für immer
kinderlos zu bleiben. In dieser Nacht war es mir unmöglich,
neben ihm einzuschlafen. Ich war so wütend, meine Hände
ballten sich zu Fäusten, und ich stellte mir vor, wie ich ihn in
die Seite boxte. Ich stand auf und ging ins Nebenzimmer, um
dort zu schlafen.

Am nächsten Morgen kam Dean zu mir. Das Zimmer hatte
immer noch die alte, schäbige Tapete, und das Tageslicht
drang nur durch die beiden Fenster in der Ecke. Seit Amelias
Tod hatte es sich in einem Zustand der Verwahrlosung befun-
den. Der Affe und der Teddy und das gelbe Huhn warteten
immer noch.

»Das ist keine Art, mit einem Problem umzugehen«, murrte
Dean.

»Ich weiß.« Ich wollte etwas sagen, wußte aber nicht was. Ich lag einfach da und sah zu Dean auf, der in Unterwäsche an der Tür stand. Seine Haare standen komisch vom Kopf ab.

»Du siehst aus wie Alfalfa.«

Er hob die Hand, tastete nach der hochstehenden Locke und strich sie glatt. »Jesus, ich möchte nicht arbeiten gehen«, stöhnte er und starrte an die Decke.

Er ging ins Badezimmer und stellte die Dusche an. Ich stand auf, betrat ebenfalls das Badezimmer und stützte mich mit der linken Hand auf das Waschbecken, während ich den Duschvorhang anstarrte.

Irgendwie machte es die heiße, dampfende Luft und Deans Unsichtbarkeit hinter dem Vorhang, leichter zu reden. Meine Stimme klang flehend. »Manche Leute denken über ihr Leben nach, wie sie Dinge regeln sollen — ihre Finanzen, ihre Karrieren, ihre Interessen — und sie beschließen, daß Kinder nichts für sie sind. Das ist okay. Aber kinderlos zu bleiben, nur weil man Angst davor hat, verletzt zu werden — das ist kein guter Grund. Du willst doch nicht wirklich dein Leben auf diese Art weiterführen, oder?«

Einen Moment schwieg Dean. Ich konnte nur das Rauschen des Wassers hören. Ich fragte mich, ob ich etwas Falsches gesagt hatte.

Aber dann zog er den Vorhang zur Seite und sah mich an. »Du hast recht«, bekannte er. »Ich möchte ein Kind, ich möchte es wirklich.«

Die beiden Agenturen, die Dean und ich im November besucht hatten, arrangierten beide internationale Adoptionen. Von einer hatte ich durch eine Freundin erfahren und von der anderen durch eine Organisation, die Informationen und Interessengemeinschaft von Adoptiveltern, zukünfigen Adoptiveltern und deren Kindern schuf. In beiden Agenturen trafen wir uns mit dem Direktor und erklärten ehrlich, daß wir uns noch nicht endgültig entschieden hatten, ein Kind zu adoptieren, und uns vor einer Enttäuschung fürchteten. Die intime Atmosphäre dieser Agenturen stand im Gegensatz zu der Institution, die ich allein besucht hatte. Dort hatte der Direktor den Paaren in einer großen Gruppe einen Vortrag gehalten, anstatt sich mit ihnen einzeln zu treffen. Damals hatte ich vier Stunden damit verbracht, mir Notizen zu machen und ein Zimmer voll unglücklich aussehender Frauen und Männer zu beobachten. »Gott sei Dank ist Dean nicht hier«, hatte ich mir immer wieder gesagt. Wenn ich die anderen so ansah, war ich überzeugt, daß wir bei unserer Suche auf keinen Fall Erfolg haben könnten.

Aber bei den beiden Einzelgesprächen erfuhren Dean und ich, daß wir durchaus Chancen hatten. Und wir bekamen das Gefühl, daß wir genau die Art Paar waren, die diese Agentur suchte. Wir brauchten diese Ermutigung unbedingt, und ich bin sicher, daß es Dean geholfen hat, Wochen später den Mut zu finden, seine Ängste beiseite zu schieben.

Ironischerweise schlugen uns beide Direktoren vor, es woanders zu versuchen — bei Inlandprogrammen. Da wir emotional noch so erschöpft und unsere medizinischen Probleme so schwerwiegend gewesen waren, meinten sie, wir sollten versuchen, ein amerikanisches Kind zu adoptieren. »Nein«, hörten wir, »es ist nicht unmöglich, im Inland ein Kind zu adoptieren.«

Aber meine Nachforschungen in den folgenden Wochen erbrachten nicht viele Möglichkeiten, die Dean und ich auf Anhieb akzeptieren konnten. Wir hatten immer das Gefühl, Jahre warten zu müssen. In gewisser Weise schränkten wir selbst unsere Möglichkeiten ein. Wir waren nicht interessiert an offener Adoption, bei der die Identität aller Beteiligten bekannt ist; und wir hatten Angst vor der Art Adoption, bei der ein Paar darauf wartet, das Kind einer ganz bestimmten Frau zu bekommen. Wir wußten, daß jede Adoption Risiken barg, aber wir wollten unsere Hoffnung nicht auf eine einzige Frau setzen; wenn sie ihr Kind verlor oder es sich anders überlegte, wäre es für uns beinahe wie eine Totgeburt.

Als Dean und ich uns Mitte Dezember zu einer Adoption entschlossen hatten, hatten wir jede Agentur von unserer Liste gestrichen — außer einer, bei der wir das Gefühl hatten, daß sie uns keine unnötigen Hindernisse in den Weg stellen und dem, was wir durchgemacht hatten, nicht unsensibel gegenüberstehen würde.

Die Agentur befand sich in Pennsylvania und vermittelte Neugeborene. Obwohl wir das Büro nie besucht oder mit den Geschäftsführern gesprochen hatten, wußten wir, wie es arbeitete. Wir hatten das Ergebnis mit eigenen Augen gesehen: zwei gesunde kleine Mädchen — die Tochter einer alten Schulfreundin von mir, und die Tochter, die die Freunde unserer Ärztin adoptiert hatten.

Das kleine Mädchen meiner Freundin war erst zehn Tage alt gewesen, als sie und ihr Mann sie in Pennsylvania abgeholt hatten. Und die Freunde unserer Ärztin hatten ihr kleines Mädchen drei Tage nach der Geburt zum erstenmal in den Armen gehalten.

Doch ein neugeborenes Baby!

Es war schwer, die Hoffnungen nicht zu hoch zu schrauben, aber meine Freundin und die Freunde unserer Ärztin gaben zu bedenken, daß die Chancen, akzeptiert zu werden, nicht besonders gut waren. Die Agentur erhielt pro Jahr mehr als 5000 Bewerbungen und akzeptierte nur ungefähr 125 Paare, von denen nur wenige aus einem anderen Staat kamen.

»Wir sollten uns nicht zu sehr darauf versteifen«, meinte auch Dean, als wir einen Brief aufsetzten.

Wir brauchten zwei Wochen, um den Brief zu schreiben, und zu erklären, was wir durchgemacht hatten.

»Bitte«, schrieben wir, »wenn Sie nur irgend können, helfen Sie uns.«

Ein paar Tage bevor wir fertig waren, kam Dean mit seltsamen Neuigkeiten aus dem Büro nach Hause. Ein anderer Anwalt in seiner Kanzlei war gerade von der Agentur, der wir schrieben, akzeptiert worden.

Eine Welle von Angst durchlief mich, als ich das hörte. Es bedeutete, daß die Agentur tatsächlich Paare aus Massachussetts annahm. Aber wie viele? Kamen wir noch rechtzeitig? Oder war es zu spät?

»Wer sind diese Leute? Woher wußten sie von der Agentur?«

»Von Freunden, nehme ich an. Mehr oder weniger auf dieselbe Art wie wir. Tom ist ein feiner Kerl. Du würdest ihn mögen.«

»Und seine Frau? Wie ist sie? Welche Probleme hatten sie?«

»Ich habe sie ein- oder zweimal getroffen. Sie scheint nett zu sein. Sie kann aus irgendeinem Grund nicht schwanger werden. Ich kenne ihre Geschichte nicht. Sie haben ein Vermögen dafür ausgegeben, es mit In-Vitro-Fertilisation zu versuchen, in einem Institut in Virginia. Jedesmal wenn sie hinfahren, muß sie operiert werden. Sie waren erst kürzlich wieder da, und es hat nicht geklappt. Tom ist deprimiert.«

»Ich weiß nicht, was ich denken soll. Ich sollte mich für sie freuen, daß sie angenommen wurden, aber ich befürchte irgendwie, daß sie möglicherweise unseren Platz eingenommen haben.«

»Das ist lächerlich. So läuft das doch nicht.«

Samstag, den 18. Januar, gaben wir den Brief auf. »Wenn sie uns ablehnen«, sagte Dean, »gibt es immer noch andere Agenturen, denk daran.«

»Vielleicht wendet sich das Blatt. Vielleicht haben wir dieses Mal Glück.«

»Ja, vielleicht.«

Donnerstag abend klingelte das Telefon, und etwas in mir, ein kleines optimistisches Flackern, ließ mich denken: Was wäre, wenn? Dean und ich sahen fern. Ich weiß noch, daß ich in die Küche ging, um das Gespräch entgegenzunehmen.

Es war der Gründer der Adoptionsagentur. Er hatte eine beruhigende Stimme — ich erinnere mich, daß ich sie sexy fand. »Sie werden Mutter«, kündigte er an. »Sie werden Mutter. Sie können jetzt ganz beruhigt sein, Marion. Es ist okay, seien Sie ganz ruhig.«

Und ich entspannte mich zum erstenmal seit langer Zeit wirklich. Ich schlief ganz anders in dieser Nacht und wachte am nächsten Morgen fröhlich auf. Ich würde Mutter werden — jetzt glaubte ich daran. Es würde eine Weile dauern — vielleicht etwas mehr als ein Jahr, aber es würde geschehen.

»Ich habe das Gefühl, Gott persönlich hat uns gestern abend angerufen«, sagte ich morgens zu Dean.

Er lachte. »War es denn nicht Gott?«

Ein paar Tage später gingen Dean und ich zum Essen, und ich lächelte zurück, als der kleine Junge in der Ecke herübersah und mich angrinste. Mein Lächeln war zögernd. Der kleine Junge hat es vielleicht nicht einmal bemerkt. Aber ich habe es gespürt. Ein seltsames Gefühl — als ob man ein Körperteil benutzt, das lange Zeit bewegungslos war.

»Glaubst du, es ist einfacher zu sterben, wenn man selbst Leben auf die Welt gebracht hat?« fragte ich Dean. »Du weißt schon, Fleisch von meinem Fleisch . . .«

Ich dachte an einen Traum, den ich gehabt hatte: Ich stehe im Badezimmer, vor meinem geschwollenen Bauch hängt eine Nabelschnur. Die Schnur ist dünn und verdreht und sieht aus, als könne sie reißen. Ich habe Angst. Ich kann mich nicht daran erinnern, ob die Schnur so aussehen sollte. Ich versuche krampfhaft, mich zu erinnern, habe Angst, weil ich es nicht kann, und rufe meine Mutter ins Badezimmer, weil ich denke, daß sie es weiß. Sie wird es mir sagen. Plötzlich steht der Tod im Flur. Sein Gesicht ist weiß wie das von einem Kabuki-Schauspieler, ausdruckslos und unheimlich. Ich kann meine Augen nicht von dem Gesicht abwenden, um den Körper zu betrachten, also erahne ich den Körper nur. Ist die Gestalt männlich? Die Haare scheinen fast weiblich. Die Gestalt hat beide Geschlechter, aber es ist der Tod, definitiv der Tod. Ich wache genau in dem Moment auf, als ich meine Mutter rufe und registriere, daß sie nicht helfen kann.

»Nein«, sagte Dean, »ich glaube nicht, daß das Sterben einfacher ist, wenn man Nachkommen hat.«

»Aber findest du denn nicht, daß es irgendwie unsterblich macht, ein Kind zur Welt gebracht zu haben? Ich hatte diesen Traum, in dem ich wollte, daß meine Mutter mein Baby rettet, weil wir sonst alle sterben müßten — nicht nur das Baby, sondern ich und meine Mutter auch. Ich wurde wach, als ich meiner Mutter Vorwürfe machen wollte, weil sie nichts tun konnte.«

»Deine Frage ist verwirrend. Denkst du an Kontinuität? Generationen? Was ist, wenn du wirklich ein eigenes Kind hast und es wird von einem Laster überfahren? Ich sage es dir immer wieder, es gibt keine Garantien. Du mußt nehmen, was du bekommen kannst.«

Ich lag zusammengerollt auf der Couch in unserem Wohnzimmer. Ich fühlte mich schuldig — wegen meines Traumes, wegen meiner ständigen Zweifel. Jetzt plante ich, ein Kind zu adoptieren, und dachte immer noch an Schwangerschaft.

Dean ging langsam vor mir auf und ab. Eine Weile schwieg er. Seine Augen waren beinahe geschlossen, und mit Daumen und Zeigefinger zog er an seinen Schnurrbartenden, während er hin und her ging. Ich beobachtete ihn gern, wie er sich vor mir bewegte, einen Schluck Bourbon aus dem Glas auf dem Kamin nahm, sich dann von mir wegdrehte, den Rücken nachdenklich gebeugt. Es dauerte einige Minuten, bis er wieder etwas sagte:

»Wenn du ein Kind adoptiert hast, und dieses Kind ein Kind hat, zweifelst du dann daran, daß du dein Enkelkind liebst? Glaubst du, du wirst dir um das Erbgut Sorgen machen? Hast du je daran gedacht, daß du mit deinem Enkelkind vielleicht glücklicher bist, es vielleicht mehr liebst, weil du soviel durchmachen mußtest, um dahin zu kommen?«

»Du machst dir nichts aus Blutsbanden, nicht?«

»Nein, ich glaube nicht. Vielleicht kommt es daher, daß ich als Kind nie Tanten und Onkel und Kusinen um mich herum hatte. Sie wohnten alle in Missouri. Ich weiß es nicht. Vielleicht ist es auch, weil die beiden Nachbarkinder adoptiert waren. Ich habe nie bemerkt, daß sich ihre Eltern anders als meine benahmen.«

Dean blieb neben der Couch stehen, und ich hakte meine Finger in seinen Gürtel und zog ihn näher zu mir.

»Du sprichst, als gäbe es verschiedene Arten von Familienbindungen«, sagte er. »Sieh uns beide an. Du bist mir näher als irgend jemandem sonst. Was hat das mit Blutsverwandtschaft zu tun?«

»Aber was ist mit der Liebe, die ich während der Schwangerschaft gespürt habe, diese unglaubliche Verbindung? Ich vermisse das.«

»Das weiß ich.« Dean kniete jetzt auf dem Boden, beugte sich über mich und strich mir übers Haar. »Aber du wirst dein Kind trotzdem lieben. Bring das Hochgefühl, schwanger zu sein, nicht mit der Fähigkeit, ein Kind zu lieben, durcheinander.«

»Vielleicht hast du recht, vielleicht tue ich genau das.«

»Marion, du wirst sehen — dein Kind wird es dir zeigen.«

»Waren Sie wütend, als Ihnen klarwurde, wieviel von Ihnen verlangt wird — die Formulare, die Sie ausfüllen müssen, die medizinischen Untersuchungen, die Treffen, die Gespräche?«

»Vergessen Sie nicht die Fingerabdrücke vom FBI«, sagte einer der Männer, und alle lachten.

Wir befanden uns mit sechs anderen Paaren auf einer Informationsveranstaltung der Adoptionsagentur. Alle saßen in einem fensterlosen Raum um einen runden Tisch. Eine Sozialarbeiterin stand am Kopf des Tisches, stellte uns Fragen und ermunterte uns zu reden. Ihr königsblaues Kleid, dessen Stoff ihre Brust und ihre Hüften eng umspannte, war strahlender als alles andere in dem Raum. Sie sah frech aus — erfreulich selbstbewußt. Es war Oktober und unser dritter Besuch bei der Agentur.

»Ich war wütend«, gestand Dean. »Sauer. Ich meine, es schien, daß jeder nur blinzeln mußte, um ein Kind zu bekommen, aber wir mußten erst unseren Anspruch unter Beweis stellen, selbst nach allem, was wir durchgemacht hatten.«

»Ich war auch aufgebracht«, sagte eine der Frauen. Sie sprach leise und nervös. »Man denkt, wann wird das aufhören? Werde ich alle Tests bestehen? Werde ich etwas Falsches sagen?«

»So habe ich mich auch gefühlt«, erklärte Carla, Toms Frau. »Aber wissen Sie, ich glaube, es ist auch etwas Gutes an all diesen Formalitäten. Ich fühle mich auserwählt. Jeder kann auf die andere Art ein Kind bekommen.«

»Jeder außer uns«, bemerkte Dean spitzfindig und beschrieb mit seiner Hand einen Bogen, der alle Paare an dem Tisch einschloß.

Carla lachte. Ihr Lachen klang herzlich und ungezwungen. Es stand im Gegensatz zu ihrer geraden Haltung, ihrer strengen Kleidung und dieser Aura von Vornehmheit, die sie umgab.

Als Dean mich auf unserer ersten Reise im August mit Carla und Tom bekanntmachte, mochte ich sie auf Anhieb. Es machte Spaß, mit den beiden zusammenzusein — beide waren gesprächig, ausgelassen, verschwörerisch. Und sie schienen unsere Freundschaft ebenso sehr zu wollen wie wir die ihre. Zwischen uns vieren herrschte sofort Vertrautheit, und unsere gemeinsamen Zugfahrten schweißten uns rasch zusammen. Wir diskutierten stundenlang über unsere Familien, unsere Ängste vor der Adoption, unsere medizinischen Vorgeschichten, unsere zaghaften neuen Hoffnungen. Gegenseitiges Verständnis, Takt und Ermutigung brachten uns näher zusammen, beinahe so, als hätten wir vier eine große Decke um unsere Schultern gezogen.

Die Adoptionsagentur hatte in diesem Herbst siebenundfünfzig Paare angenommen, und nur sieben waren aus Massachussets: die sieben, die jetzt in dem kleinen Raum saßen. Wir sorgten vor Beginn der Veranstaltung für eine angeregte Unterhaltung, erzählten Reise- und Hotelgeschichten, machten Pläne, zusammen zurückzufahren, und gaben uns gegenseitig Tips, wie man in Massachussetts mit dem Amtsschimmel umgehen mußte.

Die Treffen im August und September waren in einem großen Versammlungsraum mit allen siebenundfünfzig Paaren abgehalten worden. Und die letzte Zusammenkunft im November sollte wieder alle Paare betreffen.

Als die Sozialarbeiterin Fragen stellte und die Unterhaltung leitete, zensierte ich meine Bemerkungen sorgfältig. Ich fühlte mich beobachtet, viel mehr als bei den größeren Veranstaltungen, und trotz des ausdrücklichen Ziels dieses Treffens — uns über die besonderen Probleme von Adoptiveltern und ihren Kindern zu unterrichten und der Sozialarbeiterin die Gelegenheit zu geben, uns kennenzulernen — war ich nicht von der Idee abzubringen, daß dieses Treffen ein Test war, den wir alle bestehen mußten. Carla und Tom hatten mir gesagt, daß sie das auch so empfanden.

»Hat es schon mal jemand nicht geschafft, Ihre Zustimmung zu erhalten?« fragte einer.

»Das passiert«, sagte die Sozialarbeiterin. »Aber meist liegt es daran, daß sich das Paar selbst zurückzieht. Normalerweise erkennen die Leute ihre Probleme selbst.«

»Aber was wäre ein Grund, ein Paar zurückzuweisen?«

»Nennen Sie mir welche.«

»Alkoholismus?« meinte jemand. Die Sozialarbeiterin begann eine Liste an die Tafel zu schreiben.

»Instabile finanzielle Lage?«

»Geistige Probleme?«

»Was ist, wenn man einfach noch nicht so weit ist?« fragte Kim, die Frau, die neben Tom saß. »Was ist, wenn man diesen entscheidenden Punkt, wie ich es nenne, noch nicht überwunden hat?« Sie war klein, untersetzt, hatte kurze dunkelblonde Haare und große ungeduldige Augen. Und sie war überschwenglich, geschwätzig und gestikulierte mit den Händen, während sie sprach. Ihr Mann, Bill, saß rechts neben ihr. Sie fuhr fort: »Ich weiß genau, wann ich meine Entscheidung getroffen hatte. Es war nach meiner letzten Operation. Ich wußte einfach, ich konnte es nicht länger versuchen, ich konnte mein Leben nicht auf diese Art verbringen.«

Es gefiel mir, ihre Geschichte zu hören. Es machte mir nichts aus, daß sie Zeit beanspruchte, sie zu erzählen. Ich wußte, was sie meinte. Ich nickte Kim zu und sah ihr in die Augen, wie um zu sagen: »Machen Sie weiter, machen Sie weiter.«

»Vielleicht ist es für einige von Ihnen anders«, sagte sie, »aber ich weiß, ich konnte mich nicht gleichzeitig auf eine Adoption und meine eigene Unfruchtbarkeit konzentrieren. Ich konnte erst dann an eine Adoption denken, als ich aufhörte, von einem Arzt zum nächsten zu rennen.«

»Aber was ist mit dem Schmerz?« fragte die Sozialarbeiterin.

»Was meinen Sie damit?«

»Nun, der Schmerz, die Enttäuschung — Sie wollten unbedingt schwanger werden. Was machen Sie mit dem Schmerz?«

»Ich weiß nicht . . .« Kim starrte auf den Tisch. »Ich bin mir nicht sicher.« Sie konnte kaum sprechen. Ich dachte, sie würde anfangen zu weinen.

Die Sozialarbeiterin sah fragend in die Runde. Niemand sprach. Schließlich setzte sich die Sozialarbeiterin hin und beugte sich zu Kim.

»Sie werden diesen Schmerz immer empfinden«, erklärte sie. »Packen Sie ihn ein, und stellen Sie ihn weg. Akzeptieren Sie die Tatsache, daß er Ihnen gehört. Sie brauchen ihn nicht wegzuwerfen. Sie können es nicht. Manchmal werden Sie ihn für einen Moment hervorholen und sich richtig ausweinen. Fühlen Sie sich nicht schuldig. Selbst wenn Sie Ihr Kind haben, brauchen Sie sich nicht schuldig zu fühlen. Es heißt nicht, daß Sie Ihr Kind nicht lieben. Das ist etwas ganz anderes.«

Carla saß neben mir, und ich griff nach ihrer Hand. Bevor sie mir ihr Gesicht zuwandte, wußte ich, daß sie wie ich Tränen in den Augen hatte.

Es war so gegen halb vier, als in dem Zimmer, in dem wir alle saßen, das Telefon klingelte. »Ein Anruf für Sie, Bill«, sagte die Sozialarbeiterin. Kims Mann nahm den Hörer, während der Rest von uns Witze über Leute machte, die unentbehrlich für ihre Arbeitgeber waren. Aber dann machte einer »schhh«, und wir starrten alle Bill an. Das Blut war aus seinem Gesicht gewichen, und er preßte den Hörer fest an sein Ohr. Mit einer Handbewegung bedeutete er uns, ruhig zu sein.

»Was ist, was ist?« fragte Kim und rüttelte ihn aufgeregt an der Schulter. Er winkte sie zu sich heran und flüsterte ihr etwas ins Ohr.

Ich glaube, in dem Moment verstanden wir alle — spürten es mehr, als daß wir es hörten; wußten es, bevor es ausgesprochen wurde: ein Kind wartete auf sie. Der Direktor der Agentur hatte wegen dieser Nachricht angerufen.

Kim stand auf, die Arme ausgestreckt wie ein Schlafwandler.

Sie stand da und griff in der Luft nach Halt, jammerte hysterisch, lachte, schluchzte und rang nach Atem.

Ich empfand überhaupt keine Eifersucht — nur Freude für sie. Ich weinte vor Freude. Und ich lachte auch.

Dean legte seinen Arm um mich. Ich lehnte mich einen Moment nach vorne, legte meinen Kopf auf den Tisch und hörte Kims Jammern zu. »Ein Junge . . . ein Junge . . . ich habe einen Jungen!« Ich wollte diesen Klang in meinem Gedanken festhalten. Diese Mischung aus Schmerz und Freude und Liebe und unerträglicher Erleichterung.

In dieser Nacht träumte ich, daß Dean und ich unseren Anruf erhalten hätten. Ich war irgendwo draußen gewesen, und der Direktor der Agentur hatte Dean in seinem Büro erreicht. Wir waren zu der Agentur gefahren und gingen jetzt auf die Tür des Zimmers zu, in dem sich unser Kind aufhielt. Ich hatte Dean noch nicht nach dem Geschlecht des Kindes gefragt, aber direkt vor der Tür blieb ich stehen, griff nach seinem Arm und zog daran. Er stand ganz still und sah mich an.

»Sag mir, was haben sie uns gegeben?« fragte ich. »Ist es ein Junge oder ein Mädchen?«

»Mach die Tür auf, mach die Tür auf, und sieh selbst.«

Ich packte seinen Arm so fest, daß ich im Traum den Schmerz in meiner Faust spüren konnte. Er nahm meine Hand und hielt sie fest. Ich fühlte ganz vage, daß Dean neben mir im Bett lag. »Ist alles in Ordnung? Du träumst. Bist du in Ordnung?«

In meinem Traum starrte ich in Deans Augen — diese sanften Augen, nicht richtig grau und nicht richtig blau — und mit meiner freien Hand griff ich langsam, ganz langsam nach der Tür.

Epilog

1987 holten Dean und ich unser Baby nach Hause —
ein kleines Mädchen.